A CONSTRUÇÃO DOS SABERES E DA CIDADANIA

A639c   Apap, Georges
         A construção dos saberes e da cidadania: da escola à cidade / Georges
      Apap... [et al.]; trad. Cláudia Schilling. – Porto Alegre : Artmed, 2002.

         1. Educação – Cidadania – Democratização. I. Título.

                              CDU 37.014.53

         Catalogação na publicação: Mônica Ballejo Canto – CRB 10/1023
                           ISBN 85-7307-892-8

Georges **Apap**
Francesco **Azzimonti**
Yves **Béal**
Fawzi **Benarbia**
Olga **Benhardon**
Roger **Bunales**
Marie-Pierre **Canard**
Henri **Chevalier**
André **Duny**
Claire **Fauvet**
Jean **Foucambert**
Gérard **Médioni**
Maria-Alice **Médioni**
Philippe **Meirieu**
Françoise **Mitterand**
Claude **Niarfex**
Alain **Pastor**
Natalie **Pechu**
Gérard **Philippe**
Jean-Yves **Rochex**
Nicole **Schmutz**
Etiennette **Vellas**

A CONSTRUÇÃO DOS SABERES E DA CIDADANIA

Da escola à cidade

Prefácio de Albert Jacquard

Tradução:
CLÁUDIA SCHILLING

Consultoria, supervisão e revisão técnica desta edição:
SÁVIO SILVEIRA DE QUEIROZ
Doutor em Psicologia pela Universidade de São Paulo
Professor Adjunto no Programa de Pós-Graduação em Psicologia – Departamento de
Psicologia Social e do Desenvolvimento da Universidade Federal do Espírito Santo

2002

Obra originalmente publicada sob o título
Construire ses savoirs, construire sa citoyenneté: De l´école à la cité

© Éditions Chronique Sociale, Lyon, France, 1996
ISBN 2-85008-262-7

Capa: Mário Röhnelt

Preparação de originais: Maria Lúcia Barbará

Leitura final: Osvaldo Arthur Menezes Vieira

Supervisão editorial: Mônica Ballejo Canto

Projeto gráfico e editoração eletrônica: TIPOS editoração eletrônica

Reservados todos os direitos de publicação, em língua portuguesa, à
ARTMED® EDITORA S.A.
Av. Jerônimo de Ornelas, 670 – Santana
90040-340 Porto Alegre RS
Fone (51) 3330-3444 Fax (51) 3330-2378

É proibida a duplicação ou reprodução deste volume, no todo ou em parte, sob quaisquer formas ou por quaisquer meios (eletrônico, mecânico, gravação, fotocópia, distribuição na Web e outros), sem permissão expressa da Editora.

SÃO PAULO
Av. Rebouças, 1073 – Jardins
05401-150 São Paulo SP
Fone (11) 3062-3757 Fax (11) 3062-2487

SAC 0800 703-3444

IMPRESSO NO BRASIL
PRINTED IN BRAZIL

AUTORES

Georges Apap
Procurador da República em Valence, de 1982 a 1992.

Roger Bunales
Militante do GFEN; intervém no âmbito da vida local e associativa. Desenvolveu uma atividade de ludoteca em Arcueil (1994).

André Duny
Militante do GFEN; é formador na IUFM de Lyon.

Jean Foucambert
Pesquisador do INRP e membro da AFL (Associação Francesa para a Leitura).

Albert Jacquard
Cientista, economista, escritor; há alguns anos, ao lado do abade Pierre, luta contra a exclusão e em prol dos sem-teto, pelo direito à moradia.

Philippe Meirieu
É professor de Ciências da Educação na Universidade Lyon II, na qual dirige o Instituto de Ciências e Práticas de Educação e Formação.

Alain Pastor
Ex-formador da IUFM e do MAFPEN (Lyon), leciona inglês na Universidade Lyon II. É militante do GFEN.

Jean-Yves Rochex
Professor titular da Universidade Paris VIII. É membro da equipe de pesquisa em Educação, Socialização e Coletividades Locais (ESCOL) e militante do GFEN.

Etiennette Vellas
Leciona na Faculdade de Psicologia e Ciências da Educação da Universidade de Genebra. É membro do GFEN.

Francesco Azzimonti
É formador dos formadores no setor associativo (formação de adultos). Trabalha com os excluídos da escrita, especialmente com imigrantes.

Yves Béal
Lecionou durante muito tempo em uma escola de projeto. É orientador pedagógico em Bourgoin (Isère) e militante do GFEN.

Fawzi Benarbia
É diretor do Plano Local de Inserção no Âmbito Econômico de Vénissieux (Rhône). É militante do GFEN.

Olga Benhardon
Militante associativa, é animadora sociocultural. Também é membro-fundadora da associação *Les chemins du vent* (Rhône).

Marie-Pierre Canard
Leciona em uma escola de projeto em St Quentin-Fallavier (Isère). É militante do GFEN.

Henri Chevalier
Membro-fundador da associação *Les chemins du vent*. Atualmente, é contador de histórias e lida com marionetes. Também trabalha com cenografia.

Claire Fauvet
É animadora em um centro social de Vénissieux (Rhône).

Gérard Médioni
Leciona e dirige uma escola elementar situada em uma área ZEP, em Minguettes, Véni. É militante do GFEN.

Maria-Alice Médioni
Leciona espanhol no liceu Jacques Brel de Vénissieux. Coordenou a realização desta obra. É militante do GFEN.

Françoise Mitterrand
Lecionou durante muito tempo nos 4.000 domicílios do conjunto residencial de La Courneuve. Atualmente, é professora-formadora na IUFM de Bourg-en-Bresse (Ain) e militante do GFEN.

Claude Niarfex
Leciona inglês em um liceu profissionalizante (Loire). É militante do GFEN.

Nathalie Pechu
Leciona em uma escola primária de Bourg-en-Bresse. É membro do GFEN.

Gérard Philippe
Leciona tecnologia no colégio de Mions (Rhône). É militante do GFEN.

Nicole Schmutz
Colabora com o CNRS[1]. É diretora das *Boutiques de Droit* de Lyon, Vénissieux e Décines e presidente da Associação de Mediação de Lyon (AMELY).

---

[1] Centre Nacional de la Recherche Scientifique (Centro Nacional de Pesquisa Científica).

SUMÁRIO

Apresentação à edição brasileira • Sávio Silveira de Queiroz 9
Apresentação • Maria-Alice Médioni 11
Prefácio • Albert Jacquard 13

PRIMEIRA PARTE: QUESTÕES EM DEBATE – TEORIAS EM ATOS

1 Conferir sentido aos saberes escolares: nada simples! 17
   Etiennette Vellas

2 Linguagem, construção dos saberes e da cidadania 29
   Alain Pastor

3 Gramática em atos ou atividades gramaticais 39
   Jean-Yves Rochex e Jean Foucambert

4 Rumo a uma escola de cidadania 57
   Philippe Meirieu

5 Saberes e cidadania na cidade 71
   Roger Bunales

6 Restituir ao cidadão a consciência de suas potencialidades 81
   Georges Apap

7 As contradições do projeto coletivo: emancipação ou manipulação? 89
   André Duny

SEGUNDA PARTE: INICIATIVAS E PRÁTICAS DE CAMPO

8 Saberes e cidadania na periferia 101
   Maria-Alice Médioni

   Iniciativas concretas:
   • Grupo das Terças-Feiras ou Raízes do Mundo • Marie-Pierre Canard 105
   • Os caminhos do vento • Olga Benharbon e Henri Chevalier 107
   • O tempo do jogo • Roger Bunales 110

9 Violência, exclusão e construção da lei: o lugar do sujeito 115
   Claude Niarfeix

   • Chega de atrevimento! • Maria-Alice Médioni 118

   Iniciativas concretas:
   • O que há por trás dos golpes: outra violência? • Nathalie Pechu 121
   • A mediação escolar – modo de uso • Nicole Schmutz 124

10 Cidadão no saber e/ou cidadão no mundo? 129
Yves Béal

Iniciativas concretas:
- Um projeto escolar para lutar contra o fracasso
  e a exclusão • Marie-Pierre Canard 137
- A relação escola-família: levando em conta o ambiente... • Gérard Médioni 139

11 Imigração, saberes e cidadania 143
Fawzi Benarbia

- Lidando com o interculturalismo • Maria-Alice Médioni 152

Iniciativas concretas:
- Da sensação de impotência à audácia de aprender por meio da
  descoberta emocionante de que já sabemos • Yves Béal 154
- Escrever para avançar • Francesco Azzimonti 158

12 Escrita e cidadania 163
Yves Béal

Práticas de campo:
- A recriação do texto • Yves Béal 166
- Ateliê de escrita "mural de palavras" • Marie-Pierre Canard 173
- Ateliê escrita – exclusão • Claude Niarfeix 175

13 Projeto e cidadania: o projeto, tentativa de desalienação? 179
André Duny

Práticas de campo:
- Um folheto de boas-vindas escrito por crianças para os
  moradores de seu bairro • Marie-Pierre Canard 181
- Visita ao museu: todos são críticos de arte! • Françoise Mitterrand 185
- Viagem à Espanha • Maria-Alice Médioni 191
- Projeto pessoal – projeto coletivo • Yves Béal 198

14 Práticas cooperativas e cidadania 209

Práticas de campo:
- "Vamos estudar aos sábados!" • Yves Béal 211
- A formação de delegados-alunos • Maria-Alice Médioni 217
- O Conselho de Alunos • Françoise Mitterrand 228
- O Grupo de Ajuda Mútua • Maria-Alice Médioni 231
- Quando os adultos de um bairro se comprometem a fazer com
  que as crianças se tornem atores de seu sucesso • Claire Fauvet e Gérard Médioni 241

À guisa de conclusão 247
Yves Béal

O Grupo Francês de Educação Nova 249
Gérard Philippe

Referências bibliográficas 253

APRESENTAÇÃO À EDIÇÃO BRASILEIRA

SÁVIO SILVEIRA DE QUEIROZ

Século XIX – Revolução Francesa. O poder é assumido pela burguesia que deseja o florescimento de uma nova sociedade que deveria perseguir os ideais de justiça e liberdade. A humanidade deveria reunir as condições necessárias para libertar-se da opressão e da ignorância. Para tanto, era preciso instaurar a democracia, o que somente seria possível com a promoção da cidadania e da igualdade de oportunidades para todos.

As Cartas Constitucionais de vários países passariam a ter grande parte de seus textos dirigidos pela idéia de que somente um povo educado nas letras poderia atingir o ideário de estado e cidadania. Educação pública, obrigatória e gratuita, ministrada a todos da mesma maneira, passaria a ser um poderoso instrumento político.

A escola tradicional disseminou-se com rapidez e força, mas parecia não corresponder aos anseios da democracia. Assim, no início do Século XX, surge o Movimento da Escola Nova, uma nova ordem educacional que teria a finalidade de instaurar uma unidade nacional com a mistura de todas as raças, classes sociais e religiões; de organizar princípios e processos formadores de propostas pedagógicas inovadoras que, pouco a pouco, se estendiam a vários países como forma de cumprir os ideais declarados ainda na Revolução Francesa.

Somente na década de 20, o Movimento da Escola Nova chega ao Brasil pelas escolas públicas. A Constituição de 1988 ratifica os princípios democráticos baseados nos ideais de liberdade e de igualdade. Com eles, assegura-se o acesso à educação pública e gratuita. Sobrevém a Lei de Diretrizes e Bases da Educação Nacional; os Parâmetros Curriculares Nacionais e os referenciais para educação de crianças, jovens, adultos e indígenas. Termos técnicos e jargões, que até então eram conhecidos somente pelas elites pedagógicas, passam a ser parte do repertório diário de um número cada vez maior de educadores brasileiros. Junto com eles, inúmeras indagações políticas e filosóficas passam a compor nossas reflexões.

Talvez aqui esteja a importância deste livro para o nosso contexto. Ele abriga vários artigos produzidos por integrantes do GFEN – Grupo Francês de Educação Nova. Tais credenciais podem constituir-se em motivação direta para que aqueles que dominam os assuntos pedagógicos se aproximem da obra. No entanto, nesses tempos de reformulação das nossas políticas educacionais, das crises e dos avanços por ela gerados, as discussões sobre o assunto precisam ser disseminadas por toda sociedade.

O caráter da obra é a transmissão de muitas reflexões oriundas da prática do GFEN junto aos que não contam com as facilidades de construção dos seus saberes e de suas cidadanias; os que estão impedidos de ser atores de suas vidas, excluídos que são, cada vez em maior número, da cultura, do saber, do trabalho.

Em *A construção dos saberes e da cidadania*, o leitor encontrará boas discussões sobre o acesso à palavra, possibilidades do debate na sociedade; sobre as exigências baseadas nas competências necessárias ou nos saberes mínimos dispensáveis à norma em vigor. Trata-se de um livro que demonstra práticas efetivas de articulação entre saberes e cidadania, ao mesmo tempo que pode contribuir para o aperfeiçoamento de trabalhos já existentes em nossas escolas, empresas, associações, tribunais e centros de assistência.

Em uma linguagem clara e objetiva, toda terminologia técnica ou científica foi traduzida de modo a conduzir o leitor pela descrição de experiências que todos nós – quer como pais, educadores ou alunos – vivenciamos cotidianamente no âmbito pedagógico ou nas demais instituições que visam a promover a democracia.

Aqui serão discutidas as relações entre a construção do saber e o acesso à cidadania; a relação social com o saber e a escola; a responsabilidade que a escola assume; a pedagogia do projeto; o lugar do sujeito frente às violências, à exclusão e à construção da lei.

São temas atuais que certamente interessarão a todos que lutam pelo ideal democrático nas sociedades: professores, pedagogos, juristas, políticos e administradores. Sem dúvida, a leitura desta obra pode levar-nos a repensar e ressignificar a estrutura do saber e da cidadania em nossa sociedade, a considerar novas possibilidades a partir de condutas e atividades comuns do nosso cotidiano que, se cristalizadas, podem já não atingir os ideais para os quais nela nos envolvemos de boa vontade.

APRESENTAÇÃO

MARIA-ALICE MÉDIONI

Um número cada vez maior de pessoas é excluído da cultura, do saber, do trabalho, da cidadania, impedido de ser ator de sua vida e das transformações que operam, atualmente, em nossa sociedade.

O acesso à palavra e ao debate lhes é negado, pois a cidadania não pode ser construída sem um certo número de competências e de saberes essenciais, que está longe do saber mínimo dispensado àqueles que não correspondem à norma em vigor.

Isso ocorre em todas partes..., mas o fenômeno é ainda mais evidente na periferia.

A escola – que tende a propor apenas soluções de compensação por meio de estruturas paliativas ou de apoio – está em crise, porém isso não ocorre apenas com ela, neste momento em que a economia e a política produzem apenas exclusão e caridade. Assim como o respeito, o direito não pode ser dividido.

É preciso romper com a "ideologia do mínimo", transformar a relação com o saber para torná-la uma ferramenta de compreensão, de reinvestimento, de transformação do mundo, de emancipação individual e coletiva.

Convidamos o leitor a uma reflexão sobre essas urgências:

- relações entre a construção dos saberes e o acesso à cidadania;
- relação social com o saber e com a escola;
- relações entre cultura e civilização.

Não conseguimos explorar plenamente os avanços e os obstáculos encontrados:

- O acesso ao saber é uma preocupação partilhada por todos. Mas de que saber se trata?
- Que tipo de responsabilidade a escola tem de assumir? E os outros parceiros?
- Podemos contentar-nos com avanços efetivos no âmbito da socialização quando a época em que vivemos lança-nos enormes desafios no âmbito do saber?
- O conceito de sucesso tornou-se consensual. Mas precisamos de mais sucesso ou de outro tipo de sucesso? Ainda que os métodos e as técnicas evoluam, alguns propósitos ou práticas, em vez de exigir que todos sejam bem-sucedidos, preconizam ou organizam um sistema educativo com duas velocidades. O educador deve pensar-se como um profissional ou como, ao mesmo tempo, um ator social, um "agente de transformação social" (Fijalkov)?
- O sucesso pode reduzir-se ao sucesso escolar? E que entendemos por sucesso escolar? É a capacidade de obter diplomas? De que se alimenta esse sucesso escolar? De palavras emprestadas, de ações concretas ou de cóleras reprimidas?

- A cidadania: um direito inalienável ou uma conquista permanente? Pode haver cidadania sem acesso ao saber ou construção do saber sem conquista e exercício da cidadania? Quais os saberes que uma real cidadania deve construir?
- A aprendizagem da cidadania na escola: uma utopia? Essa não seria a única possibilidade de evitar, ou de gerenciar, conflitos e violências contra si mesmo e contra os outros?
- A construção dos saberes, conceito amplamente admitido nos dias de hoje, pode transformar-se em algo diferente de uma ferramenta de sucesso pessoal que exclui os outros? A revolução da inteligência pode ser concebida a serviço da selvageria social existente, que organiza a exclusão para preservar a dominação daqueles que se declaram "elite"? A construção dos saberes pode ser uma "arma de fraternidade" para o futuro, sem o trabalho sobre os valores?

Esta obra é fruto de um *trabalho coletivo* em torno dessas questões que há muito estão no cerne das problemáticas do GFEN.[1] Dessa forma, o leitor encontrará aqui um *estado de coisas* provisório, pois, tanto nós como outros, continuamos pesquisando; esperamos que também encontre matéria para a reflexão, por meio de diversas contribuições, tanto da pesquisa quanto da prática concreta, debates contraditórios, *ferramentas de construção do saber* como ilustrações de nossas hipóteses e de nossas convicções sobre o saber. Quisemos apresentar aqui nossas reflexões, realizadas no seio do GFEN e com nossos amigos, cúmplices ou companheiros de caminhada, que recusam o inaceitável e trabalham por uma transformação da realidade com mais humanidade e justiça.

Nossos agradecimentos a todos esses amigos por terem tido a gentileza de "rever sua cópia", de aceitar reler a nossa, de acrescentar algo a essa construção comum e por terem tido a paciência de esperar que a "criança" nascesse.

Nota

1. Em 1989, já organizamos uma Universidade de Verão em Marselha, intitulada "Cidadãos no saber". Desde então, não cessamos de refletir sobre a questão, especialmente no Colóquio de Vénissieux, "Saberes e cidadania na periferia" (abril de 1994) e nos Encontros Nacionais de Aubervilliers (julho de 1995).

PREFÁCIO

ALBERT JACQUARD

Naturalmente, essa não é a etimologia mais exata, porém a palavra *subúrbio* assumiu, hoje em dia, o sentido de *lugar de banimento*. Nossa sociedade cinde-se em dois grupos antagônicos: os que estão no seio da cidade e os relegados às longínquas periferias. Essa cisão não é apenas geográfica; dramaticamente, ela se refere ao processo pelo qual todos se conscientizam de que têm de se construir com a ajuda dos outros, isto é, à educação.

E-ducere significa guiar uma criança para fora de si mesma, para que compreenda que ela é mais do que ela mesma. A função primordial de toda coletividade, depois de ter cumprido as condições da sobrevivência biológica, é fazer com que cada um de seus membros aproveite o fabuloso poder que possui: transmutar um *homo*, definido por seu patrimônio genético, em um homem, definido pelos laços que tece com os demais.

Atualmente, as necessidades impostas pela natureza – alimento, calor, proteção – podem ser satisfeitas a baixo preço; os progressos tecnológicos nos libertam pouco a pouco da maldição do trabalho obrigatório. O tempo livre, finalmente obtido, deveria permitir que generalizássemos o acesso de todos a todas as facetas do aporte humano: ciências, artes, ética. O objetivo da sociedade deve ser o de permitir que todos *se apropriem da ciência*, não para se tornar eficaz, mas para aceder a uma melhor compreensão do universo; que todos *participem da arte*, não para realizar obras-primas, mas para aceder à felicidade de uma emoção inédita; que todos *se preocupem com a ética*, não para impor aos outros uma moral mais rigorosa, mas para aceder a um questionamento mais aberto de seu próprio destino.

Todos os homens, sem exceção, podem contribuir para que isso se torne realidade. No entanto, a sociedade tem de estabelecer o objetivo de não deixar nenhum de seus membros fora da rede humana, que permite que todos se tornem eles mesmos com relação ao olhar dos outros. Isto é, nessa sociedade, todas as atividades devem estar a serviço da educação.

Nossa sociedade ocidental atual, porém, coloca todas as suas atividades, inclusive a educação, a serviço de seu sucesso econômico. A educação deixou de ser um fim em si mesmo, para ser justificada apenas por seu aporte econômico. Setores inteiros da atividade intelectual passaram a ser considerados luxos inúteis, tolerados apenas por benevolência, como esses parentes pobres acolhidos por caridade, aos quais pedimos que sejam o mais discretos possível. Homens e mulheres são julgados por sua "rentabilidade", e os saberes que eles desejam adquirir dependem de sua utilidade. Dessa forma, a coletividade se cindiu em um centro, onde todos podem ter acesso a todas as fontes, e uma periferia com aportes muito limitados. Os subúrbios do saber custam ainda mais que os geográficos, em matéria de dramas humanos. É mais difícil *melhorar os contatos que permitam uma verdadeira partilha do saber e dos questionamentos* que o transporte entre o centro e a periferia de uma cidade. O sistema educativo terá de enfrentar essa dificuldade, às custas de uma completa revisão de seus métodos.

Quando teremos um ensino sem banimento?

PRIMEIRA PARTE

QUESTÕES EM DEBATE
TEORIAS EM ATOS

1
CONFERIR SENTIDO AOS SABERES ESCOLARES: NADA SIMPLES!

ETIENNETTE VELLAS

> "Tenho de fazer minha soma no presente ou no imperfeito?"
> Como fazer os alunos agirem e interagirem com os sentidos dos saberes que a escola decidiu transmitir-lhes, a fim de que esses saberes se transformem em mais-valia de ser e permitam que eles se comportem como cidadãos do mundo?

Atualmente, diversos países lutam contra o fracasso escolar. No entanto, a realidade resiste a essa *luta contra a exclusão dos saberes* de parte da população. Muitas vezes, tal exclusão impede que um ser humano exerça plenamente seus direitos e deveres de cidadão. No futuro, o fracasso escolar pode equivaler à precariedade, dependência e marginalidade.

Embora em Genebra não existam os grandes problemas relacionados à exclusão presentes em algumas periferias das grandes cidades, ela é um exemplo dessa resistência à luta contra o fracasso escolar. Desde os anos 60, tem se realizado nas escolas da cidade, principalmente nas classes do ensino fundamental, um considerável esforço para *vencer a desigualdade diante da construção dos saberes*:

- diminuição do número de alunos por classe;
- desenvolvimento do suporte individualizado aos alunos em dificuldade;
- dispositivos de pedagogia compensatória;
- esforço de modernização cultural;
- recursos mais generalizados aos métodos ativos, situações de aprendizagem mais abertas;
- equipes pedagógicas com um educador complementar.

Um relatório apresentado por Walo Hutmacher (1993), diretor do Serviço de Pesquisa Sociológica de Genebra, demonstra que esses 30 anos de luta contra o fracasso escolar não deram bons resultados no caso das crianças de origem trabalhadora em geral e, particularmente, no caso de filhos de trabalhadores estrangeiros, mesmo que tenham nascido em Genebra. Os recursos suplementares parecem ter favorecido apenas as crianças das classes média e alta. Essa constatação representou um doloroso choque para todos os que, nas escolas e nas administrações da instrução pública, assim como na arena política, se comprometeram sinceramente com a *luta contra a desigualdade social na escola*.

A PANE DE SENTIDO NA ESCOLA

Walo Hutmacher apresenta várias hipóteses em face dessa constatação (1993) e coloca uma questão essencial: se a luta contra o fracasso escolar não deu o resultado esperado, será que isso não ocorreu porque a escola precisa do fracasso para funcionar? (1992, 1993). Sua hipótese é a de que a *escola não pode existir sem o fracasso*, que se tornou um dos mais eficazes motores no funcionamento de numerosas peças da máquina escolar, como, por exemplo, a manutenção de certos empregos criados para o suporte dos alunos em dificuldade, ou a garantia da presença de uma certa taxa de participação e de envolvimento dos alunos no trabalho escolar.

A análise de Philippe Perrenoud (1994) sobre a profissão de aluno, declarando-a juridicamente mais próxima dos trabalhos forçados que da profissão livremente escolhida, evidencia o sentido que os alunos podem conferir a um trabalho cotidiano, exigido sob a constante ameaça da avaliação certificativa e do fracasso escolar. Segundo Perrenoud, uma fração dos alunos se adapta à escolarização, enquanto outros resistem abertamente a ela, despertando a ira daqueles que "querem seu bem"; por outro lado, outros fingem que aderem a ela e brincam com suas regras, e outra parcela não encontra nenhum sentido na escola e se sente responsável por seu fracasso.

A maioria dos alunos recebe da escola e dos pais a seguinte mensagem implícita: o importante é passar... O domínio duradouro dos conhecimentos e das competências deixa de ser um objetivo prioritário, e, assim, *grande parte dos alunos usa sua inteligência para atingir uma determinada média com um esforço mínimo*.

NÃO É NADA FÁCIL INVENTAR UM NOVO CONTRATO

Atualmente, a escola é herdeira de um contrato, mais que centenário, baseado na seleção, do qual ela não consegue se livrar. Esse modelo herdado do ensino fundamental parece incompatível com a democratização do acesso ao conhecimento desejada pelas sociedades preocupadas em oferecer a todas as crianças uma certa bagagem cultural que se tornou vital, tanto para as sociedades quanto para os indivíduos. O que significa essa resistência à mudança de um modelo reconhecido, e mesmo denunciado, como sendo incapaz de alcançar seus objetivos? Nosso modelo escolar contém um mecanismo social ligado à seleção, que é tão central quanto inconfessável? A seleção legítima e precoce dos futuros excluídos das melhores colocações sociais está definitivamente colada nas paredes da escola de ensino fundamental? E, mesmo se a escola de ensino fundamental conseguisse eliminar essa seleção, suprimindo toda avaliação que não fosse formativa, poderia dar um novo estímulo ao trabalho dos alunos?

Essas questões são colocadas abertamente em Genebra (Hutmacher, 1993). Embora possam desencorajar alguns atores, estimulam outros, em todos os meios, *a trabalhar por essa democratização do acesso ao conhecimento por meio da promoção de uma avaliação exclusivamente formativa, pelo menos no ensino fundamental, porém possível durante todo o período de instrução obrigatória*. Não se trata de renovar os modos de avaliação, mas de inventar um novo contrato escolar, de refletir sobre os direitos e deveres de cada um em face do patrimônio cultural, e sobre os recursos a serem oferecidos a cada criança, para que possa estabelecer uma relação aberta com o saber, que depende da confiança em sua própria capacidade de aprender.

SABERES DOMESTICADOS POR SI MESMOS

Na expectativa do estabelecimento de um novo contrato escolar, que evita a seleção no ensino fundamental, Perrenoud e Hutmacher incitam a *refletir sobre a pane de sentido na escola atual*, que impede a aprendizagem de grande número de crianças. E, pior que isso, lhes dá a convicção de que são responsáveis por sua exclusão do mundo escolar e que esta se justifica.

As pesquisas de Charlot, Bautier e Rochex (1992) colocam em evidência a influência do sentido dos saberes e da escola no sucesso dos escolares, assim como o grande número de diferenças entre esses saberes construídos pelas crianças.

Atualmente, sabe-se que *o sentido não é dado de antemão, ele é construído a partir de uma cultura, de um conjunto de valores e de representações e no seio de interações sociais* (Perrenoud, 1992). Mas o que a escola faz com esse conhecimento? Ela parece preocupar-se relativamente pouco com a construção de sentido da escola, das situações de ensino-aprendizagem e dos saberes na mente dos alunos. Com enorme freqüência, os significados sociais e os sentidos dos saberes são construídos de forma aleatória na sala de aula. Isso, às vezes, provoca nos educadores tomadas de consciência brutais, diante da constatação de significados duvidosos ou surpreendentes atribuídos aos objetos de saber, como essa pergunta de uma criança exercendo sua profissão de aluno:

"Professora, faço essa soma no presente ou no imperfeito?"

Diante dessa constatação de "não-sentido", "falta de sentido" ou "contra-senso" associada aos saberes e ao trabalho escolares, e que parece estar na origem de numerosas exclusões de crianças, que devemos fazer? Essa foi a pergunta colocada pela equipe de educadores, ao refletir sobre as aprendizagens realizadas por esse aluno, criança em busca de sentido.

> Como conferir sentido à cultura escolar, à soma, ao presente, ao imperfeito? Como construir os significados dos saberes, negociar, modificar, com os alunos, os diversos sentidos que por vezes eles constroem e descobrir novos sentidos? Como realizar tudo isso na sala de aula para lutar contra a exclusão, presente no cotidiano dos professores, das crianças e de seus pais?

AGIR E INTERAGIR COM OS SENTIDOS DO SABER: APAIXONANTE, PORÉM...

Tive a oportunidade de lecionar durante 10 anos em uma escola particular, que autorizava as crianças a viver sua escolaridade fundamental com uma única avaliação: uma observação minuciosa e formativa de seus percursos, graças a objetivos definidos com precisão. Uma escola sem notas e sem repetência. Essa experiência me mostrou que é possível "fazer a escola" sem avaliação seletiva e que, além disso, nesse lugar de aprendizagem, crianças e adultos passam a viver a escola de outra maneira, sem conhecer o medo permanente do fracasso. Os alunos saíam dessa escola de ensino fundamental com grande confiança em si mesmos e nos seres humanos (adultos e crianças), o que chocava os professores de ensino médio. Sua relação com o saber e a aprendizagem era aberta, diferente daquela das crianças que sempre tinham trabalhado sob a ameaça das notas e da repetência. Elas não temiam o saber nem a aprendizagem.

No contexto dessa escola, que as crianças freqüentavam, como em todas as escolas do mundo, por obrigação, queremos que a construção do sentido dos saberes seja o motor da aprendizagem e do desenvolvimento. Esse motor exige muito cuidado e atenção. Em cada momento, ele pode pifar ou sofrer uma pane, pois é difícil fazer da escola um lugar com sentido, graças ao valor reconhecido e negociado dos saberes. Recordo muitos não-sentidos de nossos atos, emanados de nosso hábito escolar, de uma submissão a regras que eram apenas imaginárias, mas que, impiedosamente, continuavam a guiar nossos pensamentos e gestos de educadores.

Nesse contexto, uma pergunta guiava nossa ação cotidiana:

> Como fazer os alunos agirem e interagirem com os sentidos dos saberes que a escola decidiu lhes transmitir, a fim de que esses saberes se transformem em mais-valia do ser e permitam que eles se tornem cidadãos do mundo?

Sem modificar o programa escolar, que era o mesmo da escola pública, essa pergunta fez com que a equipe de educadores e os pais, com quem trabalhávamos em íntima colaboração, questionassem as finalidades da escola, que poderiam ser resumidas da seguinte maneira: que sentidos dos saberes gostaríamos de desenvolver nas crianças e por quê?

Não diria que essa aventura filosófica, moral e política, foi fácil. Ela provou-me que, como educador, é difícil lidar com a questão da construção do sentido dos saberes na sala de aula, porque isso remete a complexos problemas éticos. Cada membro da equipe pedagógica passava por momentos em que não sabia mais como ensinar. Não se tratava mais de construir de vez em quando ou em caso de dificuldade ou de urgência o sentido dos saberes, *mas de outorgar ao sentido dos saberes a função de motor da escola*. Sofríamos novas carências teóricas e didáticas. Todos os nossos hábitos escolares, provenientes da infância e reforçados em nossa prática profissional ou parental, tinham de ser repensados. Tínhamos de questionar os gestos mais insignificantes para evitar esse hábito de exclusão pelo saber presente em nossas mentalidades e em nossos saberes experimentais. Um abismo separava nossa vontade e realidade de nossas palavras e ações, e não era fácil reconhecê-lo, pois esse novo objetivo provocava, em nossa equipe de educadores, uma tomada de consciência inesperada: o saber escolar nos era particularmente estranho. Para permitir que os alunos se interessassem por ele, tínhamos de transformar nossa relação com os saberes e com o saber.

NÃO FALTAM PERGUNTAS SOBRE O SENTIDO

A reflexão sobre a questão da construção do sentido dos saberes escolares junto com meus colegas educadores, muitas vezes envolvidos em movimentos pedagógicos (GFEN, CRAP) ou com o contexto acadêmico, com professores como Philippe Perrenoud e Mireille Cifali, levou-me a descobrir a multiplicidade e a complexidade das perguntas sobre o sentido dos saberes:

- Como liberar, regulamentar e regular a circulação do sentido dos saberes no grupo-classe? Como provocar trocas entre as crianças sobre os diversos sentidos dos saberes?
- Como fazer surgir o significado, os valores, a utilização possível dos saberes, para permitir que os jovens possam medir seus efeitos antes de terem podido construir os próprios saberes? Será que o problema da motivação não se inclui nessa questão?
- Como não interpretar conforme nosso ponto de vista ou explorar de forma abusiva um sentido atribuído a um saber que nos foi entregue, confiado, às vezes por acaso, por inadvertência ou por amizade? Como não desejar encontrar a todo custo uma origem para ele, uma explicação psicológica ou social, conveniente para nós?
- Como intervir com delicadeza, quando um sentido muito pessoal e íntimo afeta a construção do significado do próprio saber?
- Como perceber um não-sentido, um contra-senso, a falta ou o excesso de sentido como indicadores de um pensamento em evolução, em busca de sentido, que deve servir como referencial em um percurso de formação, em vez de ser apresentado como um erro a corrigir?
- Como trabalhar com as crianças os sentidos dos saberes em suas utilizações negativas, perigosas, inconscientes (os saberes usados para dominar, excluir, magoar, mentir, enganar, esconder, etc.)?
- Que situações de aprendizagem permitem que os alunos objetivem os saberes e as disciplinas, percebam o confronto com seus significados, indispensável para a realização de uma verdadeira aprendizagem?
- Que situações incitam as crianças a se submeter a uma cultura escolar estranha por temor, e quais delas permitem a apropriação, a reconstrução de um sentido já existente? Que caminho deve ser trilhado para que os significados dos saberes preexistentes à situação de ensino se transformem em um sentido pessoal?
- Que procedimentos de aprendizagem provocam a construção de um sentido utilitarista e relativamente pobre dos saberes, transformando a cultura em

um mal necessário para superar as obrigações escolares, em um passaporte para o sucesso na escola ou para a futura obtenção de uma profissão sonhada, porém que talvez nunca se concretizará?
- Que gestos da profissão provocam uma construção de sentido dos saberes portadores de agressividade, de angústia, de perda de auto-estima, de raiva, de revolta, de fracasso escolar, de exclusão social ou, pelo contrário, suscitam reconhecimento ou paixão por saberes vivenciados como prolongamentos da natureza humana?

Todas essas perguntas, assim como muitas outras, levam a uma questão essencial:
- *Que situações de aprendizagem favorecem construções de sentido dos saberes?*

Como apresentar essa última pergunta, para que ela suscite nos educadores as tomadas de consciência que não inibam a ação, não diminuam o entusiasmo, mas que estimulem a vontade de refletir nos efeitos reais das situações de aprendizagem?

UM SABER MAIS-VALIA DO SER

Com o objetivo de compreender os sentidos dos saberes que podem ser construídos com maior atenção na escola obrigatória, para que a cultura escolar possa ser portadora de cidadania e de mais-valia de ser, parece-me que podemos abrir três vertentes de reflexão:

1. A primeira tem a ver com a variedade e multiplicidade dos sentidos que todo saber escolar pode assumir para os alunos;
2. A segunda tem a ver com o sentido "vinculador" dos saberes, que eu chamaria de "humano" e mesmo de "terrestre";
3. A terceira refere-se à diferença entre sentido "intrínseco" e "extrínseco" dos saberes.

A variedade dos sentidos: o saber em todos os seus estados

Os educadores mais conscientes parecem investir muito tempo e energia para conferir sentido às atividades escolares. No entanto, a complexidade das tarefas é tão grande, a tendência a se precipitar em cima de ferramentas, teorias ou *slogans* que estão na moda é tão compreensível que essa preocupação pelo sentido, pelo interesse e pela motivação, às vezes, leva a um efeito contrário: *a perda de sentido do que se pede à criança* (Vellas, 1986). Esse fenômeno aumenta porque a negociação, a avaliação e a regulação do sentido dos saberes ainda não são uma prática corrente na escola (Perrenoud, 1993).

É suficiente se preocupar em conferir sentido aos saberes para que as crianças se interessem por eles? Será que a escola não tem de *definir os sentidos que devem ser construídos na escola*? Sua prioridade não é transmitir os significados e os sentidos comuns e compartilhados dos saberes, que permitem que uma sociedade fale a mesma língua?

Para lutar contra a exclusão dos saberes, a escola não precisa prestar mais atenção às construções de sentido dos saberes, para que os contra-sensos ou a falta de sentido não travem as aprendizagens?

A variedade dos sentidos dados aos saberes na escola é imensa. Os educadores são conscientes desse fato? Trabalham de forma diferenciada o problema da construção dos significados e do sentido dos saberes? Podem fazer isso? Devem fazê-lo?

"Ler... faz bem para a saúde!"

Há pouco tempo, encontrava-me em uma classe em que uma criança com dificuldade de leitura era interrogada sobre o ato de ler. Ela nos declarou que não sabia para que servia a leitura, que era preciso ler... "porque... talvez... seja bom para a saúde".

Eis aqui algumas opiniões de crianças de cinco anos sobre os valores da leitura:

- Para ler, nos sentamos nos banquinhos e a professora diz as letras.
- Eu gostaria de ser Robin Hood, mas como mamãe quer que eu seja médico, tenho de aprender a ler... para escrever as receitas.
- Quando souber ler, poderei contar histórias para mim mesmo.
- *Eu sei ler; olhe só* (a criança traça três cifras em um papel): *é isto*.
- Ler serve para ser inteligente e para compreender as coisas.
- Se eu soubesse ler, poderia passar para a classe dos grandes.

Será que a leitura tem sentido para essas crianças? Que valor tem para cada uma delas? Que sentido tem para as que não responderam porque não tinham compreendido a pergunta? Que sentidos são pessoais ou comuns e indispensáveis? Que sentidos vão marcar a aprendizagem? O que fazem os educadores com essas informações? Discutem com seus alunos essas questões de sentido? Qual é a influência da escola sobre essas representações de um saber? Saber exatamente por que uma criança atribui um sentido interessante ou desinteressante ao ato de ler ou à construção da própria ferramenta é um dever ou um direito do educador?

Essas perguntas devem ser feitas, pois a pesquisa mostra que a leitura que apresenta sentido em si mesma para a criança parece mobilizá-la para a própria leitura, assim como para a escola (Charlot, Bautier, Rochex, 1992).

O sentido "vinculador" dos saberes

Todo saber contém um sentido que chamo de "humano" e que é subdesenvolvido na escola. Penso nesse sentido que permite tomar consciência de que todo saber faz parte de nossa identidade humana, de que ele é um bem terrestre (Morin, 1993).

A consciência de que a leitura, a matemática, as ciências e os conceitos têm uma longa história inacabada, que começou com a poeira das estrelas de nossas origens, permite *construir um sentido para os saberes com raízes comuns a todos os homens, uma fraternidade de direito por e no saber.*

Essa contextualização dos saberes na história do universo permite que todos se sintam iguais aos outros, diante da herança dos saberes. Portanto, com relação a esses conhecimentos humanos, todos têm o direito de apossar-se deles e o dever de compartilhá-los, transmiti-los e fazer com que dêem frutos. Esse sentido dos saberes permite pensar a unidade do homem.

Fazer com que os aprendizes ajam e interajam com esse sentido humano, terrestre, dos saberes, pode significar um passo rumo à construção dessa humanitude de que falam Albert Jacquard e Edgar Morin. Graças à construção desse sentido "vinculador" dos saberes, podemos esperar mais respeito pelas diferenças, mais fraternidade e menos violência. A escola, que supostamente desenvolve o vínculo social, avança nesse sentido?

Parece-me fundamental *situar os saberes na natureza, na escola*. Mas talvez alguns mitos e contos de civilizações antigas ou "arcaicas" consigam recontextualizar melhor o saber humano na natureza que nossas atuais escolas, em sua corrida desenfreada rumo a diplomas cada vez mais necessários e cada vez menos portadores de garantia do futuro esperado.

Esse sentido dos saberes que ligam os homens entre si deveria ser oficialmente construído na escola? Em caso afirmativo, quais os obstáculos a superar na instituição escolar, na cabeça dos professores, dos pais, das crianças, para permitir essa construção de sentido?

Como esse sentido é percebido, atualmente, na escola? A igualdade pelo saber constrói-se no interior das situações de aprendizagem. Portanto, é preciso observar, cada vez mais, a profissão de aluno (Perrenoud, 1994) na construção desse sentido. Para poder tomar consciência de nossa unidade humana por intermédio do saber, as crianças e os adolescentes devem ser tratados em todos os momentos como seres humanos integrais, ou seja, como pesquisadores, como criadores de sua história e como pessoas capazes de criticar, de agir e de interagir com o sentido dos saberes.

Sentido "intrínseco" e "extrínseco" dos saberes

Os seres humanos dão múltiplos sentidos aos saberes. No entanto, todo saber escolar possui sentidos intrínsecos e extrínsecos.

Chamo de intrínsecos os sentidos da estrutura das disciplinas, os códigos próprios de cada saber e as significações comuns. O todo socialmente construído e culturalmente compartilhado. Na escola, é preciso *construir o sentido do próprio objeto*: de que está feito (por exemplo, o que é a escrita)? Qual é a evolução do objeto (por exemplo, que tipos de escrita existiram antes da nossa)? Como ele funciona (por exemplo, como funciona o código de nossa língua e de outras)? O sentido "humano" dos saberes descritos anteriormente também entra nessa categoria.

Utilizo o termo "extrínseco" para qualificar os sentidos das práticas socializadas dos saberes. Por exemplo: a escrita permite comunicar-se, informar-se, distrair-se, lembrar-se, cozinhar-se, pagar contas, etc. Portanto, *na escola, é preciso construir os múltiplos sentidos que os saberes podem ter na sociedade*. Deve-se descobrir todos os seus usos, dos mais comuns aos mais pessoais, e adivinhar suas potencialidades.

Na construção dos saberes, a escola é responsável por quais sentidos? Quais deles ela constrói formalmente ou de forma oculta? Quais são construídos inconscientemente? Quais não devem ser discutidos, apresentados, vivenciados ou negociados com as crianças, para se evitar o risco de escolarizar motivações íntimas e fazê-las desaparecer?

O sentido do futuro e do zero

Talvez o sentido mais difícil para as crianças seja o sentido intrínseco dos saberes, o sentido dos códigos. Muitas vezes, a exclusão dos saberes é originada pela impossibilidade de as crianças construírem um sentido para a estrutura das línguas e para os numerosos códigos; no entanto, elas devem conhecê-los para passar de ano. Charlot, Bautier e Rochex (1992) nos incitam a refletir seriamente sobre essa questão.

Não é simples ensinar a construir o sentido das estruturas das linguagens, dos códigos. É mais fácil dar uma aula sobre a base dez, que fazer com que as crianças construam o sentido do princípio de numeração. Da mesma maneira, não é fácil fazer com que as crianças interajam com as regras de conjugação, ou que reconstruam a necessidade do aferidor nas questões de medição, para construir seu sentido.

É ainda mais difícil admitir que, pretendendo dar "sentido" aos saberes, por vezes impedimos que os alunos construam os sentidos intrínsecos. Em algumas pedagogias de projeto, por meio da legítima vontade de contextualizar os saberes na vida cotidiana dos alunos, para dar-lhes sentido, corremos o risco de trabalhar com a face extrínseca do sentido dos saberes, em detrimento da outra. Essa polarização pode privar os alunos de uma ação reflexiva sobre o próprio objeto de saber, impedindo, às vezes, a construção do próprio saber.

O fim da ideologia utilitarista

A construção do sentido intrínseco das disciplinas e dos saberes exige que os professores deixem de lado a idéia de que esse sentido pode ser construído em uma situação de vida real (o sentido do princípio de numeração não pode ser construído fazendo compras, o sentido da conjugação exige outras situações de aprendizagem além de escrever aos "correspondentes", etc). A instalação da criança em um projeto permite oferecer um sentido externo, extrínseco, funcional aos saberes, o que é fundamental. Entretanto, é preciso objetivar as disciplinas e os códigos e observá-los em si mesmos, para se apropriar dos saberes indispensáveis ao andamento do projeto.

Os sentidos extrínseco e intrínseco se confundem tanto que é difícil isolá-los, porém essa confusão impede de perceber que o acesso ao sentido e ao prazer de aprender e de saber, muitas vezes, provém de uma justificativa utilitarista da escola, vista como lugar de preparação social e profissional e não como lugar de construção de sentido do que nela se aprende (Rochex, 1995).

O GFEN E O SENTIDO DOS SABERES

No contexto de seu projeto de uma sociedade mais igualitária, o GFEN tem refletido profundamente sobre o domínio dos saberes. Foram elaborados dispositivos de formação e ferramentas que privilegiam um trabalho sério sobre a construção do sentido dos saberes e das disciplinas, tanto na formação de adultos quanto na de crianças.

Dispositivos para a formação de educadores

- *Jogos de papéis* (inspirados no *Teatro do Oprimido*, por exemplo) e *de simulação* (por exemplo, jogo da ilha, submissão à autoridade), que provocam análises muito envolventes sobre o sentido dos saberes, da cultura e da escola.
- *Procedimentos, formas de oficinas e apresentação de situações de aprendizagem e de criação,* que obrigam a tomar consciência do sentido da aprendizagem dos saberes escolares vivenciados por cada aluno ou professor. Experiências vivenciadas e analisadas, que levam à construção de ferramentas que possam ser utilizadas na sala de aula, por terem sido criadas, tentadas, discutidas e testadas nos estágios e nas práticas.
- *Fóruns e encontros* sobre o saber escolar, a construção de seu sentido e significados.
- *Orientações-referenciais*, largamente discutidas, como:

"*Quando uma criança não consegue construir sentido para um objeto de saber, de que forma você muda 'sua' prática?*"

Ou ainda:

"*Vivencie primeiro as construções de sentido dos saberes que vai ensinar a seus alunos!*" (Os ditados realizados entre adultos, corrigidos com vermelho e com notas, muitas vezes provocam uma tomada de consciência do sentido da ortografia construída na escola...).

Dispositivos para os alunos

- *Projetos* que permitam a construção do sentido extrínseco e a tomada de consciência da necessidade de trabalhar o código das linguagens.
- *Oficinas* para trabalhar conscientemente os sentidos intrínseco e extrínseco dos objetos de saber.
- Procedimentos visando à construção do sentido da estrutura dos saberes e dos conceitos, baseados na evolução dessa estrutura e desenvolvendo, ao mesmo tempo, esse sentido que chamo de humano. Esses procedimentos, denominados de *auto-socioconstrução dos saberes,* favorecem uma construção do sentido dos conceitos, estabelecida sobre um modelo que exige que o aprendiz reconstrua, reinvente e reencontre, em grupo, um código criado por outros homens, cuja força histórica é sentida pelo aprendiz ao longo de sua pesquisa.

SUBMETER-SE PARA SE LIBERTAR

É útil falar de sentido intrínseco e extrínseco como se fossem duas facetas do sentido de um objeto de saber? Será que poderia nos ajudar a interessar os alunos tanto pela própria ferramenta quanto por sua utilização na vida, para compreender melhor o mundo ou apenas para viver melhor nele? Da união desses dois sentidos, será

> **Reinventar a base 10 para descobrir seu sentido**
>
> **Testemunho**
>
> Recordo meu primeiro *procedimento de auto-socioconstrução de um saber*, vivenciado no GFEN. Tratava-se da numeração, descrita no livro de Odette Bassis, *Quand les enfants prennent pouvoir en mathématiques*. Pela primeira vez na vida, encontrava-me em uma situação de aprendizagem que me obrigava a reinventar um saber: o princípio de numeração. Foi uma experiência fascinante. Recriei a escrita posicional, o "0" como necessidade funcional com relação a essa escrita. Durante três horas, reconstruí, com os outros e graças a eles, nosso sistema numérico, que outros povos, outras civilizações haviam-nos transmitido, por meio de lutas e acasos que descobria naquele instante e que tinha desejo de conhecer. Graças à qualidade de animação de Odette Bassis, essa construção fez com que construísse um sentido profundamente humano para esse saber matemático. Sentia-me viver e compreender em profundidade um saber que, até então, tinha representado a menos importante de minhas preocupações. Ele não era mais externo a mim, tinha-se tornado meu, embora pertencesse a todos.
>
> Nesse dia, toda a minha relação com os saberes escolares mudou. E, ao escutar a revolta de alguns participantes adultos com relação ao seu passado escolar, quando finalmente eles descobriam o valor da numeração, compreendi que a construção do sentido de seu princípio não era comum na sala de aula. Os mais surpresos entre meus colegas de reflexão eram os que achavam que tinham compreendido tudo no início do procedimento, pois ensinavam as diferentes bases a seus alunos...

que um saber pode tornar-se mais-valia de ser – expressão que tomo emprestada de Mireille Cifali (1994) – pela aceitação necessária da submissão à sua lógica interna? Daí não surgiria o direito do aluno de investir mais em uma disciplina que em outra, por escolha, e não por exclusão? Dessa forma, não poderíamos mais acusar uma criança de não estar motivada por um determinado saber, pois ela apenas não teria compreendido seu sentido ou lhe atribuiria um sentido que perturba sua aquisição.

O SENTIDO "GUILHOTINA" DOS SABERES

A reflexão sobre o sentido dos saberes nos leva, de novo, a questionar a pane de sentido da escola em outros termos: como fazer com que a escola saia dessa situação, enquanto os saberes continuarem tendo a função de guilhotina, aptos para selecionar seres humanos? No dia em que a profissionalização da profissão estiver concluída, os professores não aceitarão mais o sentido contraditório do saber escolar de nossa época: oficialmente, ferramenta de formação para todos e, de forma mais oculta, ferramenta de exclusão para alguns.

A RESISTÊNCIA À EXCLUSÃO POR MEIO DA AQUISIÇÃO DOS SABERES

Nos intercâmbios regulares, é útil compartilhar as dificuldades das sociedades para romper com suas tradições, seus usos e costumes escolares.

Se tomarmos consciência, em nossos locais de vida e de trabalho, *desse hábito de exclusão pelo saber*, pensando no estabelecimento de um novo contrato escolar, talvez possamos ter uma ínfima chance de autorizar, no futuro, os excluídos de hoje, para que eles possam descobrir um novo sentido nos saberes. Um sentido que os autorizaria, como afirma Albert Jacquard (1992), a escolher realmente um destino, co-pilotando, com inteligência, a frágil ilha em que a Terra se transformou.

Meu discurso está repleto de utopias. No entanto, essas utopias, que compartilho com outros especialistas, são necessárias para mim. Elas iluminam meus gestos cotidianos e, às vezes, me dão força para suspendê-los e resistir, pelo menos por meio de palavras, a uma prática da exclusão pelos saberes que nem sequer ousa pronunciar seu nome.

Referências bibliográficas

Baeriswyl, E., Vellas E. (1994), "Le métier de l'élève dans les pédagogies actives", Journal de l'enseignement primaire, n. 48, p. 26-31.
Bassis Odette, Mathématique :... quand les enfants prennent pouvoir, GFEN, Paris, 1991.
Charlot B., Bautier E. et Rochex J.-Y., Ecoles et savoir dans les banlieues... et ailleurs, A. Colin, Paris 1992.
Cifali M., Le lien éducatif : contre- jour psychanalytique, PUF, Paris, 1994.
Hutmacher W., "L' école a besoin d'échec", in Fragnière et Compagnon A., Echec scolaire et illettrisme, Cahier EESP, Lausanne, 1992, n. 14, p. 51-69.
Hutmacher W., "Quand la réalité résiste à la lutte contre l'échec scolaire", Cahiers du Service de la Recherche Sociologique, Genève, 1993, n. 36.
Jacquard A., La légende de la vie, Paris, Flammarion, 1992.
Morin E., Terre-Patrie, Seuil, Paris, 1993
Perrenoud Ph., "Sens du travail et travail du sens à l'école", Cahiers pédagogiques, 1993, n. 314-315, p. 23-27.
Perrenoud Ph., Métier d' élève et sens du travail scolaire, ESF, Paris, 1994.
Rochex J.- Y., Le sens de l'expérience scolaire, PUF, Paris, 1995.
Vellas E. (1986), "Partir de l' enfant pour l' instruire : un slogan devenu méthode pédagogique", Mémoire de licence, Université de Genève : Faculté de psychologie et des sciences de l' éducation.
Vellas E. (1993), "La formation du citoyen se cache, à l'école, au croer de la construction des savoirs", Genève, Educateur n. 8, p. 24-26.

> Constatação dolorosa, o fracasso escolar que segrega não diminuiu, enquanto a avaliação normativa geradora de comportamentos individualistas mostra seus limites e permite observar o papel de colocação social da escola. Ele chega a autorizar essa transferência aberrante de responsabilidade que faz com que a criança justifique e aceite sua própria exclusão, sua própria marginalização, pois os saberes não têm sentido para ela. Evidentemente, se impõe a renegociação de um novo contrato e torna-se primordial a introdução de um questionamento permanente sobre as apostas e as finalidades da aprendizagem, para que a criança seja considerada pensamento em gestação, para descobrir o saber como uma herança comum de uma humanidade em busca de humanitude. Isso nos leva, entre outras, a algumas mediações para acabar com a pane de sentido da escola: o projeto, em sua dimensão de análise reflexiva sobre um fazer verdadeiro, o procedimento de auto-socioconstrução do saber analisado até o fim. Urgência: a revitalização contínua da cidadania, hoje, com as crianças, com todas as crianças.

2
LINGUAGEM, CONSTRUÇÃO DOS SABERES E DA CIDADANIA

ALAIN PASTOR

> Ser cidadão não seria construir, cada vez mais, um sentido seguro por meio da linguagem, propondo-o como objeto seguro e pelo qual é possível construir sentido?

Com freqüência, na formação oficial dos professores (MAFPEN, IUFM), contrapõe-se a "transmissão" à "construção" dos saberes. Quando as "práticas transmissivas" dominavam – e ainda dominam – o sistema escolar, o Grupo Francês de Educação Nova, ao lado de alguns outros – pouco numerosos – transformou a construção dos saberes em uma batalha educativa fundamental, elaborando e divulgando, sobretudo a partir dos anos 70, em seus estágios e publicações, sob o impulso fundamental de Henri Bassis, seus "procedimentos de auto-socioconstrução". Naturalmente, o GFEN não ignora que, pelo menos no nível do discurso de formação dos professores, assim como em um crescente número de classes, formadores e educadores se apoderam das práticas construtivistas ou, pelo menos, as mencionam como se elas lhes fossem familiares. Sem dúvida, também há um risco sempre presente de desilusão, de derrapagens e mesmo de recuperação. Mas isso não importa: as idéias e as práticas parecem avançar, ou os homens e as mulheres as fazem avançar.

O principal objetivo deste texto é o de considerar a concepção geral que estabelece que os saberes só podem ser construídos, nunca transmitidos, de um ponto de vista um pouco diferente do habitualmente adotado, no qual se faz referência à dupla origem piagetiana (*auto*construção) e walloniana (*socio*construção) da noção de procedimento, isto é, a seus fundamentos na psicologia do desenvolvimento da criança. Essas filiações continuam sendo plenamente válidas, embora devam ser questionadas de forma incessante; o ponto de vista adotado aqui, porém, será diferente: de que forma o que sabemos sobre a linguagem, sua natureza e seu papel, pode ser útil para compreender que, atualmente, não pode haver outro caminho senão a generalização das práticas construtivistas, se quisermos que o sistema escolar contribua não só para lutar contra a fatalidade das desigualdades e da exclusão, mas também para criar as condições de uma nova cidadania?

A ESCOLA EM CRISE

Vamos falar, primeiro, de uma ambigüidade: de forma alguma afirmamos que a generalização das práticas de construção dos saberes em cada sala de aula é suficiente para alcançar o objetivo que acabamos de indicar. Já acabou a época das ilusões sobre a escola libertadora: sabemos, e isso é ilustrado abundantemente em outras páginas deste livro, que só a pedagogia não consegue acabar com os fracassos e as experiências negativas que levam à exclusão. Porém, assim como a vida cooperativa, o trabalho com projetos, os vínculos da escola com as famílias e nos bairros, a parceria com o ambiente associativo, os criadores, o mundo do trabalho, são alguns dos elementos de uma estratégia global que visa a fazer com que a escola saia do esplêndido isolamento social em que foi confinada por uma tradição herdada de Jules Ferry e, antes dele, dos jesuítas, e que alguns temas atuais como o "santuário dos estabelecimentos escolares", poderiam tentar reativar. Sabemos[1] que a necessária transmissão[2] às novas gerações dos saberes e da cultura foi organizada e racionalizada, no final do século XIX, no contexto de um sistema escolar único (ou praticamente), sob a responsabilidade direta do poder político.[3] Antes, não havia vazio escolar (uma França iletrada e inculta), ao contrário do que insinua o mito de Jules Ferry, mas, aos olhos da burguesia dirigente da época, um número excessivo de escolas em relação direta com as realidades locais, sociais, religiosas, com a sociedade e os valores de um ou de outro grupo e corrente que os compunham de forma contraditória.[4] A burguesia republicana e antimonarquista do final do século XIX tinha de enfrentar um duplo desafio: melhorar a qualificação média da mão-de-obra francesa e fazer com que ela atingisse o nível exigido pela concorrência internacional da época – o que já era realizado antes de Jules Ferry – e, sobretudo, evitar o duplo perigo constituído pelas escolas religiosas e pelas escolas operárias, que propagavam idéias perigosas para a república vitoriosa, porém ainda frágil. A *transmissão*, por um sistema educativo sob a responsabilidade direta do poder político central,[5] dos saberes socialmente necessários (ler, escrever, contar) foi acompanhada, portanto, sob a batuta magistral dos *hussards** da República, por uma *normalização* sem precedente dos modos de pensamento e dos valores da sociedade francesa, junto com uma ruptura radical do vínculo social direto entre a população e sua escola. Sem dúvida, o professor desempenhou um eminente papel social, e a escola da República contribuiu largamente para criar vínculos sociais. No entanto, qual foi o custo disso? A população perdeu o controle dos saberes ensinados a seus filhos: pensemos apenas, porque depois retornaremos ao problema da linguagem, no destino das línguas regionais.

Essa transmissão normalizadora só pôde funcionar durante tanto tempo porque a escola ofereceu à elite da população as perspectivas compensatórias e os valores individualistas de uma ascensão na escala social. As reformas do sistema educativo realizadas na época da V República tinham o objetivo de perpetuar esse

---

* N. de R.T. Soldados da cavalaria ligeira.

papel da escola, colocando-o à altura das exigências de uma nova época. No entanto, desde o início dos anos 70, esse modelo está em vias de decomposição, devido à crise econômica. As premissas dessa decomposição, na época percebidas como fracasso escolar de indivíduos ou de grupos sociais (Baudelot e Establet), foram substituídas por uma consciência cada vez mais clara do fracasso da própria escola. Houve uma tal defasagem – que alguns chamam de "fratura" – entre as expectativas suscitadas pela escola nas famílias populares, e as perspectivas precárias encontradas pelos jovens quando saem do sistema de formação, que as práticas de transmissão normalizadora herdadas do século XIX deixaram de lado os enfeites da promoção social individual para serem reconhecidas como o que realmente são: uma violência simbólica, claro, porém sempre violência, à qual se contrapõe uma violência comportamental de crianças e jovens, que não aceitaremos nem desculparemos aqui, mas cujas raízes devem ser compreendidas antes de aplicar medidas diligentes.

Aumenta o abismo entre os sistemas de sinais e valores veiculados por uma escola que tenta sobreviver sem saber como mudar, e aqueles em que os jovens se reconhecem explicitamente. Há alguns anos, Bernard Charlot definiu os termos desse divórcio por meio da noção de "relação social com o saber":

> Os trabalhadores se relacionam com o saber como se ele fosse um instrumento pertinente em uma determinada prática. Os burgueses se relacionam com o saber como se fosse um sistema coerente de sinais. [...] Mas, precisamente, a escola coloca os filhos dos trabalhadores, assim como os da burguesia, diante de um saber que não proveio de sua prática, mas que é apresentado como um sistema de sinais. [...] Essa representação do saber valoriza os que o dominam em sua forma verbal, sistemática e codificada, desvalorizando os que podem utilizá-lo apenas como instrumento em uma prática.[6]

Como a escola só conseguiu interpretar esse fracasso escolar como um atraso de desenvolvimento, e apenas propôs, como estratégia para evitá-lo, um reforço do modelo de transmissão verbal de saberes formais (pedagogia de apoio), o consenso social no qual a escola se baseava desde Jules Ferry não existe mais atualmente, e as próprias palavras do discurso escolar deixaram de ser objeto de um consenso.

Essa profunda crise pelo menos possui o mérito de propor, de forma ainda mais premente que antes, a questão de uma alternativa para as práticas pedagógicas e educativas transmissíveis, que continuam sendo as mais aplicadas, embora tenham-se tornado inaceitáveis para a maioria dos jovens. É evidente que, se elas mudarem, não será resolvida a crise da escola em seu conjunto, pois acabamos de constatar que as raízes dessa crise não provêm da pedagogia, porém isso se tornou inevitável; por outro lado, ainda que de forma caótica e de certa forma incoerente, essa alternativa está sendo construída, mas as coisas avançam e a convicção fundamental deste texto é que as práticas construtivistas, como as propostas pelo GFEN, são o único caminho possível para que a aquisição dos saberes deixe de ser uma das mediações da exclusão social, ou o caminho que permite o sucesso individual às custas da massa, transformando-se na oportunidade e no fundamento da construção de uma nova e verdadeira cidadania.

A COMUNICAÇÃO PEDAGÓGICA OU A ILUSÃO DO CONSENSO POR MEIO DA LINGUAGEM

No sentido próprio do termo, a "transmissão" de um saber é simplesmente impossível na maioria dos casos. Citaremos o argumento central da psicologia da aprendizagem, na qual se baseia essa posição, uma expressão de Jean Piaget:

> O objetivo da educação intelectual não é saber repetir ou conservar verdades feitas, pois uma verdade reproduzida não passa de uma meia verdade; é aprender a conquistar por si mesmo essa verdade, levando o tempo necessário e passando por todos os desvios que uma atividade real pressupõe. Esse conceito é aplicado à metodologia da matemática, mas com muito mais razão também é indicado para as atividades relacionadas ao ensino da língua, da geografia, da história, das ciências naturais etc., ou seja, em todos os domínios em que o conhecimento do fato dependa dos procedimentos de descoberta que permitiram estabelecê-lo[7].

Bachelard resume esse conceito em uma bela fórmula:
> Balzac dizia que os solteiros substituem os sentimentos por hábitos. Da mesma maneira, os professores substituem as descobertas pelas aulas.[8]

A partir da análise da linguagem, podemos clarificar um pouco mais essa posição. Por mais que Piaget insista em que a atividade do sujeito é fundamental na construção dos saberes, as "verdades feitas" só podem ser transmitidas por meio da interpretação da linguagem, escrita (livro) ou oral (conferência). Todos praticamos a linguagem como M. Jourdain praticava a prosa, isto é, como um dado evidente: em sua utilização cotidiana, ela nos parece transparente, pois nos compreendemos e compreendemos os outros na maioria dos casos. Naturalmente, por vezes surgem pequenos (ou grandes) mal-entendidos, porém tendemos a considerá-los acidentes excepcionais, que não modificam fundamentalmente a ordem da linguagem. No entanto, quando deixamos de lado as situações cotidianas de comunicação, nos tornamos vítimas de uma ilusão: é fácil e tentador generalizar o aparente imediatismo e a transparência da linguagem a todas as situações sociais em que a utilizamos, sobretudo às situações educativas e de formação. Na vida corrente, como na maioria do tempo, somos bastante bem compreendidos, por que não aconteceria o mesmo nas situações em que ensinamos um saber a crianças ou adultos em formação, ou, ainda, a um público que escuta uma conferência? Na verdade, isso equivale a ignorar o que realmente se transmite a nossos interlocutores quando falamos ou escrevemos. Com todo o rigor lingüístico, só transmitimos um lado material da linguagem, que é o significante (Saussure), ou seja, os sons (ou letras), como destaca o lingüista A. Martinet: a forma, e não o sentido, é a "garantia do caráter lingüístico" de todo enunciado:[9]

> O que é comum a diversos sujeitos e pode ser observado diretamente são suas reações lingüísticas e não-lingüísticas às mensagens fônicas que a comunicação estabelece.[10]

Embora pensemos que também transmitimos o sentido que atribuímos a esses sons ou letras, na verdade este só pode ser reconstruído por nossos interlocutores a partir dos sinais materiais fônicos ou visuais percebidos por eles. Na maioria dos casos, essa reconstrução ocorre um pouco depois da mensagem inicial, e a conduta verbal ou não-verbal do interlocutor geralmente corresponde às expectativas do locutor. Isso se explica porque, nas situações correntes, compartilhamos parcelas de experiência com nossos potenciais interlocutores, para que o sentido atribuído aos signos lingüísticos que servem para a nossa comunicação seja objeto de um amplo conSENSO. A existência desse consenso, lentamente construído durante nossa infância e educação, na época em que aprendemos a falar, nos dá a ilusão de que transmitimos, ao mesmo tempo, o significante e o significado. Ou, segundo J. Bernicot:

> O enunciado não possui uma significação lingüística própria e intrínseca, mais primitiva que outras. A significação do enunciado é o resultado da complexa combinação entre as características lingüísticas formais do enunciado, as características da situação e as características socioculturais dos interlocutores.[11]

Quando não há consenso ou quando o conhecimento da situação ou as características socioculturais dos interlocutores são muito diferentes, a comunicação se torna problemática. Isso é o que revelamos por meio de expressões como: "ele está sempre na lua" ou "não falamos a mesma língua", quando tentamos nos comunicar com pessoas cuja experiência de vida ou centros de interesse são muito diferentes dos nossos. Nesse caso, a constatação de fracasso provém de um conflito ou de um abandono da comunicação. Nesse tipo de situações de estranheza, porém, situa-se a maioria das situações escolares ou de formação: um indivíduo, o professor, "domina" um tema muito melhor que as pessoas às quais se dirige, domina suas nuanças, compreende seus conceitos e, muitas vezes, perde toda a memória consciente dos caminhos pessoais pelos quais ele chegou a esse estado de domínio que faz com que esse tema seja "evidente" para ele. Muitas vezes, esse fato impede que ele compreenda que seus alunos não são capazes de entender o que lhe parece tão claro, e ele fica exposto à tentação da autoridade, denunciada por Bachelard:

> Um educador não tem sensação de fracasso precisamente porque ele acredita que é professor. Quem ensina manda.[12]

Portanto, o que caracteriza uma situação pedagógica ou de formação é que ela se situa nas antípodas das situações consensuais correntes; por isso, não pode haver transmissão imediata dos saberes, pois sua única mediação é a linguagem. Toda situação de ensino-aprendizagem é uma situação de comunicação muito particular, que reúne interlocutores que não são desiguais em sua natureza, *status*, em termos de hierarquia ou de autoridade, mas desiguais apenas em seu domínio do objeto visado: o saber que um deve ensinar aos outros. Entre eles não há consenso imaginável no início da aprendizagem, pois, se não fosse assim, não haveria aprendizagem. Um saber formal que é apenas enunciado, só pode ser compreendido, *stricto sensu*, pelos que estiverem prontos para ele, ou seja, os pares do educador e não seus alunos.

Temos de determinar, agora, as mediações que permitirão que os alunos reconstruam esse saber, porque, como já vimos, trata-se de um desvio inevitável, "para o qual devemos ter tempo" (Piaget). Isso significa que a linguagem perde seu lugar no processo? Além de transmitir conhecimentos acabados, que outro papel ela pode desempenhar?

INTERAÇÕES DA LINGUAGEM E CONSTRUÇÃO DOS SABERES

"Conquistar a verdade de forma individual" significa "ultrapassar todos os desvios existentes em uma atividade real", como afirma Piaget. Paradoxo do saber: não se aprende de forma abstrata, para depois aplicar esses novos saberes ao mundo, ao contrário do que o bom-senso e uma falsa evidência lógica nos levariam a pensar. Em primeiro lugar, "aplica-se" ao mundo real os saberes ainda não dominados. Isso origina o erro, que é inevitável, graças ao conhecimento da insuficiência dessas intuições iniciais para depois tentar escapar delas pela busca de outras formas de pensar ou de fazer, que rompam com os esquemas iniciais.

A criança é ativa de forma especificamente humana, e transforma a experiência em estruturas que utilizam recursos orientados para objetivos, processo típico de sua espécie.[13]

Para Jérôme Bruner, assim como para Piaget, os saberes não dependem do ensino dos resultados da ciência, mas da atividade de cada um, pois é *sua experiência própria* que a criança transforma em estruturas. Em outros termos, aprender é aceitar o funcionamento inverso da uma evidência tranqüilizadora denunciada por Bachelard:

> [...] seja qual for o objeto, o ensino sugere necessariamente uma ordem bem definida para as ações separadas, anunciando o sucesso psicológico ou objetivo das ações bem ordenadas.[14]

Portanto, para aprender é preciso assumir riscos fantásticos: aprendo porque aceito e busco o desequilíbrio fruto da falta de adaptação provisória de meus saberes em face da complexidade do real. Daí a afirmação da incontornável dimensão afetiva e social de toda aprendizagem. No texto já mencionado, Piaget afirma que a aprendizagem não pode ser definida de forma completa como um processo individual:

> Até mesmo os métodos chamados de "ativos", os únicos aptos para fazer desabrochar a personalidade intelectual, pressupõem necessariamente a intervenção de um ambiente coletivo, que seja ao mesmo tempo formador da personalidade moral e fonte de intercâmbios intelectuais organizados. [...] A atividade da inteligência não supõe apenas contínuos estímulos recíprocos, mas também – e sobretudo – o controle mútuo e o exercício do espírito crítico, que levam o indivíduo à objetividade e à necessidade de demonstração.[15]

Se só podemos aprender por nós mesmos, isso não significa que aprendemos sozinhos. Embora a escola ainda privilegie a relação dual e vertical entre o educador e cada aluno individual (por exemplo, utilização maciça da pergunta como ferramenta pedagógica), as práticas de construção dos saberes não podem causar um impasse nas interações horizontais entre as próprias crianças. Sua forma privilegiada é a linguagem.

Em primeiro lugar, a linguagem constitui uma passagem do pensamento ao dizível, que, por sua vez, acelera a estruturação do pensamento. Ao se tornar dizível, o pensamento se transforma em objeto de intercâmbio, de confronto e de cooperação. Mas, ao contrário do que Piaget parece sugerir, não basta contar apenas com a intervenção de um meio coletivo facilitador. Ao se tornar dizível, o pensamento se objetiva e dá origem a um trabalho verbal específico: a formulação. Não se trata apenas de um processo de sentido único, que vai do pensamento à linguagem como uma simples tradução, pelo contrário, em geral, constatam-se defasagens entre o pensamento e suas formulações: ou a atividade da criança manifesta um estado de saber que ela ainda não consegue formular de forma adequada, embora a faça funcionar de forma operatória (pensemos no domínio da língua materna em crianças, antes da explicitação de nenhuma regra), ou as formulações estruturadas são anteriores ao estado real do saber (as crianças podem explicar e corrigir um erro, porém cometem o mesmo erro alguns instantes mais tarde, quando diminuem a vigilância; isso é constatado com freqüência em línguas estrangeiras, quando o erro provém de uma interferência com a língua materna). A formulação, como trabalho de tomada de consciência e explicitação, tende a reduzir essas defasagens, a acelerar o processo de organização e de estruturação do pensamento.

Apresentamos a hipótese de que esse trabalho verbal não constitui um simples prolongamento, na esfera do social, da atividade mental do indivíduo, tendendo apenas a torná-la mais eficaz, mas de um verdadeiro processo de construção dos saberes (falaremos preferentemente de "construção de sentido"), processo paralelo ao operado na atividade intelectual, mas que, aqui, ocorre no âmbito social por meio da linguagem.

Por suas observações, Wallon confirma a analogia entre o desenvolvimento da atividade intelectual e o da atividade de linguagem:

> [...] a condição prévia para a utilização da linguagem é a compreensão do que ela significa, por aquele que fala e aquele que escuta [...] – isso é o que a lógica parece exigir. [No entanto, o uso da linguagem], em vez de supor sua compreensão prévia, *muitas vezes a precede e se torna seu artesão*.[16] O que dá sentido à palavra não é seu confronto com uma idéia ou um sentimento preexistente na consciência, mas os efeitos que produz ao ser enunciada, ou sua eficiência.[17]

Em outros termos, a criança que aprende a língua materna usa essa língua antes de dominá-la; a partir desse uso ainda não dominado (conforme as normas admitidas por seu grupo social) constrói-se, com a ajuda dos adultos, um maior domínio. Assim como a criança elimina suas primeiras representações por meio de sua atividade no mundo real, no campo da linguagem, o uso de enunciados para agir ("eficiência") sobre o ambiente precede e provoca, pelos efeitos produzidos por esse ato de linguagem e seus ajustes, a aquisição mais elaborada do sentido. Esse fato é corroborado por Vygotsky:

Nunca pudemos observar, mesmo nas crianças em idade escolar, uma descoberta direta que as levasse, à primeira tentativa, ao uso funcional do signo. Ela sempre é precedida pelo estágio da "psicologia ingênua", do domínio meramente externo do signo que, *no processo de uso do signo*,[18] leva a criança à sua utilização funcional.[19]

No campo da linguagem, desenvolve-se outro processo de construção, paralelo ao da atividade mental, mas que não o recobre por completo, capaz de acelerá-lo mas também de atrasá-lo. Não é possível falar de significação primitiva e única de um enunciado, pois a significação depende da combinação de diversos fatores lingüísticos e formais, assim como de fatores ligados à situação e às características socioculturais dos interlocutores. Essa concepção da linguagem torna obsoleta a transmissão verbal dos conhecimentos: se não é possível dar uma significação única aos enunciados, então o resultado de uma transmissão verbal se torna muito aleatório, devido às diferenças cognitivas e socioculturais entre os interlocutores.

INTERAÇÕES DA LINGUAGEM, SABERES E CIDADANIA

A concepção da linguagem como atividade de construção de sentido abre um amplo espaço para a ação educativa. Quando relativizamos a crença na significação única dos enunciados e, portanto, na possibilidade de transmissão apenas verbal dos conhecimentos, estamos pensando em práticas educativas que colocam de forma central a questão de uma negociação do sentido: sentido das palavras e dos enunciados, naturalmente, mas também sentido dos atos educativos e da escola. Como evidenciam as diversas práticas apresentadas nesta obra, tanto no que se refere a uma regra gramatical ou a uma regra da vida coletiva, a um mecanismo tecnológico ou a um problema inquestionável, a poemas em uma aula de escrita ou a um texto reconstituído, cada situação de construção dos saberes também é uma situação em que o sentido das palavras é arduamente disputado.

O mecanismo dessa atividade de linguagem ultrapassa o próprio objeto de aprendizagem. Em um procedimento de construção dos saberes, quem não se envolveu em discussões apaixonadas com relação a algum objeto que todo observador externo à discussão consideraria totalmente desinteressante? O que acontece é que, por trás do objeto dos intercâmbios interindividuais, existe o direito imprescritível de cada criança ou cada pessoa de desconstruir, questionar, re-elaborar, sem outro limite que o debate contraditório e os próprios fatos. Os procedimentos de construção de saber mudam radicalmente o *status* daquele que aprende: ele passa da posição de espectador, consumidor, no máximo de ator, para a de autor ou co-autor de seus saberes. Seja pela construção de um robô, pela recriação de um texto, pelo procedimento do projeto ou por uma aula prática de escrita, as situações propostas envolvem crianças e adultos em uma atividade complexa e criativa, análoga à dos criadores e produtores de saberes. Pois, na verdade, compreender é reinventar os objetos do mundo da natureza, da técnica, da ciência ou do mundo social.

Todo saber, todo sentido deve ser objeto de uma "convenção" entre os homens. A palavra "convenção" deve ser tomada em seu sentido dinâmico: não se refere àquilo que, por tradição, é feito ou pensado em uma sociedade ("as convenções sociais", o consenso sem espírito crítico), mas ao contrato fruto de uma negociação que implica rigor e espírito crítico. A "convenção" é um consenso em construção, provisório na maioria das vezes, nunca terminado. As práticas de construção dos saberes aplicadas pela Educação Nova constituem um campo de atividade no qual é construído esse hábito da negociação do sentido; é preciso levar em conta diferenças de pontos de vista e de experiências, fazer com que sirvam para o avanço do saber, fazer da contradição o motor social da construção dos saberes. Ao contrário da norma imposta pela autoridade, o que se aprende dessa maneira, com a cooperação no centro do saber, é uma prática da palavra como construção coletiva, de uma palavra que prepara a criança para seu futuro papel de cidadão em um mundo com o projeto de coexistir com os outros.

> A língua, inicialmente, não tem sentido. Ela constrói sentido à medida que se enuncia (como na escrita: "a língua só dá à luz quando trabalha"). Assim, a linguagem só assume sentido à medida que se enuncia como cultivadora de sentido. A criança utiliza o signo e o processo de uso do signo a leva à construção da funcionalidade deste. Portanto, ainda que a língua permita construir sentido, só pode se desenvolver em uma dinâmica de negociação do sentido. E a negociação do sentido só pode ocorrer a partir de uma situação de construção de saber, retrabalhada e reinterrogada pela linguagem.

Notas

1. Jean Foucambert, *L'école de Jules Ferry*, Retz, 1986.

2. O termo é utilizado, aqui, em uma acepção neutra, significando apenas que é preciso transmitir às gerações seguintes as aquisições do passado, sem levar em conta as modalidades dessa transmissão.

3. Entre o *instituteur* (o "hussard" – soldado da cavalaria) da III República e o ministro da Educação, havia apenas o representante deste último no departamento: o inspetor acadêmico.

4. As mútuas operárias, por exemplo, possuíam suas próprias instituições educativas, que propagavam valores e idéias perigosas para as camadas sociais dominantes. O mesmo acontecia com a Igreja.

5. Situação ignorada pela maioria dos outros países europeus, sem falar do resto do mundo.

6. B. Charlot, *L'école aux enchères*, Payot, 1979, p. 223-225.

7. Jean Piaget, *Où va l'éducation?* Denoël-Gonthier, 1972, p. 99-100.

8. Gaston Bachelard, *La formation de l'esprit scientifique*, Vrin, 1938, p. 247.

9. A. Martinet, *Eléments de linguistique générale*, A. Colin, 1967, p. 34.

10. A. Martinet, ibid., p. 35.

11. J. Bernicot, *Les actes de langage chez l'enfant*, PUF, p. 85.

12. G. Bachelard, op. cit., p. 19.

13. J. Bruner, *Comment les enfants apprennent à parler*, Retz, Paris, 1987, p. 19.
14. J. Bachelard, *La dialectique de la durée*, PUF, 1936, p. 41.
15. J. Piaget, op. cit., p. 101.
16. O grifo é nosso.
17. H. Wallon, *La vie mentale,* Editions Sociales, Paris, 1982, p. 142-143.
18. O grifo é nosso.
19. L.S. Vygotsky. *Pensée et langage*. Editions Sociales, 1985. p. 139-140.

3
GRAMÁTICA EM ATOS OU ATIVIDADES GRAMATICAIS

JEAN-YVES ROCHEX
JEAN FOUCAMBERT

> Que papel o saber desempenha na construção dos indivíduos? Devemos falar de construção ou de produção de saber? Esses saberes estão mortos ou vivos? Que tipo de relação com o saber têm as pessoas? Em que condições um projeto realmente provoca uma construção? Essa é uma exploração realizada por dois pesquisadores a partir de pontos de vista diferentes.

A RELAÇÃO COM O SABER

Jean-Yves Rochex. Tentarei apresentar-lhes alguns elementos e muitas perguntas derivados de dois pontos de vista diferentes e de dois tipos de trabalho. Um deles é um trabalho de pesquisa sobre a relação com o saber nas zonas de educação prioritárias, que foi publicado na obra de Charlot et al. (1993), *École et savoir dans les banlieves et ailleurs*.[1] Como muitos outros, tentamos compreender melhor as mediações entre processo de socialização (prefiro esse termo a pertencimento social ou "ambiente sociocultural") e percurso escolar. Afirmamos no mencionado trabalho que, se quiséssemos compreender algo, *teríamos de tentar identificar processos e modalidades* que pudessem dar conta – pelo menos de forma parcial – das regularidades estatísticas que hoje todos conhecemos muito bem (talvez até demais, se seu conhecimento pode chegar a provocar um "fatalismo sociocultural"), assim como das exceções a elas. Ou seja, compreender tanto as dificuldades quanto os sucessos escolares, às vezes excepcionais, constatados nas ZEP (Zonas de Educação Prioritárias).

O segundo tipo de trabalho, no qual me basearei para tentar suscitar um certo número de perguntas, foi realizado com a mesma equipe, a partir de uma avaliação dos projetos financiados pela Caisse des Dépôts et Consignations. Essa avaliação – assim como nossa participação no fórum "Escola e bairro", organizado pelo Ministério da Educação da França, em janeiro de 1993 – nos levou a trabalhar com centenas de dossiês de projetos ou ações financiados e aplicados nas ZEP e a entrevistar vários educadores para falar da aplicação desses projetos e ações. Durante esse trabalho, tive a oportunidade de entrar em contato com com fatos apaixonantes e interessantes, mas também com outros inquietantes, e mesmo assustadores, ambos realizados ou baseados nos mesmos princípios de abertura da escola, de pedagogia de projeto, etc., princípios que atualmente são o que eu chamaria de figuras impostas da inovação pedagógica.

Gostaria de apresentar alguns elementos de nossos dados e resultados que, de passagem, vão permitir que se aluda a alguns dos conceitos de Philippe Meirieu. Tentamos *observar, nas diferentes formas de relação com o saber, as distintas lógicas de relação com o saber*, o que poderia ser um diferenciador entre os alunos "em dificuldade" e os "bem-sucedidos", não só do ponto de vista escolar, mas também de um ponto de vista cognitivo, não considerando o sucesso escolar apenas como uma satisfação dos rituais da "profissão de aluno", mas, também e sobretudo, como a apropriação dos conteúdos cognitivos e culturais. Parece-nos que os elementos de diferenciação, que identificamos de forma convergente, podem funcionar do ponto de vista social, quando comparamos classes socialmente muito diferentes, como as classes de um colégio ZEP e as classes de um colégio situado no subúrbio, onde alemão é a primeira língua e que possuía "classes de nível", e do ponto de vista cognitivo, em um "ambiente social" equivalente. Observamos os mesmos *processos diferenciadores* no seio das ZEP em que trabalhamos, isto é, em um ambiente social quase equivalente, entre os alunos "em dificuldade" e os bem-sucedidos. E essa convergência entre o que é *socialmente diferenciador* e o *cognitivamente diferenciador* é o que nos parece importante.

Eis alguns elementos. *Em primeiro lugar*, poderíamos dizer que, *no caso dos alunos em dificuldade, o único sentido da escola parece ser sair dela*. Parece que a escola, a escolaridade, eventualmente os diplomas, com menos freqüência as disciplinas e quase nunca os conteúdos das disciplinas, valessem apenas em função da esperança, real ou ilusória, de que poderão oferecer-lhes, mais tarde, uma boa remuneração no mercado de trabalho.

Aparentemente, portanto, *o único sentido da escola estaria reduzido à função de suposta inserção socioprofissional*. A fórmula característica e mais freqüente desse conceito é a seguinte: "o importante é avançar ao máximo na escola, para se ter um bom emprego". Esse "bom emprego" quase nunca é citado, isto é, nesse tipo de formulações ele apenas é considerado em termos de lugar na hierarquia social, não em termos de atividades sociais ou profissionais que requerem competências profissionais e cognitivas. Portanto, estamos na lógica do nível. De acordo com o que dizem ou escrevem esses alunos, e sem dúvida em grande parte na maneira em que agem, em sua relação com a escolaridade, o único sentido da escola seria passar – ou ser passados, como eles dizem – de uma classe para a outra, chegando assim ao nível mais elevado da escala escolar, tudo isso independentemente dos conteúdos e das aprendizagens que, em princípio, seriam necessários para passar de um nível ao outro. Por outro lado, os bons alunos (cada vez que menciono alunos em dificuldade ou bons alunos, coloquem aspas, pois seria preciso definir do que estamos falando e não tenho tempo suficiente para isso), nos mesmos bairros, isto é, alunos que muitas vezes estão em contato com a realidade e o medo do desemprego, da precariedade, embora não subestimem a função de inserção socioprofissional da escola, falam das aprendizagens e de seus conteúdos como se tivessem sentido e valor para eles, no aqui e agora de seu presente de aluno. Ou seja, atribuem à escola e às aprendizagens que nela realizam um valor cultural, formativo, não só um valor utilitário ou funcional que visa à inserção socioprofissional (o que significa que a escola lhes permitiu, ou pelo menos não impediu que eles construíssem esse tipo de relação com a escolaridade).

Paradoxalmente, isso acontece apenas com esses alunos, que podem ter uma relação viva com o saber e a cultura, suspendendo de forma provisória, como a maioria dos filhos dos professores, a pergunta sobre o que farão mais tarde, pois estão em melhores condições para negociar o "mais tarde". Por outro lado, os alunos para quem a única função da escola é sair dela, geralmente são aqueles que estarão em pior situação quando tiverem de transformar seu percurso escolar em inserção socioprofissional. Daí vem meu questionamento ou minha grande reticência com relação a toda a retórica do projeto pessoal e profissional do aluno, desenvolvido e aplicado nos últimos anos no ensino médio. Considero que ele é falso do ponto de vista psicológico e, sobretudo, que é uma grande hipocrisia afirmar que é preciso ter um projeto profissional para ser bem-sucedido na escola. Ainda mais quando a maioria dos filhos dos que escrevem isso não precisa ter um projeto profissional para obter sucesso na escola.[2]

Esse é um primeiro elemento que pode suscitar uma discussão sobre projetos, mas que também leva à reflexão sobre a pergunta levantada por Philippe Meirieu, ou seja, que *é extremamente importante diferenciar o sentido e a utilidade*: os fatos, as aprendizagens e as práticas sociais podem ter muito sentido sem servir para nada. O sentido de uma prática social e cognitiva não se refere necessariamente à sua utilização em outras práticas sociais ou cognitivas. A matemática e sua aprendizagem podem encontrar um sentido interno, intrínseco à atividade matemática, sem necessariamente ter de se encarnar em outro fato ou em outra atividade que não seja a atividade matemática.

O *segundo* grande registro de diferenciação que encontramos remete àquilo que outros já disseram, antes de nós, em termos de clareza cognitiva ou metacognitiva. Trata-se da constatação de que, sempre nos mesmos bairros, muitas vezes nas mesmas classes, entre alunos que lidam com os mesmos educadores, com o mesmo tipo de práticas pedagógicas, *os alunos em dificuldade são aqueles que parecem considerar que o saber e as aprendizagens identificam-se com a situação, que supostamente permitiria sua apropriação pelo sujeito que é seu portador, ou com a história, o ritual ou o exercício*.

Os bons alunos, sempre em um ambiente social equivalente e com práticas pedagógicas similares, demonstram o que chamamos *de lógica de objetivação ou de descontextualização* do que aprenderam, com relação às situações ou às pessoas, nas quais ou com as quais eles aprenderam. Essas diferenças podem ser observadas no que dizem, nos procedimentos de linguagem utilizados para dizê-lo e em sua atividade na sala de aula. Isso é o que acontece quando perguntamos o que os alunos da escola primária pensam sobre as diferentes disciplinas: "De que forma você reconhece a gramática?", ou quando tentamos saber o que é a gramática para eles (sem lhes fazer a pergunta específica, porque nesse caso obteríamos poucas respostas). Alguns alunos identificam a gramática com a cor da capa do caderno (encontramos isso até mesmo nas 4ª e 5ª séries do ensino fundamental, ou com o momento do dia em que têm aula de gramática, ou com o professor que lhes ensina gramática, quando se trata de classes abertas. Ou seja, há um grande número de critérios, verdadeiros ou falsos, porém externos ao que a gramática é, como atividade emancipada dessas situações. Eventualmente, alguns alunos identificam a gramática com os exercícios, ou com a lista das etiquetas utilizadas pelo professor: determinantes, grupos verbais, grupos nominais, etc. E vemos perfeitamente bem que se trata das etiquetas, pois os alunos não conseguem utilizá-las de forma correta. No entanto, os bons alunos, nas mesmas classes, apresentam um início de reflexão "epistemológica", isto é, um início de reflexão que considera uma disciplina, um conteúdo de saber, como algo para refletir e que pode ter unidade, para além da diversidade das situações, das ações e dos exercícios com que se trabalha. Eles possuem uma espécie de consciência implícita, que poderia ser comparada com um embrião de reflexão ou de postura "epistemológica" sobre aquilo que poderia unificar a diversidade dos exercícios e tarefas que realizam na sala de aula. Esses alunos diferenciam entre aquilo que chamo de "tarefa" e o que chamo de "atividade".

"Tarefa" e "atividade" são conceitos que provêm da psicologia do trabalho e que me parecem úteis quando nos ocupamos das situações de aprendizagem. Vou citar um exemplo concreto para mostrar a diferença entre eles: todos sabem o que são os "textos com lacunas". Em muitas classes, os alunos têm de realizar um exercício que consiste em completar um texto em que faltam algumas palavras. Esta é a tarefa: restituir a integralidade do texto. Os alunos em dificuldade nos dizem, por exemplo, que "a gramática é colocar palavras nos espaços vazios". A tarefa e a orientação do exercício, portanto, referem-se à restauração da integralidade do texto. No entanto, esse mesmo tipo de exercício, com a mesma tarefa e orientação, pode exigir que os alunos efetuem duas atividades extremamente diferentes, pois há textos com lacunas que visam a verificar ou treinar as competências semânticas, ou seja, visam a verificar se o aluno compreendeu o assunto do texto em questão, se ele conhece o tema e se possui o vocabulário apropriado. Há outros textos com lacunas que visam a verificar ou treinar competências sintáticas e gramaticais. Neles, não há dificuldades do ponto de vista do conteúdo nem do vocabulário, que são muito simples, mas nos quais é possível verificar, por exemplo, se os alunos realizam as concordâncias de gênero e número da forma correta. Trata-se da mesma tarefa, mas não é a mesma atividade. Os alunos têm de identificar o conteúdo com relação ao qual devem mobilizar-se, que atividade de linguagem (semântica ou sintática) devem realizar para efetuar a tarefa e para responder à orientação. Quando digo que não se trata do mesmo tipo de atividade, cognitiva ou de linguagem, o que acontece é que, quando nos ocupamos da sintaxe, temos de refletir sobre a língua e não só sobre o conteúdo. E, de alguma maneira, os bons alunos conseguem captar essa diferença. Naturalmente, quando lhes fizermos alguma pergunta sobre a gramática, eles não vão responder que ela é a descrição da língua como sistema de limitações, porém poderão dizer que "a gramática serve para compreender melhor a forma como falamos". Ou seja, eles captam que a gramática é uma atividade de reflexão sobre a língua. Da mesma maneira, esses bons alunos conseguem diferenciar problemas e cálculos; sabem que, para resolver um problema matemático, é preciso identificar primeiro o que deve ser feito, qual é a estratégia ou o algoritmo de resolução pertinente para *esse* problema matemático.

Quando pedimos a alunos em dificuldade que contem ou descrevam um dia de aula, eles o fazem como se fossem uma câmara de vídeo. Descrevem enumerando comportamentos externos e atitudes: "ficamos no pátio, subimos a escada, tiramos o sobretudo, a professora fala, escreve no quadro, depois escrevemos". Nunca se esclarece o que disse a professora, o que escreveu no quadro, etc. Em contraposição, os bons alunos, nas mesmas classes, falam de alguma atividade cognitiva quando relatam um dia de aula: "Tentamos compreender, reflectimos"; utilizam esse tipo de termos. Eles captam a diferença entre escutar a professora e escutar a aula. É claro que podemos pensar que existem outros modos de aprendizagem além de escutar a aula, mas se um aluno que diz que é preciso escutar a aula, em comparação com outro que diz que é preciso escutar a professora, podemos identificar que existe um objeto de atividade comum, que é o conteúdo da aula, e que não estamos lidando apenas com o comportamento, mas com a "profissão de aluno" no seu sentido mais restrito, nos referimos a esse objeto comum ao qual se referem as diferentes profissões de aluno e de educador.

Antes de chegar à questão do projeto, gostaria de salientar um último ponto: os "bons" alunos – mesmo aqueles dos bairros ZEP, que vivem situações familiares ou materiais extremamente difíceis – muitas vezes comparam o valor das aprendizagens com sua própria vida, ou seja, *vivenciam um valor próprio das aprendizagens em seus processos de socialização e de construção subjetiva*. Para eles, aprender não se resume a seguir as normas de uma instituição nem ser o primeiro da classe. Vou citar algumas respostas de alunos dos colégios ZEP para ilustrar o que quero dizer (é importante contar que essas respostas também são ouvidas nas Zonas de Educação Prioritárias, para sair do catastrofismo ou do miserabilismo ambientais). Uma menina nos conta: "Aos cinco anos e meio, entrei na escola primária para ter a oportunidade (que nem todas as crianças dos países do Terceiro Mundo têm) de aprender algo que mexeria muito comigo: a leitura". Outra resposta, de um menino que escreveu o seguinte: "Onde realmente aprendemos é na escola. É o mais importante de tudo. A escola existe para desenvolver nosso saber. Aprendemos a dominar as ciências, o francês, todas essas matérias que vão nos servir para passar da adolescência à idade adulta". Último exemplo, extraído de uma menina: "Acho que dei meus primeiros passos na escola". Nada mal! O que me parece muito importante é que essas respostas mostram que, para os alunos, as aprendizagens têm um *valor formativo*, um *valor cultural*, não no sentido mundano, que serviria para brilhar nos salões ou para satisfazer as lógicas da distinção social, mas no sentido mais forte da *Bildung** alemã, ou seja, no sentido de que *a cultura é formadora do sujeito, de sua personalidade e de suas relações com o outro e consigo mesmo*.

---

* N. de R.T. Do alemão, formação.

Para concluir, vou deixar algumas questões em aberto. É evidente que, do ponto de vista dessas constatações apresentadas brevemente, todas as práticas pedagógicas não são equivalentes. E, se grande parte desses processos de diferenciação se constituiu antes ou fora da escola, esta tem de se perguntar o que fazer com eles, justamente para não aumentar as diferenças preexistentes. Desse ponto de vista, parece-me muito importante *aplicar situações pedagógicas que permitam que os alunos construam uma relação com o(s) saber(es) e com a escolaridade, que facilite e possibilite a descontextualização das aprendizagens e de seus conteúdos com relação às situações em que foram adquiridos*. Essa relação não demonstra ser específica a uma posição social, a um pertencimento às camadas privilegiadas ou às classes dominantes; ela também representa uma pressão epistemológica: da mesma forma como isso ocorre na história das ciências, *os conceitos e as aquisições escolares devem, na história intelectual de cada aluno, poder ser objeto de um trabalho de formalização* pelo qual possam ser emancipados dos tipos de situações em que foram adquiridos ou em que são operatórios (quando falo de emancipar, não quero dizer que são independentes).

APRENDIZAGEM E ENSINO

Jean Foucambert. *Diferencio nitidamente a aprendizagem e o ensino.* Na minha opinião, não se aprende gramática. Eventualmente, podemos ensiná-la, porém ela não se aprende. Nunca devemos confundir a aprendizagem com a soma de um ensino, com a justaposição de um ensino disciplinar. Para mim, a aprendizagem é algo diferente. Os saberes disciplinares são construções laboriosas, que a humanidade faz evoluir de forma incessante, para tentar colocar um pouco de ordem nas aprendizagens, de alguma maneira. Se falasse do que acontece na sala de aula, não passaria pela minha cabeça perguntar a alguém o que sucede no nível da gramática ou da matemática. Imagino que aprender seja algo diferente, e que o ensino são os esforços que os outros fazem – nem sempre são os educadores – para ajudar o aprendiz a evoluir em uma situação de aprendizagem. A característica das situações que vivemos é que elas são situações completamente globais, nas quais aplicamos tudo ao mesmo tempo. Colocamos o cognitivo, o emotivo, o social, fazemos coisas extremamente complicadas e, depois, ainda questionamos por que agimos desse modo, teorizando sobre os procedimentos seguidos, as razões que levaram a eles, etc. E podemos imaginar que esses recortes teóricos vão coincidir, em determinado momento, com o disciplinar; com sorte, vão repercutir na gramática, mas isso não parece forçosamente uma necessidade. Não sei quando aprendemos gramática. O fato de aprender a ler, a falar, o fato de nos relacionarmos com os vizinhos, obrigatoriamente origina saberes e uma gramática. E a criança de dois anos tem uma gramática antes de alguém ter-lhe ensinado, uma gramática em atos. O papel do educador é o de levar essa criança a passar dessa gramática em atos a uma gramática abstrata ou teórica, mas que sempre será exclusivamente sua! Ou seja, aquela que dá conta de sua gramática em atos. Não é possível ensinar a essa criança uma gramática que não seria a de sua prática. Sem dúvida, essa é uma das causas do fracasso da escola. Portanto, o papel do educador consiste em *obrigar quem aprende ou quem vive*, que lida com problemas, com situações que devem ser transformadas, *a formalizar o estado atual de seus saberes em atos, de transformá-los em saberes teóricos, de construir sistemas e gramáticas com eles*. Antes de ir à escola, a criança possui uma gramática do escrito, mesmo que não saiba ler, ela já tem uma idéia de como tudo isso se combina. Não importa que seja totalmente certo ou errado, é a sua gramática. Só podemos ajudá-la a transformar essa gramática em atos, em sistema teórico, em sistema abstrato – ela a constrói com a ajuda do educador – e, depois, a ajudamos a reinvestir esse sistema teórico em uma nova situação, na qual esse sistema será suplantado pelo outro. Então, a criança será obrigada a inventar novas respostas, que darão origem a novas teorizações, a uma nova gramática e a um deslocamento de saber. Mas me parece que os saberes não podem existir fora desse envolvimento em uma situação que aplica diversas gramáticas, que são gramáticas sociais.

Atualmente, fala-se muito de contextualização: é preciso contextualizar as aprendizagens e seus conteúdos com relação às situações nas quais são adquiridos. Essa idéia de contextualização não remete à situação em que os saberes foram adquiridos, mas à situação em que eles foram ensinados. Para mim, *a situação de aprendizagem não precisa ser contextualizada por um projeto*. Os pedagogos precisam contextualizar a situação escolar de ensino e o projeto de ensino. *O ensino é que precisa ser contextualizado em um projeto*, mas a aprendizagem é obrigatoriamente contextualizada. Não é preciso contextualizá-la ainda mais. Pelo contrário, o único trabalho que os pedagogos têm de fazer é descontextualizar. Para mim, a definição do ensino é esse procedimento de descontextualização, de passagem do saber em atos para a construção de saberes teóricos. Como educador, sou responsável por essa situação, pelos ingredientes que estão nessa situação. Por exemplo, posso decidir, de forma totalmente autoritária, que dentro ou fora da sala de aula será ou não aceito o princípio da divisão do trabalho e da especialização das tarefas. Eventualmente, também posso fazê-los variar de forma experimental no grupo, de acordo com o grupo. Nesse ponto, o educador tem um papel importante: decidir se, para realizar essa tarefa, o trabalho deve ser em grupo ou individual. Se a situação é resolvida de forma coletiva ou individual. Se haverá tantos trabalhos quanto indivíduos ou apenas um. Todos esses elementos são características importantes da situação. O pedagogo pode intervir de maneira artificial, dizendo o seguinte: "quero que seja dessa maneira". Na verdade, isso nunca acontece dessa forma, pois os outros não a aceitam. Quando declaramos o que queremos, provocamos reações, "boas" reações porque as pessoas fazem perguntas. A grande armadilha é quando os educadores não dizem o que querem a seus alunos. Existe uma arte da manipulação em que, aparentemente, tudo é feito de acordo com a vontade do grupo. Considero que o educador que diz o que quer provoca um choque e dá aos outros, que desejam algo diferente ou que não compreendem por que são tomadas essas decisões, a possibilidade de também se confrontarem.

Vou dar-lhes um exemplo simples de um procedimento muito pedagógico: o momento da leitura, em que recebemos uma carta dos nossos correspondentes... Não se trata de uma aula, mas de uma situação verdadeira porque queremos saber a resposta: será que fomos convidados ou não? Estamos diante de um problema. Pensamos em tudo o que sabemos sobre os nossos correspondentes, em tudo o que sabemos de nossa expectativa e, naturalmente, em tudo o que sabemos sobre a escrita. Esse grupo vai ser heterogêneo: alguns sabem um pouco mais, alguns compreendem melhor a situação, outros compreendem um pouco melhor o funcionamento da escrita... Todos se reúnem, e a sessão de leitura é realizada. Trata-se de conseguir responder, sim ou não, se todos vão viajar no sábado. No fundo, isso é o que chamo de situação. Não é um projeto. Há algum tempo, insistimos na idéia de que, durante esse procedimento de intercâmbio, estamos em um modelo de leitura interativa entre o semântico – que está na cabeça – e o gráfico – que está no papel – e a questão é saber como utilizamos tudo isso. Considero válido que o educador anote tudo o que acontece e que lhe parece interessante: as hipóteses, as respostas falsas, os pontos de apoio encontrados no texto, as discussões... Ele cria uma verdadeira situação de aprendizagem, o único momento em que a criança aprende, em que mobiliza seus saberes para criar algo novo. O educador observa o acontecimento e o grupo. Anota tudo, tentando organizá-lo um pouco. O ensino começa depois. E isso só existe na escola, e acho importante que isso exista na escola. Não existe em outra parte. O ensino começa com o retorno reflexivo ao que aconteceu. Mas o que se observa não é mais a carta! A carta foi utilizada na situação de aprendizagem. Agora, vamos trabalhar com algo que foi criado, que pôde ser observado no procedimento adotado. *O saber em atos não pode ser observado dessa maneira. Ele deve tornar-se observável* por meio dessa descrição dos diversos passos do procedimento adotado. Isso é o que chamamos de sessão de atividade reflexiva ou de teorização. Estamos em uma posição de segundo grau em que refletimos, não sobre a carta (está tudo certo, viajamos no sábado), mas sobre os processos que tivemos de realizar para encontrar a resposta. Não podemos contextualizar a aprendizagem. Ela já é contextualizada. Nessa atividade reflexiva, descontextualizamos a aprendizagem, deixamos de lado seu aspecto conjuntural, e tentamos dar origem a um processo. No caso citado, aparecem conhecimentos gráficos, palavras conhecidas, elementos que servem de referenciais, etc.

Colocamos esses elementos em rede, ou seja, organizamos as regras que realmente utilizamos. Essa é a *etapa de descontextualização, de atividade reflexiva e de teorização*: o procedimento é atualizado. A seguir, há uma terceira fase, que consiste em tomar decisões, porque o trabalho efetuado dá lugar a escritos: é a sistematização. Tal palavra tem dois sentidos: "sistemático" remete à idéia de treinamento. Felizmente, há um segundo sentido, a partir da palavra "sistema": é um trabalho sobre o sistema da escrita em geral. Essa construção do sistema da escrita – conseqüência da atividade reflexiva – leva a decisões de sistematização: podemos dizer que esse saber é treinado ou exercido por um exercício que será fabricado de forma conjunta. Aprendemos mais coisas fabricando os exercícios que quando os resolvemos, pois, para elaborar um exercício, é preciso saber para que serve. A pergunta que deve ser feita às crianças é qual é o tipo de exercício que deve ser elaborado para poder melhorar.

Na escola, as coisas são complicadas porque estão contra a natureza! Para os professores, muitas vezes a pedagogia consiste em se perguntar em que projeto sobre Joana D'Arc ou sobre o bairro vão poder inserir o programa de gramática! Depois disso, eles enlouquecem... Bem feito para eles, mas isso é grave para as crianças!

Vou fazer uma crítica à pesquisa em geral: não me parece que seja interessante observar o que acontece só nos piores lugares... como se não houvesse lugares onde há bons resultados. A única forma de pesquisar é trabalhar com pessoas e depois reinvestir as reflexões elaboradas. Uma semana depois, a classe não é mais a mesma. Há um reinvestimento permanente dessa reflexão, que nem os pesquisadores nem os pedagogos podem fazer sozinhos. Prefiro a pesquisa-ação. Para retomar uma fórmula muito famosa no GFEN, acredito que *só compreendemos o que transformamos*. Mas isso só acontece porque estamos lutando pela transformação; não nos limitamos apenas a observar.

Passei quatro ou cinco meses trabalhando com um plano destinado aos jovens, o plano PAQUE: recuperação dos jovens com dificuldades escolares, por meio de uma prática de alternância, um trabalho na empresa. Durante as horas de classe, o que fazemos com o que o jovem vive na empresa? Tomemos o exemplo da leitura. A característica desses jovens PAQUE é que realizam um trabalho no qual não precisam ler, porque eles não sabem ler. Eles realizam os trabalhos menos qualificados, em que não há nada escrito. Portanto, é muito difícil para o formador se apoiar no escrito – que poderia ser um manual ou listas de ferramentas ou coisas do tipo. O mais incrível é que, embora não saibam ler, o problema dos jovens é resolvido rapidamente, porque os outros os ajudam. Como retomar o problema em um ambiente escolar? A alternância pedagógica é extremamente difícil. Tentamos explicar que a aprendizagem da leitura não é um problema da escrita, mas um problema de atividade, de teorização de uma prática, seja ela qual for. Não é preciso haver escrita em uma determinada situação para que ela permita aprender a ler! Sem brincar com as palavras, já podemos começar a aprender a lê-la... Em outros termos, se a escrita é uma linguagem que permite passar pela experiência de realizar um certo número de operações intelectuais que visam a um trabalho de teorização e de descontextualização da experiência, então ela permite a passagem desse acontecimento que parece explicar-se totalmente pela situação em que se está, para um modelo muito mais geral... Ler é entrar no uso de uma linguagem, que permite operações particulares. E a dificuldade não tem a ver com o domínio dos signos dessa linguagem, mas com o fato de *entrar na natureza das operações intelectuais que fazem com que essa linguagem seja indispensável*. A situação de trabalho na empresa, com a presença ou não da escrita, é uma excelente situação de leitura. Nas etapas de alfabetização, o único necessário para aprender a ler é dizer que se aprende a ler por meio da operação pela qual é possível compreender por que não se aprendeu a ler... Trata-se de refletir, de analisar uma situação social, histórica e pessoal complexa, que faz com que em um determinado momento, aos 15 ou 25 anos, embora não sejam mais "burros" que outros, alguns não saibam ler. Isso obriga a exercer todas as operações intelectuais... que tornam a escrita indispensável, que fazem funcionar uma razão gráfica, na qual a linguagem gráfica é algo evidente. Na escola, sucede o contrário, tentamos ensinar uma linguagem gráfica, ainda que não haja razão gráfica. Mas essa razão gráfica é exercida com relação à situação vivenciada. É um modo de análise da experiência que gera e que torna necessária a linguagem escrita.

Jean-Yves Rochex. Parece-me que, em grande parte, estamos de acordo sobre *a necessidade e a especificidade desse ato de ensino, que deve ser um trabalho de descontextualização, de teorização, de sistematização de competências em atos, de gramática em atos,* etc. Mas resta saber como introduzimos o novo naquilo que as crianças não sabem necessariamente fazer fora da escola. Elas entram na escola sabendo falar e, portanto, dispõem de uma gramática em atos, e uma das funções da escola é fazer com que construam essa gramática de maneira explícita. Não só sua gramática ou a gramática de suas práticas de linguagem – e talvez aqui exista uma pequena nuança entre nós –, mas desenvolvem gramática e práticas de linguagem confrontando-se com os saberes sociais sobre a língua, sua estrutura e funcionamento. Considero que uma das funções da escola é fazer com que os alunos possam adquirir, em atos e em domínio teórico, outras competências além das que dispõem, inclusive outras gramáticas em atos, por exemplo, uma gramática textual da argumentação. Isso pressupõe, na minha opinião, que o projeto de ensino introduza saberes, objetos sociais, saberes em termos de objetos sociais, que existem no patrimônio anterior e exterior à sua apropriação e ao seu ensino. Se esses instrumentos culturais elaborados na história da humanidade devem ser objeto de uma apropriação ativa e específica da parte dos alunos, só podem ser introduzidos a partir do exterior, pois se a escola não o faz, ninguém o fará. Sem dúvida, estamos de acordo nesse ponto, mas – talvez seja uma sutil diferença entre nós – acentuo mais a necessidade, particularmente nos bairros que nos preocupam, de não renunciar a isso. Porque – como constato com muita freqüência, por não sentir vontade de disparar o sinal de alarme – podemos restringir-nos a práticas sociais e cognitivas, a responsabilidades ou domínios de exercício restritos, ainda que trabalhemos – e bem – para formalizá-los. Ao fazer isso, identificamos os alunos por seu pertencimento e suas particularidades, mas acho que a *escola tem de trabalhar para permitir que os alunos saiam de suas particularidades por meio da apropriação de ferramentas cognitivas, intelectuais, culturais, com vocação universal.* Não me assusta a palavra universal, pois "vocação universal" não significa a-histórico nem a-social. Quer dizer apenas: *vocação para se emancipar das situações.* E, se hoje podemos saborear obras literárias ou de arte, décadas ou séculos depois de sua criação, isso acontece porque há uma dialética das formas, que faz com que o Partenon continue comovendo e falando com uma parte de nós, que não conhecemos muito bem as condições históricas e sociais de sua construção.

A PEDAGOGIA DE PROJETO

Jean Foucambert. Deparamo-nos com a seguinte questão: "o que podemos fazer para que as pessoas não se fechem cada vez mais em seu saber?". Estranhamente, vivemos a situação contrária. Tentarei explicar por quê. Quando chegamos a uma escola ou a um colégio em que tentamos trabalhar em uma pesquisa-ação, herdamos uma situação que não escolhemos. Por exemplo, nesse colégio – nesse bairro, nessa ZEP – há um acordo com as associações de moradores, e os alunos elaboram o jornal delas. Não se trata de um projeto. Se fosse um projeto, poderíamos dizer algo que muitas vezes ouvimos e que me revolta: "Bem, não é nada do outro mundo, mas está bem para garotos do CES, ou do CE2*", etc. Com isso, quero dizer que o critério de julgamento continua sendo o mesmo do projeto escolar. Vivemos uma situação totalmente inversa: as pessoas que recebem o boletim dos *Amis de la pétanque* estão cansadas de saber que os alunos da oitava série do ensino fundamental** é que fizeram o jornal. Elas querem um jornal de verdade. Não querem saber como é feito. Portanto, existe uma espécie de exigência social que funciona no mais alto nível, que os adolescentes não são capazes de enfrentá-la. Nunca ninguém se perguntou como o projeto pode ser enriquecido. Para responder à demanda social, é preciso funcionar em grupos heterogêneos; só os alunos da oitava série, adolescentes da sétima e da oitava séries; os professores participam do projeto; vamos pedir que um jornalista do bairro, profissional da escrita, trabalhe conosco. Não deixa de ser um grupo social, com saberes heterogêneos, que realiza a produção com a ajuda dos alunos... O produto realizado ultrapassa a competência de cada indivíduo. Mas nessa defasagem entre o nível de exigência social, com o qual não se transige, e o saber atual das crianças, encontra-se essa questão do enriquecimento. *Não se trata de tornar os projetos mais complexos, mas de saber como é possível responder a uma demanda social* que envolva as crianças, para que elas tenham a sensação de terem realmente participado.

Acredito que aí existem duas lógicas diferentes. Por isso não falo de projeto. O projeto me parece algo totalmente fabricado pelos pedagogos. Falo do contrário. A escola deve se perceber como um lugar de produção no ambiente, de produção de um certo número de saberes e de bens. Em uma comuna, em um cantão rural, o colégio certamente é o lugar onde há a maior densidade de leituras, de obras para ler, de competências sobre o tema. Portanto, é um lugar que tem legitimidade para produzir a escrita no ambiente. Conseqüentemente, situa-se como parceiro de produção, pede para não ser julgado como escola, mas como parceiro, e, como as crianças estão treinadas, participam dessa produção, que exige saberes mais amplos do que possuem e, como estão em um grupo heterogêneo, são ao mesmo tempo testemunhas, atores, etc. Nesse caso, haveria companheirismo. Mas como estamos na escola, reivindicamos, acrescentamos essa especificidade do ensino, isto é, tempos que vão permitir trabalhar com o histórico, com o procedimento, com o processo adotado e proceder a uma teorização e depois a sistematizações, etc. Não sentimos o risco do fechamento, da pobreza no nível de desempenho e de saber atuais das crianças, pois precisamente esse nível de saber e de desempenho enfrenta uma exigência e uma demanda sociais muito superiores, e esse espaço cria a possibilidade de aprender, a Zona de Desenvolvimento Proximal que Vygotsky apreciava tanto. E depois, está a possibilidade de ensinar. Não definimos as situações de produção a partir do

---

* N. de R.T. Refere-se, no sistema de ensino brasileiro, ao final da educação infantil e séries iniciais do ensino fundamental.
** N. de R.T. O original em francês refere-se somente aos "adolescents de quatrième et de troisième". Trata-se, no sistema de ensino brasileiro, das sétima e oitava séries do ensino fundamental.

que sabemos, mas a partir daquilo que deve ser feito socialmente. As pessoas que trabalham nesse sentido são as mesmas que começaram a trabalhar com os ciclos e os projetos...

Vejamos um exemplo: uma escola em Villeneuve. A BCD* da escola faz um acordo com a FNAC** de Grenoble para que, no mês anterior ao do Natal, a seção de literatura juvenil seja atendida por crianças. Isso representa seis meses de trabalho prévio. As pessoas que vêm escolher livros não têm nada contra as crianças, porém querem que o serviço seja melhor do que seria no caso de um vendedor comum. Isso supõe a determinação dos 200 livros a serem escolhidos, seu conhecimento, uma reflexão sobre os temas que podem interessar aos compradores, sua idade, pesquisas no ambiente. É preciso ser capaz de responder, de questionar os adultos, em situação real. Não é nada fácil, mas o resultado é muito positivo e o diretor da FNAC decide doar 10 mil francos à escola em troca desse serviço. Os professores se perguntam o que fazer com os 10 mil francos – porque, na verdade, eles é que trabalharam das cinco às sete, muitas horas extras! O que é o trabalho? Será possível dizer que isso é um trabalho, porque ao mesmo tempo houve aprendizagem? Essa pergunta não é inocente. As pessoas têm certeza de que, quando se trabalha, não é possível aprender... Mas havia outro problema: os funcionários da FNAC achavam que a situação era um pouco desagradável. O dono, em vez de contratar assalariados, em vez de formá-los para que fossem competentes em literatura juvenil, saía da enrascada com 10 mil francos. Se tivesse contratado e formado funcionários, teria saído muito mais caro! Assim, os funcionários da FNAC entraram em contato com os professores e lhes pediram que não continuassem. Os professores, que não estavam em um projeto, mas em uma situação, responderam que as crianças deveriam ser consultadas. E as crianças depararam-se com este problema: "Que fizemos? Roubamos o trabalho de outras pessoas?". Nesse ponto, nem todas as crianças são unânimes. O filho do universitário está de acordo com o trabalho na FNAC... O pai universitário sente-se muito contente que seu filho se engaje na produção, para conhecer outras pessoas. Mas o filho do desempregado, que sabe como as pessoas perdem o emprego, não tem a mesma opinião. Seu pai pensa que não envia o filho à escola para que ele vá negociar na FNAC... Vemos bem que, em uma situação desse tipo, não há unanimidade social: surgem todos os problemas sociais. No âmbito econômico, reencontramos toda a realidade da desigualdade...

Isso leva à questão da *natureza desses saberes*. Considero que esses saberes, essas ferramentas de análise, elaboradas no e pelo confronto com a realidade social e todas as suas contradições, são diferentes dos que se aprendem em uma situação reconstituída por meio de um projeto. Evidentemente, deve haver aportes sistemáticos, mas é preciso saber em que momento eles são introduzidos. Não se deve ser

---

* N. de R.T. BCD – Biblioteca Centro de Documentação.
** N. de R.T. FNAC – Rede de lojas especializadas em produtos culturais: livros, discos, produtos eletroeletrônicos, etc.

mesquinho com a sistematização. Investimentos sistemáticos podem ser decididos, por exemplo, a partir de gravações em vídeo, sobre a realidade da discussão de uma menina com seu avô: ela pode ser transcrita, pode-se fazer um trabalho lingüístico, mas com as crianças. Vamos observar a forma como ela inicia suas frases, a maneira como responde quando está constrangida, etc. E, a partir daí, poderemos decidir sobre um certo número de investimentos, porém isso vai ser decidido com as crianças, que analisarão a mensagem e a situação desse ângulo lingüístico.

Não estou me referindo, de forma alguma, a uma espécie de pedagogia do inefável... Esclareço que estamos no ambiente escolar, ambiente artificial, no qual uma determinada classe social escolheu um tipo de educação para o povo... Dizendo isso, passo por cima de espaços de lutas sociais. Por enquanto, não temos a possibilidade de mudar esse modo de trabalho, somos obrigados a levar em conta as vantagens e as limitações dessa forma de organização, mas não é o mesmo investir em um projeto que investir a partir da teorização de uma situação real.

Uma palavra sobre os resultados desse tipo de procedimento. As escolas de Villenueve são escolas da zona de educação prioritária. Não são ambientes fáceis nem acolhedores. Há muito tempo trabalhamos e avaliamos essas escolas. Nunca ficamos muito contentes com os resultados. Quando vemos a forma como as crianças lêem, no final do CP, no final do CE1, no final do CE2, em comparação com crianças que aprendem a ler com *Rémi et Colette*, parece-nos estar desperdiçando nossa energia.

A reitoria de Grenoble nos transmitiu os seguintes dados: atualmente, 82% das crianças que ingressaram nesse sistema escolar estão no último ano, sem nenhum caso de repetência. É um bom resultado, para tentar provar que isso é possível. As pessoas assumem compromissos políticos com relação à educação, na minha opinião, e não compromissos técnicos. Nosso papel, como inovadores, é *mostrar que é possível*. Não há motivo para abandonar esse caminho, com o pretexto de que ele não é possível. Mostramos que ele é possível. Mas, depois, nós o deixamos nas mãos das pessoas e começa a luta, a qual proporciona bons resultados, pois 82% não repetiram no último ano. E nem sequer foi um resultado buscado. Ninguém trabalhou com essa idéia de prazo... Mas me parece que – e isso tem tudo a ver com o que se diz no GFEN sobre o "todos são capazes" – que não há nenhuma razão para que as crianças não aprendam, para que elas fracassem... Não estou confundindo o sucesso escolar com os saberes. Para isso, teríamos de nos perguntar de que saberes se trata... A maneira como os saberes são produzidos faz com que eles transformem ou não a realidade. Ou reproduzam a realidade, simplificando muito. Porém acho que essa é uma boa aposta. E que se a escola continua sendo como é, não é por motivos técnicos. Sabemos proceder de outra maneira. Mas as chaves estão em outro lugar. O mesmo acontece na empresa, com essa contradição que Bertrand Schwartz explica tão bem: o custo do desperdício na produção, das manobras equivocadas, dos produtos mal elaborados, etc., representa pelo menos 50% do custo da produção. A única maneira de reduzir esses defeitos de produção é apelar aos próprios produtores, para que eles fiquem sabendo do que acontece. Concordo com Bertrand Schwartz, que diz que não vale a pena imaginar outras situações de formação, pois isso é a formação: *os próprios atores analisam o ato de trabalho, o processo de seu trabalho*. Esse dispositivo contém a forma de aceder a todas as ferramentas teóricas e a todos os saberes. E certamente é rentável, no nível da produtividade; ao mesmo tempo, é o melhor investimento no nível da formação. Mas por que não se faz? Se começarmos a questionar as disfunções, perceberemos que não se trata apenas de pequenas imperfeições na pintura, no capô dos carros! O *Crédit Lyonnais*, com seus bilhões de *déficit*, também é uma disfunção. Esse é o "x" da questão.

Jean-Yves Rochex. Embora pareça existir um acordo sobre as questões de descontextualização e de sistematização, parece-me que nos restam três problemas. O primeiro é que não podemos deixar de ver que, em matéria de projeto, de inovação, inclusive de pesquisa-ação, essas questões não são levantadas com a freqüência desejável. A leitura de várias centenas de dossiês ZEP e a conversa com numerosos educadores mostraram-me que não é evidente que essa questão seja colocada de forma explícita, sobretudo porque os financiadores a burlam na maior parte do tempo.

Levanto um certo número de questões relativas aos discursos e às práticas do que atualmente é chamado de *pedagogia do projeto*. Pelo que pude ver e trabalhar nos contextos evocados, parece-me que os educadores que trabalham "em projeto" têm a legítima preocupação de contextualizar as aprendizagens, isto é, de escapar do formalismo escolar, no qual as respostas são dadas sem perguntas e são respondidas perguntas cujo sentido não foi construído pelos alunos. Essa preocupação pela contextualização das aprendizagens para escapar de um formalismo escolar, que muitas vezes aliena a significação dos saberes ensinados, pode ser perfeitamente legítima e importante, como já disse. Mas suscita três questões que me parecem ter sido trabalhadas de forma insuficiente, na teoria e na prática.

A primeira tem a ver com a pertinência das situações de "contextualização".

Em nossa obra, apresentamos alguns exemplos de práticas em que o desejo de contextualizar as aprendizagens, de aproximá-las da experiência de vida dos alunos para facilitar sua tarefa, fazia com que os educadores exigissem dos alunos uma atividade sem qualquer conteúdo e sem nenhuma exigência cognitiva e intelectual, por estar demasiado dividida ou por não ter muito a ver com o saber e o conteúdo visados, que às vezes os próprios educadores não dominam suficientemente.

Segundo ponto: mesmo quando as questões de descontextualização e de sistematização são levantadas de forma explícita, sua aplicação não deve ser muito simples. Nem sempre se domina esse trabalho de formalização e de sistematização para poder transmiti-lo aos alunos. Alguns trabalhos – refiro-me particularmente aos de Marcelline Laparra[3] – mostram que alguns alunos podem ser muito ativos na ação transformadora em situação (ações pertinentes e bem realizadas), porém podem ficar totalmente perdidos no trabalho cognitivo de conceituação da ação.

É importante questionar como é possível construir esse movimento de descontextualização e de formalização, para que um conceito ou uma aquisição cultural não seja apenas uma resposta a um tipo de situação-problema, mas possa emancipar-se delas, tornando-se eventualmente um elemento, um componente em novos tipos de situação-problemas, que exigirão novas respostas. Depois de ler dezenas de projetos por anos a fio, depois de trabalhar com muitos educadores nesse ponto, estou convencido de que o trabalho sobre essa questão é insuficiente. Por isso, muitas vezes, temos dificuldades para avaliar o que os alunos aprenderam, para avaliar o que resta depois que eles acabaram, depois que eles realizaram o produto que era o objetivo do projeto – uma exposição, um filme, um espetáculo, etc. O que pode ser transferido depois do término da produção? Essa questão é ainda mais importante porque sabemos que a preocupação com a produção e a socialização da produção, muitas vezes, faz com que, quando acabam os prazos, aumente a intervenção do educador em detrimento da dos alunos. Considero que essas questões não valem apenas como uma "Vulgata"* da pedagogia do projeto (o que sempre permitiria uma defesa, se afirmássemos que "a pedagogia de projeto não é isso"), mas também para as aplicações bem pensadas dessa pedagogia de projeto. Como um educador pode distinguir, de um ponto de vista epistemológico, entre o que é ação e o que é conhecimento, e como fazer com que os alunos tenham a capacidade de diferenciar de forma cada vez mais complexa ambos os registros? Às vezes, penso que conhecimento e ação se alimentam reciprocamente – *"O pensamento nasce da ação para retornar à ação"*, como dizia Wallon –, e outras vezes me parece que, se quisermos pensar e enriquecer, facilitar as relações entre um e outro, é muito importante não identificar um com o outro.

Terceiro ponto: é possível que, aqui, não estaremos de acordo, porém é bom saber disso e elucidar o desacordo. Não considero que vender livros na FNAC seja uma verdadeira situação. Não sei o que seria uma situação "verdadeira". Não sei por que a pergunta: "Vamos viajar no sábado?" é mais verdadeira que: "O que é a língua ou o que é a escrita? Como funciona?", ou seja, mais verdadeira que a interrogação sobre uma ferramenta cognitiva e cultural, que necessita ser interrogada e conceituada por aquilo que é, independentemente dos conteúdos referenciais e das situações de palavra oral ou de comunicação escrita. A questão da verdade, a partir do meu ponto de vista, parece pelo menos problemática. Uma verdade não se define como tal, mas com relação a um domínio de verdade. Da mesma maneira, quando evocamos os saberes transformadores da realidade – esse é um antigo debate que realizamos no GFEN –, de que realidade estamos falando? Um saber matemático não é transformador da realidade social? Um saber matemático é transformador de uma situação de impasse matemático, que ele permite resolver ou superar, e eventualmente da relação com a matemática daquele que a descobre ou que se apropria dela. A questão das realidades sociais e daquilo que as realidades sociais fazem com a matemática, muitas vezes mutilando sua significação, é outra questão. Não digo que ela não seja interessante, porém me parece que, se quisermos pensar em suas relações, não devemos confundi-las. Assim, podemos realizar um trabalho pertinente, construtivista, e um trabalho de formalização-sistematização "verdadeiro" – preferiria chamá-lo de pertinente – do ponto de vista da atividade e dos

---

* N. de R.T. A versão mais difundida de um texto, ou aquela considerada autêntica.

conteúdos matemáticos, sem colocar obrigatoriamente os problemas da intervenção ou da realidade social. Acredito que não só os conceitos, mas também os registros epistemológicos específicos dos diferentes domínios e disciplinas de conhecimento (e é verdade que esses domínios não correspondem necessariamente ao corte e à construção histórica das disciplinas escolares), se estiverem em relação com a experiência e a ação transformadora, não poderão ser identificados com elas. *A experiência é global, enquanto o conhecimento não o pode ser, a meu ver.* O conhecimento é construído por meio de uma ruptura epistemológica com a experiência, corta e constrói seu objeto que nunca é o objeto empírico. Só dessa maneira ele pode retornar à experiência, para enriquecê-la e permitir sua transformação. Para retornar ao exemplo de Villeneuve, dos alunos que foram vender livros na FNAC, gostaria de fazer a seguinte pergunta: "O que se faz ao fazer isso, e o que resta quando as crianças acabam de vender?", ainda que deveria acreditar nos colegas de Villeneuve e pensar que muitas coisas restaram. Iria ainda mais longe ao dizer que o desvio pela FNAC – ou por qualquer outra experiência similar – não é necessário para se apropriar das obras de literatura juvenil. Pode ser útil, mas não necessário; "utilidade" e "sentido" não significam a mesma coisa. Pode-se ir brincar de vendedor da FNAC – e brincar é o termo mais adequado, porque se trata de uma simulação, ninguém foi contratado pela FNAC, ninguém é um assalariado com um contrato de trabalho. A única coisa que não é simulada é a venda – mas será que isso é mais verdadeiro que simplesmente trabalhar a literatura juvenil na sala de aula? Vender na FNAC pode ser útil, pode conferir sentido à apropriação do conteúdo dos livros vendidos, mas isso não dá sentido à atividade de leitura. Seu sentido provém do conteúdo dos livros e a forma como esse conteúdo transforma o leitor. Pelo menos, essa é a minha opinião, e insisto muito nessa necessidade de diferenciar entre "sentido" e "utilidade". Para concluir, o que fazemos com os saberes para os quais não há demanda social, com a matemática e a filosofia?

Jean Foucambert. É verdade que não optei por trabalhar no liceu. Não sei o que faria hoje, se estivesse em um liceu, que está em fase terminal pelas dificuldades existentes e pela exigüidade dos prazos. Acho que diria a mim mesmo, pedagogo: "As cartas estão na mesa, podemos fazer o que queremos", ou "Nem todas as cartas estão na mesa, podemos apertar ainda mais os parafusos". Optei por trabalhar no maternal, no ensino elementar e no colégio*, para que, quando as crianças e adolescentes chegarem ao ensino médio, pelo menos possam enfrentar esses problemas de maneira diferente. Retomo meu exemplo. Não é fácil saber se uma criança compreende ou não o que lê. Atualmente, um dos critérios de compreensão mais utilizados é perguntar aos alunos se eles podem indexar o texto estudado, se ele deve ser indexado, colocado em um fichário, e com que classificação. E como essa classificação é ampla, pois se refere ao gênero, ao público, ao destinatário, à coleção,

---

* N. de R.T. Mantivemos aqui as denominações dos ciclos de ensino em tradução literal, de modo que o leitor possa compreender melhor as intenções do autor.

isso obriga necessariamente a ter uma compreensão do texto, independente da intenção que se tinha no momento de sua leitura. Mas essa indexação à BCD é uma situação matemática.

Como podemos dizer que não existe demanda social para a matemática e a filosofia, quando crianças de cinco anos de todos os ambientes sociais não param de perguntar por que o mundo existe e o que é a morte. A questão é inversa: optamos por ensinar matemática e filosofia como uma disciplina para que as pessoas aprendam, não como uma ferramenta de transformação.

Comecei a trabalhar com Pierre Parlebas, que se ocupava da educação física e passava muito tempo com crianças pequenas que jogavam o jogo dos quatro cantinhos, para tentar construir com elas uma representação matemática do mencionado jogo. Acredito que essas crianças aprenderam mais matemática que os alunos adiantados que conheço, que estudaram estatística comigo, em ciências humanas. Eles tinham feito o curso superior de matemática, porém me disseram que, pela primeira vez, entendiam o motivo desta ou daquela função matemática um pouco complexa, que sabiam desenvolver. Nunca tinham visto uma situação que pudesse ser transformada, compreendida e descrita, com um modelo desse tipo.

Entre a língua e seu estudo, entre a matemática e seu estudo, existe o uso real. Por meio desse uso, surgem o retorno reflexivo e o procedimento cognitivo que permitem que o indivíduo, progressivamente, os constitua em disciplinas.

Receio, atualmente, que a justa crítica aos maus projetos realizados na escola sirva de álibi ao retorno de uma pedagogia que me parece ainda mais condenável, pois ela engana (e não se engana) sobre o próprio processo de produção do saber.

ALGUMAS OPINIÕES CONTRADITÓRIAS PARA LER E RELER ESSE DEBATE

J.-Y.R. – Todo aluno bem-sucedido é capaz de descontextualizar os saberes com relação à situação de aprendizagem, ou seja, de formalizar e de teorizar.

J.F. – O educador é o mediador que garante a formalização de saberes em atos em sistema de saber.

A pesquisa só pode ser concebida como intervenção transformadora sobre o mundo.

Não podemos economizar o retorno reflexivo, que analisa nossa intervenção sobre o objeto ou o conceito.

J.-Y. R. – Todos os alunos precisam apropriar-se das "ferramentas cognitivas, intelectuais e culturais de vocação universal".

J.F. – Na verdade, o pesquisador é ator no campo e na prática.

Em primeiro lugar, deve-se conceber o projeto em sua dimensão de exigência social.

J.-Y R. – Corre-se um grande risco quando a situação de contextualização de uma aprendizagem se esvazia de toda exigência cognitiva.

O conhecimento não deve ser identificado com a ação.

Uma atividade de construção de saber, mesmo se for pertinente, não transforma automaticamente a realidade social.

J. F. – Em um projeto, deve-se evitar a reconstituição das situações de aprendizagens artificiais, sem as contradições da realidade social.

Um saber que reproduz a realidade não é formador: não é conhecimento, mas apenas reconhecimento de um código.

Notas

1. B. Charlot, E. Bautier, J.-Y. Rochex, *École et savoir dans les banlieues et ailleurs*, Paris, Armand Colin, 1993.

2. Cf., sobre esse ponto, Jean-Yves Rochex, "Interrogations sur le 'projet': la question du sens", *Migrants-Formation*, n. 89, junho de 1992, republicado em ADAPT-SNES, "Projets d'avenir et adolescence. Les enjeux personnels et sociaux", 1993.

3. Marceline Laparra, "Questions sur le bilinguisme des enfants issus de l'immigration", *Migrants-Formation*, n. 83, "Un bilinguisme particulier", dezembro de 1990, p. 40-53.

4
RUMO A UMA ESCOLA DE CIDADANIA

PHILIPPE MEIRIEU

> Para pensar a cidadania e lutar contra a exclusão, é preciso superar, no domínio escolar, um certo número de fendas ou rachaduras (culturais, pedagógicas, institucionais e filosóficas) para reencontrar espaços de unidade e solidariedade. O desaparecimento dessas fendas vai permitir pensar em um mundo onde o conhecimento necessário não será regido por relações em que predominam a força e a violência e em que as diferenças serão escolhidas, e não herdadas.

PEDAGOGIA DA PERIFERIA?

O pedagogo está acostumado com a periferia, é um homem da periferia. Por um lado, porque todos os progressos da pedagogia sempre vieram da periferia: tudo o que aconteceu de mais importante no âmbito educativo nasceu na periferia dos grandes centros urbanos, das grandes escolas, sempre que um doidivanas, um personagem um pouco estranho, decidia educar pessoas até aquele momento consideradas ineducáveis. Itard recuperou Victor de Aveyron, aquela criança que se alimentava das plantas da floresta. Maria Montessori recuperou crianças com dificuldades em um subúrbio de Milão. Pessoas como Korczak recuperaram as crianças judias abandonadas no gueto de Varsóvia. Outras, como Pestalozzi, tentaram fazer algo com as crianças abandonadas pelo exército bonapartista, depois do massacre de seus pais. Essas pessoas fizeram progredir a história da pedagogia e permitiram aplicar soluções provenientes da "periferia", porém não conseguiram penetrar, de forma suficientemente rápida e adequada, no sistema central.

Considero que as periferias despertam novos problemas de forma contínua, porém nos esquecemos atualmente de que *as sociedades só progridem quando resolvem novos problemas*. Portanto, a resolução de problemas é uma oportunidade extraordinária que as cidades têm. E, se fosse levada a sério, seria uma oportunidade extraordinária poder resolver o problema da integração e da exclusão das crianças da periferia, com baixo rendimento escolar.

CIDADANIA E CULTURA: A "BABELIZAÇÃO" DO SISTEMA EDUCATIVO

Gostaria de abordar a questão da cidadania pelo viés da cultura... não por recusar a noção de "saberes", mas porque esses "saberes" podem evocar realidades muito diferentes. Além disso, "saberes" no plural é um termo que pode evidenciar uma certa divisão, e prefiro falar de "cultura" – no singular – para manifestar a função da escola, a qual demonstra estar associada à construção de uma certa unidade. Acredito que essa unidade esteja seriamente ameaçada, hoje em dia, pelas evoluções que temos de enfrentar e, para restituir essa unidade, torna-se extremamente importante que todos nos mobilizemos.

Por isso, gostaria de começar por uma questão muito simples: torna-se a cultura escolar efetivamente remete, a meu ver, à questão da função da instituição escolar e da escola. Em outros termos, se me interesso por aquilo que convém ensinar na escola, pela cultura que é conveniente transmitir nela, não é para cumprir com certas normas que não mudariam nada, mas porque *aquilo que é transmitido na escola define o sentido e a própria função da escola*. Logo, não pretendo, de forma alguma, ser um reformador dos programas, um novo reformador dos programas, que tomaria a escola atual e modificaria o equilíbrio das disciplinas e introduziria um pouquinho mais de francês em detrimento de matemática, ou vice-versa. Desejo refletir sobre a escola como instituição cultural, esclarecendo que a cultura não é apenas seu conteúdo, mas sua própria estrutura.

Portanto, parece-me que *a questão do sentido da escola remete à questão do vínculo social em uma sociedade* que consideramos democrática, apesar de as evidências terem demonstrado, de forma pertinente, que esse funcionamento democrático não é perfeito. Queiramos ou não, transformamo-nos em uma sociedade em que a educação não pode mais basear-se em um dogma teológico ou ideológico. Vamos colocar a questão em termos mais simples; por exemplo, no Irã, não é possível perguntar: "em que se baseia a educação das crianças?" Na Idade Média, na França, essa pergunta também não podia ser feita, nem no período stalinista e em todas as sociedades totalitárias. Nessas sociedades, há dogmas teológicos ou políticos, porém não se admite que eles sejam a base da educação, que criam o vínculo social e que, se alguém não adere a eles, é excluído deliberadamente da sociedade. Ora, o que caracteriza *nossas sociedades "democráticas"* ocidentais é o fato de que *são pluralistas*, isto é, *perderam seu dogma*. Podemos considerar que isso é ruim... alguns nostálgicos concordariam. No entanto, não sinto saudades dos dogmas que constituíam unidades artificiais impostas por uma minoria no poder; a verdade é que não existe mais, em nossas sociedades democráticas, essa espécie de verdade transcendental, proveniente do alto e que permitia que se dissesse: "Essas são as bases da educação das crianças". Então, qual é o perigo? O perigo é que... *a própria idéia da sociedade democrática e pluralista acaba com a possibilidade de uma educação unificadora*, isto é, nenhum grupo social pode dizer: "Meus valores e minha cultura são legítimos e podem tornar-se a base de meu próprio grupo social... Não importa se somos pouco numerosos e se esses valores são muito específicos! Não há nenhum motivo para que eu não possa fundar minha escola e que, nessa escola, não se ensine o que corresponde aos valores e conteúdos das minhas preocupações culturais". Assim, poderiam irromper em nossas sociedades pluralistas, escolas patronais, escolas islâmicas, escolas sindicais, etc., escolas que pretendessem representar um dos elementos, uma das peças do quebra-cabeça, do mosaico constituído pelas sociedades pluralistas em que vivemos.

Esse perigo não existia quando o vínculo social era forte, quando havia uma espécie de legitimidade transcendental, que fazia com que se educasse em nome de algo que era imposto a todos. A partir do momento em que esse dogma, essa legitimidade que vinha de cima, deixou de ser imposto, parece-nos que o perigo real é a explosão do sistema educativo, uma verdadeira "babelização" da escola: cada um será educado com valores específicos e nada garantirá que, entre todos os grupos sociais, seja falada a mesma língua. Afirmo que "o perigo está diante de nossos olhos", porque há muito tempo trilhamos esse caminho. Estou profundamente convencido de que não se ensina a mesma coisa em Vénissieux e no 6º distrito de Lyon, que não se trata da mesma escola e que, de certa maneira, a educação nacional já não tem a *possibilidade de criar vínculos sociais entre grupos ideológicos e sociais diferentes.*

Nessas condições, o maior perigo seria que nós, militantes da Nova Educação, abandonássemos esse projeto em uma sociedade que, legitimamente, em minha opinião, abandonou uma verdade dogmática ou teológica. Temos de afirmar que essa questão do vínculo social se tornou essencial no momento em que o sistema escolar tende a rachar perigosamente e a distribuir papéis diferenciados – como tentarei demonstrar – a cada grupo, a cada estabelecimento e a cada rede educativa. *A evolução da escola tende a reproduzir as rachaduras da sociedade* e a transformar uma espécie de diferenciação tayloriana no motor da sociedade e de seu funcionamento...; os primeiros seriam reduzidos a formações puramente funcionais, a tarefas de execução, enquanto os outros, em outras redes e grupos, teriam a tarefa de concepção, graças a uma cultura considerada particularmente propícia para preparar para as grandes responsabilidades sociais. Há, aqui, uma aposta importante, para o País e também para todas as estruturas que representamos: é preciso *reencontrar a unidade*, uma unidade por meio de uma cultura..., sob a condição, naturalmente, de que essa unificação não seja uma homogeneização..., sob a condição de que a unidade permita o desenvolvimento das tensões fundadoras e autorize as pessoas a escolherem seu próprio destino.

QUATRO CLIVAGENS PARTICULARMENTE PERIGOSAS

A partir dessas preliminares, gostaria de ilustrar que, atualmente, o sistema educativo francês está prestes a se romper, pois em seu seio existe um certo número de clivagens, que colocam em risco a possibilidade de continuar realizando sua tarefa educativa. Identifiquei quatro delas, porém pode haver um número maior.

A primeira clivagem – primeiro vou enunciá-las e depois as comentarei – é *estrutural*; ela divide os estabelecimentos e as redes educativas entre si, entre o funcional e o cultural.

A segunda é *pedagógica* e separa conhecimentos e competências. Isso pode parecer técnico, porém, na verdade, as coisas são bastante simples.

A terceira é *institucional* e se relaciona com as aprendizagens e com a socialização.

A última é *filosófica*, relativa ao universal e ao particular. Não devemos preocupar-nos com o caráter um pouco abstrato desses termos, pois eles correspondem a realidades extremamente concretas.

A clivagem funcional/cultural

O que está acontecendo há cerca de 20 anos no sistema educativo francês? Existe uma divisão de tarefas extremamente grave e mesmo dramática: por um lado, grupos e estabelecimentos dedicados à formação funcional das pessoas, sobretudo das pessoas em condição de fracasso escolar. O que se ensina a essas pessoas? Ensina-se economia social e familiar, ensina-se francês, ensina-se a fazer balancetes e é recomendado que os alunos estudem a última entrevista de Miou-Miou em *Telerama*, ensina-se um certo número de coisas que podem vir a ser úteis para seu futuro profissional, como utilizar a tabuada ou aplicar o teorema de Pitágoras. No fundo, esses estabelecimentos e redes sacrificaram toda ambição cultural para preparar as pessoas de uma forma extremamente pragmática e empírica para um certo número de *savoir-faire* sociais sem nenhuma verdadeira ambição, sem dinamismo cultural... Por outro lado, outros estabelecimentos se dedicam à formação cultural, sacrificando completamente o pólo funcional: nos liceus das cidades centrais e nas seções de maior prestígio, não se ensina economia social e familiar, não se ensina a preencher um cheque, uma apólice de seguros nem a fazer um balancete. Nesses estabelecimentos, a matemática é mais digna que a física, que é mais digna que a tecnologia, que é mais digna que os trabalhos manuais, que são mais dignos que a marcenaria... Isto é, forçando um pouco as coisas, *as matérias despertam maior interesse se não servem para nada*! Evidentemente, como "não servem para nada", permitem selecionar as elites que irão freqüentar as classes preparatórias para as melhores universidades e, lá, aprenderão a governar o País.

Há 10 ou 15 anos, sem querer parecer retrógrado ou vagamente nostálgico, esses dois pólos – o funcional e o cultural – já existiam, porém também existia, no seio dos estabelecimentos profissionais, uma certa ambição cultural e, nos estabelecimentos tradicionais e clássicos, a *preocupação por uma formação mínima relativa às exigências concretas da cidadania*. Hoje em dia, cada um desses pólos adquiriu um rumo próprio e abandonou o outro à própria sorte. E isso é feito de uma forma cada vez mais prematura. É comum, a partir do final da 5ª série do ensino fundamental, muitas crianças serem sacrificadas. Estas passam a ser tratadas a partir de um plano puramente utilitarista e funcional, enquanto outras têm melhor sorte – ou azar, dependendo do ponto de vista –, de ter uma *cultura geral desvinculada de toda realidade funcional*: elas vão aprender Verlaine, Corneille e as equações de segundo grau, ignorando totalmente tudo o que tem a ver com o Direito mais elementar, por exemplo. Um aluno de exatas termina seus estudos sem nunca ter estudado a distinção entre civil e penal, ou seja, termina o curso em um estado de indigência total no âmbito da inteligência da sociedade civil.

O que me parece mais grave, por realmente representar um fator de exclusão, é que ninguém faz nada para mudar a realidade, a situação. Todavia, há um importante desafio nesse sentido, que seria *associar, ao mesmo tempo, e para todos os alunos, uma formação autenticamente cultural e uma autenticamente funcional...* até o final da escolaridade obrigatória. Na verdade, faço parte daqueles que se sentem revoltados com o fato de que os três últimos ministros da Educação nunca pronunciaram a expressão "escolaridade obrigatória", o que simbolicamente evidencia a falta de compromisso do Estado com relação ao dever de educar cidadãos. Sou partidário de reencontrar o sentido da escolaridade obrigatória e a responsabilidade do Estado no que se refere à formação do cidadão, para que possa ter acesso a uma posição lúcida e responsável na sociedade.

Por isso, considero que todas as crianças, pelo menos até o final da escolaridade obrigatória, deveriam contar com os meios que lhes permitissem enfrentar as situações da vida pessoal, econômica e social (aos 16 anos, o jovem deve conhecer a diferença entre civil e penal, deve saber o que é falência, deve poder ler um recibo de pagamento, deve dispor de conhecimentos mínimos em matéria de seguros, etc.) e, da mesma maneira, que lhes permitissem possuir uma cultura, uma verdadeira cultura, para que possam ser inseridos em uma história, relatados e projetados em um imaginário.

Estou convencido de que as verdadeiras ambições culturais foram excessivamente sacrificadas, dando-se às crianças em dificuldade algo similar a um "caldo cultural", com o pretexto de que elas não seriam capazes de ter acesso aos grandes textos, aos grandes mitos e aos grandes desafios de nossa cultura. Paradoxalmente, promoveu-se uma espécie de "pedagogia do simples", ou mesmo uma "pedagogia do simplismo", como explicam Charlot e Rochex,[1] que reduziu a matemática à aritmética, a aritmética à tabuada de multiplicar, o francês à gramática, a gramática ao acordo do particípio passado e o acordo do particípio passado a um algoritmo binário... algoritmo que se aprende no CE2 e que é revisto até a 3ª série, que nem sempre é sabido na 3ª série, menos ainda que no CE2, na maioria das vezes... obstinação estúpida que desmobiliza totalmente a criança com relação aos saberes escolares que temos de lhe ensinar.

Considero fundamental *definir a cultura escolar*. Admiro muito a forma como, desde a escola maternal, um certo número de professores e professoras tenta trabalhar com as crianças com a ajuda de contos e histórias, com algo que lhes permita pensar, projetar-se ao seu imaginário, reencontrando os grandes arquétipos que estão na base da história da humanidade. Tive a oportunidade de voltar a lecionar em um curso profissionalizante, aqui em Vénissieux, com alunos com um passado escolar extremamente caótico; aos 23 anos, não sabem escrever uma frase, porém ainda se esforçam para tentar conseguir um BEP, embora saibam que, no máximo, com isso poderão ser entregadores de pizzas. Esses jovens não estão mais interessados em estudar francês com as entrevistas de Miou-Miou em *Telerama* (minha consideração não tem nada de pejorativo: Miou-Miou não é tola, e o *Telerama* não é um noticiário ruim... há piores). Estaríamos menosprezando-os profundamente se lhes propuséssemos apenas esse tipo de textos para reflexão... Mas quando lhes falo, ou conversamos juntos, do sermão de Urbano II durante a primeira Cruzada de 1095, das relações entre Averroès e Santo Tomás de Aquino, eles se entusiasmam. Dessa forma, recuperam sua *dignidade* e isso permite que *se compreendam e compreendam os grandes desafios* em que vivem.

Durante algumas semanas, conversamos sobre os problemas culturais e os conflitos mediterrâneos, e eles me perguntaram: "Mas desde quando a história mediterrânea vai do Leste para o Oeste? Isso já acontecia há cinco ou dez séculos? Desde quando a história vai do Sul para o Norte?" Dessa maneira, compreendiam toda a história do Mediterrâneo e um pouco do que estava acontecendo em Sarajevo. Por intermédio de tudo isso, ocorre algo essencial para o jovem, que é sua inserção na história, sua percepção dos mecanismos nos quais está envolvido. Compreender que o Mediterrâneo é algo muito particular, que só depois do século XVIII, sobretudo no século XX e a partir de Hegel e das guerras coloniais a história passou a ir do Oeste para o Leste, nada disso tinha-lhe sido dito antes, que Averoès foi um grande teólogo, mas era árabe, e que as *Mil e uma noites* não estão assim tão distantes da *Divina comédia* de Dante... essas são as coisas importantes. No entanto, elas foram deixadas de lado para que fosse possível realizar uma "adaptação" destinada às crianças em dificuldade; *por meio dessa adaptação, nós as desprezamos, em vez de restituir sua dignidade*. Por isso, atualmente, parece ser fundamental, para evitar a exclusão e formar uma verdadeira cidadania, que seja repensada uma cultura escolar que associe uma instrumentalização para a vida cotidiana com uma inserção na história, a inserção nos mitos fundadores, nos relatos prototípicos, a inserção que permita pensar-se, projetar-se, mediar a própria violência, que permita compreender um conflito e fazer com que ele não produza apenas destruição.

Conseqüentemente, se não conseguirmos fundar ou reconstruir uma escola em que essas duas dimensões da cultura, a dimensão funcional e a dimensão histórico-cultural e mitológica, estejam profundamente integradas, receio que, por um lado, fabricaremos uma pseudo-elite incapaz de enfrentar as situações da vida cotidiana e que, em certos aspectos, terá grandes deficiências e, por outro, pseudo-operários incapazes de se pensar na história, de mediar seus próprios sentimentos e afetos, sua própria violência, de falar com eles, cuja única saída será a destruição. É essencial pensar na complexidade, trabalhar com o sentido das coisas. Essa é uma noção central para mim, ainda que *não confunda o sentido e a utilidade*. Para uma criança, o que tem sentido não é aquilo que é útil. O que é útil tem sentido, sem dúvida, mas o sentido vai muito além da utilidade. O sentido, na verdade, é o que me permite colocar-me, mesmo que em pensamento, em uma determinada situação e acho que, nesse âmbito, muitas coisas podem ser "refundadas" em nossa cultura escolar. Se realmente queremos contar com cidadãos, precisamos de pessoas que sejam capazes *de agir e de falar* ao mesmo tempo, *que sejam capazes de compreender e de pensar, que sejam capazes de enfrentar os problemas de suas vidas pessoais e de se viver em um imaginário individual e coletivo*. Enquanto não obtivermos essa unidade, receio que nossa escola vai continuar cultivando as clivagens, a separação, a exclusão, entre categorias de jovens que só saberão manifestar sua solidariedade por meio de uma espontaneidade primária, incapazes de se pensar a partir de uma perspectiva de futuro e, às vezes, infelizmente, impulsionados pelo único frenesi da violência.

A clivagem conhecimentos/competências

A segunda clivagem, a meu ver, extremamente grave e ameaçadora para a formação de um verdadeiro cidadão, é a existente entre os conhecimentos e as competências. Isso pode parecer-lhes desnecessariamente complexo..., porém é algo relativamente simples. Nos dias de hoje há uma tendência no sistema escolar, constituída pela coexistência de dois tipos de "saberes". Por um lado, estão o que chamo de conhecimentos escolarizados, avaliados, etiquetados: são os que formam a escola e, em geral, servem, apenas, para ser bem-sucedidos nela... pois sabemos que a maior parte das despesas escolares serve para fabricar saberes que permitem que alguns demonstrem ser bons alunos. Por outro lado, na imensa maioria dos casos, não é preciso realmente "saber" para mostrar que se é um bom aluno: o verdadeiro bom aluno demonstra que sabe mesmo quando não sabe, é capaz de se dar bem em todas as situações. Talvez aí se encontre uma das explicações para a indigência de nossos políticos: eles foram selecionados exatamente por esse critério... foram selecionados porque eram capazes de mostrar que sabiam, embora não soubessem, e com esse critério atualmente são selecionadas na educação nacional as elites que nos governam.

Portanto, de um lado temos conhecimentos escolares etiquetados, arquivados nos programas e manuais, avaliados por meio de provas ou exames, nos quais convém que todos se saiam bem e, por outro, competências complexas necessárias para a própria vida e que os sujeitos devem construir de forma individual e aleatória. Chamo de competência algo que não pode ser compreendido por meio de uma só disciplina de referência. Na escola, os ramos do conhecimento sempre se separam: matemática, francês, história, etc.; na realidade, as coisas são muito mais complexas, ou seja, são, ao mesmo tempo, mais simples e mais complicadas. Se quisermos plantar uma árvore em uma colina, se vamos à escola para aprender que árvore temos de plantar, o que vai acontecer conosco? Encontraremos um primeiro especialista, o especialista em solos, que vai nos explicar em que tipo de solo deve-se plantar esse tipo de árvore. Depois, passaremos para as mãos de um economista, que vai explicar-nos o retorno sobre o investimento. A seguir, podemos conversar com um paisagista, que nos dirá que árvore combina melhor com a paisagem. Também podemos conversar com um historiador, que nos explicará que essa árvore chegou ao País por meio dos romanos, que por sua vez a tinham trazido do Egito. Poderemos entrar em contato com um especialista em climas, que nos explicará que essa árvore se adapta mais a essa situação por esta ou aquela razão... Um químico nos falará sobre os adubos necessários para que a árvore cresça corretamente... E quando dispusermos de todas essas explicações, o que faremos? Nenhum dos especialistas nos disse a mesma coisa, mas de qualquer forma temos de plantar uma árvore...

Assim, a escola sabe explicar a realidade "em parcelas"; sabe dizer-nos o que cada disciplina elaborou, porém é incapaz de nos ajudar a pensar em uma situação em que teremos de gerar variáveis heterogêneas, em que é preciso levar em conta o clima, o retorno do investimento e também a psicologia de meu avô, que não quer ver qualquer tipo de árvore no lugar indicado, e muitos outros fatores...; ou seja, teremos de tomar uma decisão que não é redutível à soma das informações recebidas. Na vida cotidiana, todos temos de tomar decisões não-redutíveis à soma das informações que recebemos.

O problema é que a *Escola não forma para essa tomada de decisão*, ela forma para enfoques extremamente precisos e especializados, disciplinares, e ela *não os coloca em interação, em sinergia*; não faz com que as disciplinas trabalhem de forma conjunta para a tomada das decisões pertinentes. Não existe nenhuma profissão, com exceção da de pesquisador em uma determinada disciplina, em que se apela apenas à própria disciplina. O jurista utiliza psicologia, sociologia, matemática, gerencia um orçamento, também se ocupa da política e, quando toma uma decisão aparentemente apenas jurídica, na verdade tem de lidar com inúmeros domínios, com numerosos campos de conhecimento extremamente diferenciados. Logo, todos, em todo tipo de situação, trabalham dessa maneira. Ora, como a escola não se ocupa disso, quem se ocupa do trabalho sobre a construção das competências complexas e da gestão das variáveis heterogêneas? Os que podem, aprendem, porque têm a sorte de viver em situações em que isso é discutido, em famílias em que, quando se deve tomar uma decisão, se diz o seguinte: "Escute, que elementos podem esclarecer e ajudar a tomar essa decisão?". A pessoa então reflete, pesa os prós e os contras e decide. Nesse caso, aprende-se a *lidar com a complexidade...*, o que não acontece na escola; daí essa clivagem entre os conhecimentos e as competências, e daí essa sensação das pessoas que saem da escola e pensam que, na escola, aprenderam essencialmente a ser bem-sucedidas, e o que aprenderam durante numerosos anos de sua vida não serve para muita coisa em outras partes. Dificilmente, elas podem transferir ou reinvestir o que aprenderam, como se sabe.

Nesse caso, parece existir um importante desafio: *deveria ser possível associar, para obter a formação de verdadeiros cidadãos*, os conhecimentos que permitam compreender como se estruturam os campos de saberes e que se encontram no universo escolar e intelectual, assim como as competências que permitam lidar com situações complexas que colocam em jogo variáveis heterogêneas. Essa associação permite praticar a alternância, não a alternância mitológica que nos é proposta como um remédio miraculoso para todos os problemas que encontramos, mas "a alternância entre as perguntas e as respostas", entre as situações complexas e os esclarecimentos disciplinares que permitem pensá-las. É verdade que todos vivemos situações complexas de forma permanente, e é verdade que, se tivéssemos ajudas disciplinares que nos iluminassem, muitas vezes tomaríamos decisões mais adequadas. Também é verdade que é preciso ser capaz de ter enfoques disciplinares e, com eles, combinando-os de forma inteligente, ser capaz de gerenciar a complexidade, de exercer um "julgamento esclarecido" nas situações de tomada de decisão.

Talvez seja por isso que as crianças das classes populares não obtenham resultados escolares muito ruins até a 5ª série do ensino fundamental. Em termos estatísticos, seus resultados são bastante razoáveis, desde que não se trate de administrar situações complicadas; essas crianças, sobretudo as meninas, por motivos que deveriam ser discutidos mais tarde, podem ser alunos bastante bons. As meninas que provêm de ambientes modestos são boas alunas quando se trata de restituir os conhecimentos escolares. A partir do momento em que é necessário administrar situações complexas, não conseguem ter o mesmo rendimento, pois não tiveram uma aprendizagem prévia; o que pode ser outro déficit na formação para a cidadania, uma segunda clivagem que deve ser enfrentada.

A clivagem aprendizagens/socialização

A terceira clivagem que evocarei brevemente é a existente entre as aprendizagens e a socialização. Considero que, na escola francesa, temos um problema grave nesse sentido: por um lado, contamos com especialistas em aprendizagens cognitivas, com educadores que, em sua imensa maioria, não estão interessados na socialização dos alunos; eles se reduzem a ensinar e são encurralados pela exclusão, para poder funcionar, porque a partir de um determinado momento, para poder ensinar em "boas condições", é preciso se livrar de um certo número de pessoas que impedem a realização do trabalho; em geral, isso é feito de boa-fé. Conheço educadores que me dizem: "Sr. Meirieu, suas propostas pedagógicas são excelentes; gostaríamos muito de fazer o que o senhor propõe, a pedagogia diferenciada, a metacognição, todas essas coisas, mas para isso, livre-nos de 30% dos alunos... só assim poderemos trabalhar seriamente! Mas o senhor pede que façamos isso com crianças que nem foram educadas, que nos agridem o tempo todo, sobem nas mesas, nos insultam ou, simplesmente, se dedicam a fazer outras coisas enquanto tentamos dar aula. Para tentar controlar essas crianças, invisto 80% da minha energia, então, além de tudo isso, não consigo fazer pedagogia!" Tenho certeza de que isso é real, não são fantasias, os educadores realmente sentem essa dificuldade, porque, em sua mente, de um lado estão as aprendizagens e do outro, a socialização. Eles se encarregam das aprendizagens, e os outros, da socialização.

Em uma conferência, perguntei a professores inquietos: "Por que se obstinar em fazer pedagogia com os 'maus' alunos, quando é bem mais fácil se ocupar apenas dos 'bons'? Por que se obstinar com alunos que não foram educados, quando é muito mais fácil aplicar a pedagogia, mesmo a 'nova', sobretudo a 'nova', a alunos que já foram educados, principalmente se receberam uma educação tradicional... porque eles são totalmente dóceis e repetitivos e são excelentes alunos em toda 'pedagogia nova'". Fernand Oury os chama de "pequenos Emílios com traseiros cor-de-rosa". Mas, como vocês sabem, o problema não são esses alunos. O problema são os alunos que chegam à escola sem terem sido previamente "educados". E esse problema deixou de interessar a um certo número de educadores que consideram que só podem instruir alunos já educados...

Os não-educados, portanto, devem ser excluídos, ou sua educação deve passar para as mãos de outros. Quem? Ora, há pessoas especializadas, educadores, assistentes sociais, etc., que "educam", pois essa é sua profissão. Já na escola há especialistas em socialização. Em geral, eles fazem parte do que chamamos de "vida escolar": são os conselheiros, os bedéis, as enfermeiras, o diretor do estabelecimento, às vezes, o arquivista... todos os que representam um "pólo educativo" e que, paradoxalmente, não controlam o futuro institucional e escolar dos alunos, ou que dependem, para tomar decisões, das avaliações dos professores, os "especialistas em aprendizagem".

Temos, assim, um sistema muito perverso, com pessoas que excluem os alunos que não respeitam as regras e pessoas que desculpam – ou, pelo menos, escutam – esse tipo de alunos. Os que excluem não conseguem trabalhar sem essa exclusão, e os que desculpam também não poderiam trabalhar sem isso, de certa forma. Evidentemente, *esse sistema não pode permitir que os alunos encontrem seu equilíbrio*, não pode contribuir para formar cidadãos responsáveis... Por um lado, as pessoas são excluídas por não respeitar a lei e, por outro, sempre há alguém que as recupera, escuta e depois as envia a um lugar onde serão reexcluídas imediatamente ou um pouco mais tarde... Assim, há uma espécie de divisão de tarefas, entre o "bom" que escuta e o "mau" que castiga... Mas, no fim das contas, sempre o "mau" é que decide sobre o futuro escolar, e o pólo de socialização volta a ser sacrificado. No liceu em que trabalho, os orientadores têm um papel essencial. Por dia, passam pela sua sala cerca de 150 alunos que foram excluídos, que tiveram de faltar ou que têm outros tipos de problemas. Admiro muito esse trabalho, porque os orientadores realizam uma tarefa de socialização admirável; mas isso é feito de forma separada das aprendizagens e não está ligado ao futuro real desses jovens, à sua carreira escolar. Na verdade, a "vida escolar" não tem nenhum poder real quando se trata de decidir se o aluno fará ou não um Bac Pro[*]. Às vezes, a escola desempenha o papel de "braço secular" para tomar algumas decisões que não são do agrado dos professores, em razão de suas convicções políticas ou por considerarem que a "execução das tarefas menos qualificadas" não lhes compete. A "vida escolar" está lá... ela serve de válvula de escape do sistema, e isso acentua a clivagem entre as aprendizagens e a socialização.

Por isso, gostaria de propor um desafio que me parece essencial: para formar para uma verdadeira cidadania, *é preciso associar ensinamentos eficazes sobre os conteúdos estabilizados com referenciais que permitam controles contratuais* (tudo o que, atualmente, é proposto pelos pesquisadores pedagógicos, particularmente no que se refere à "pedagogia diferenciada") e *a formação, pelo conjunto da instituição escolar e por todos seus atores, na socialização dos alunos*.

Isso me parece possível se conseguirmos *criar situações pedagógicas que permitam aprender e socializar ao mesmo tempo*. Movimentos como o GFEN têm inventado meios extraordinários nesse sentido, que não foram suficientemente divulgados, conhecidos e reapropriados pelos professores. Considero que há caminhos muito promissores a serem explorados para propor situações pedagógicas em que seja possível aprender e se socializar. Assim, embora possa parecer uma provocação, estou convencido de que a maioria das situações pedagógicas nos estabelecimentos escolares – e vou utilizar uma expressão muito forte, mas na qual acredito – ajudam a criar delinqüência... Ou seja, são situações anti-socializantes, situações em que se cultiva a rivalidade, em que se ensina a triunfar em detrimento do outro, de uma forma individualista. Nesse caso, pode-se promover a delinqüência de colarinho

---

[*] N. de R.T. *Baccalauréat* profissional.

branco, enquanto outros cairão na delinqüência de farrapos, mas esses dois tipos de delinqüência provêm da mesma lógica. Nas práticas pedagógicas, ainda predominam situações em que não se ensina os alunos a trabalharem juntos, a descobrir por e com os outros. São situações que, talvez deliberadamente, impedem a socialização e a solidariedade entre os alunos, que talvez tivessem podido estruturar-se em uma classe. Tudo isso é impedido por práticas pedagógicas individualistas, nas quais sempre é necessário triunfar em detrimento e contra os outros.

Por isso, estou convencido de que temos de divulgar a idéia de que é possível haver, ao mesmo tempo, aprendizagem e socialização: é possível aprender coisas, "coisas verdadeiras", a "verdadeira" matemática, o "verdadeiro" francês, os "verdadeiros" saberes, aprendendo, ao mesmo tempo, a respeitar o outro, a conversar com ele mesmo sem concordar, etc. Há vários anos, propus a idéia do *"grupo de aprendizagem"* que garantisse, por meio de suas regras de funcionamento, o respeito pela contribuição de cada um e permitisse a organização regulada de um verdadeiro "conflito sociocognitivo"... Houve algumas propostas similares, especialmente no GFEN... Todos sabemos que esse é um desafio essencial, que deve ser inventado e proposto de forma incessante. Infelizmente, ele não é considerado prioritário, nem sequer nos sindicatos dos professores, nos quais se repete sem cessar que os professores não são assistentes sociais... Ou seja, a escola continua sendo dividida entre especialistas em uma aprendizagem sem socialização e especialistas na socialização sem aprendizagem. E, assim, continuamos sendo derrotados nos dois âmbitos.

A clivagem particular/universal

Gostaria de concluir com uma quarta clivagem, decisiva para a construção da cidadania: a clivagem entre o universal e o particular. Vou começar por um ponto no mínimo delicado: a questão do *direito à diferença*. Como muitos de vocês, faço parte do bloco que é muito sensível ao "direito à diferença". Atualmente, esse tema pode ser muito perigoso se for isolado e não for completado. No caso da imensa maioria das crianças, essa diferença não pertence a elas: elas a herdaram, é uma diferença de caráter psicológico ou social que elas detêm, sem qualquer envolvimento pessoal. Estou convencido de que essa diferença com 'e' ("différence", no original) – e este é o papel da educação – deve ser substituída, segundo a proposta de Jacques Derrida, por "différance" com 'a', baseada no gerúndio do verbo "diferir", isto é, expressar minha diferença e não ser apenas o representante ou o herdeiro de uma diferença com a qual não tenho nada a ver. Há uma maneira de respeitar as diferenças que, de fato, condena a criança a ser apenas a reprodução de onde ela veio ou de quem a fez. Considero que essa condenação afeta a possibilidade de escolher livremente o próprio destino. Portanto, deve haver direito à diferença, mas também é preciso permanecer atento ao fato de que o único valor da diferença na educação é que ela emerge em uma pessoa que a leva em conta e que a usa para se expressar e manifestar... e não porque ela reflita diferenças sociais objetivas herdadas por intermédio de uma série de mecanismos em que as crianças são totalmente passivas. Não sinto de forma alguma que tenho o direito de impor a qualquer criança que ela adote o conjunto dos valores e da cultura de seu meio social ou etnia. Entretanto, muitas vezes, o direito à diferença funciona dessa maneira: "Você é diferente, já sei, já etiquetei você como diferente; você tem direito à sua diferença, você tem mesmo o dever de ser diferente, no sentido de que você tem o dever de assumir essa diferença que permite que eu o classifique em algum lugar".

A diferença e a particularidade só têm sentido quando dependem da afirmação de uma universalidade. Ou seja, antes de serem diferentes, "os jovens são iguais", amam da mesma maneira, sofrem da mesma maneira, nascem e morrem da mesma maneira, e devem ser capazes de viver nessa comunidade, com suas diferenças, claro, na forma de exprimi-las, mas evidenciando o mesmo pertencimento básico à humanidade.

Estou convencido de que enfrentamos um grande desafio quando falamos de luta contra a exclusão e de cidadania para todos; esse desafio seria o de inventar práticas pedagógicas, culturais e sociais em que esses jovens fossem *capazes de viver sua "humanitude"*, de acordo com Etiennette Vellas, isto é, se reconhecer como participantes de uma solidariedade fundadora, apesar de todas as suas diferenças. Minha hipótese é de que, quando tiverem passado por essa experiência, poderão viver sua particularidade e sua "différance", dessa vez expressada voluntariamente com um 'a', de uma maneira muito mais rica e portadora de sentido. Devemos deixar de lado um pensamento disjuntivo, abandonar essa tendência que pretende impor uma cultura universal sem levar em conta as particularidades, sacrificando ao mesmo tempo a universalidade da cultura e o respeito pelas diferenças. Também nesse caso, *temos de levar em conta as diferenças*, as situações particulares, *assim como nossa capacidade de inventar com os jovens uma cultura universal*, não porque ela está escrita nos livros, mas porque a vivemos juntos, porque ela se vincula às grandes narrativas históricas fundadoras, mencionadas anteriormente e porque permite que todos nós pensemos no mundo. Nos estabelecimentos escolares, deveria se mostrar aos jovens que eles são fundamentalmente "iguais", que por trás das diferenças de raça, de religião, de sensibilidade, de cultura, há uma comunidade fundadora, que talvez possa ser encontrada com maior facilidade por meio da emoção, ou por meio da expressão artística, ou pela alegria do descobrimento científico: todos esses elementos nos reúnem de forma fundamental. Devemos ser capazes de mostrar aos jovens que eles são iguais e, por isso, podem dizer "verdades" uns para os outros, podem conversar, e que suas diferenças têm sentido... Ser capazes de mostrar-lhes que a comunicação com os outros só é interessante se eu for suficientemente semelhante para poder falar com eles, mas também suficientemente diferente para ter algo a lhes dizer.

Gostaria de terminar dizendo que os desafios da formação para a cidadania são decisivos para o futuro da instituição escolar e de nossa sociedade. Como diziam Edgar Morin e muitos outros, nossa sociedade se tornou esquizóide. Ela funciona em termos de "ou ou": ou o utilitário ou o cultural, ou as aprendizagens ou a socialização... Para pensar a cidadania, para lutar contra a exclusão, para que as periferias voltem a dar vida ao centro das cidades e para que o trabalho realizado na periferia possa alimentar o trabalho do conjunto dos sistemas educativos, sociais e políticos, devemos ser capazes de superar essas rachaduras, de eliminar essas rupturas para *reencontrar espaços de unidade*, o que não significa espaços de tranqüilidade. Sei que isso é difícil, mas também sei que é possível. Tenho a convicção de que, além de ser possível, já existem esboços de práticas que permitem esperar que isso seja feito na escola e fora dela, em uma série de lugares que já existem.

RUMO A UMA "UTOPIA DE REFERÊNCIA"

Há pouco, evocamos a palavra "utopia". Como gosta de dizer meu colega Michel Dévelay, "a maior das utopias seria acreditar que poderíamos viver sem utopias", e isso não deve ser explicado no GFEN. Tenho uma "utopia de referência": "Ciência sem violência". Penso em um mundo em que os seres possam viver sem relações baseadas na força nem na violência. Tenho certeza de que isso não acontecerá amanhã, sei que é extremamente difícil, porém também estou convencido de que, se a formação, assim como a vida política e social não estabelecerem, como dever fundamental, a *criação de uma sociedade pacífica*, permaneceremos vagueando sem bússola em busca de soluções desesperadas, correndo o risco de aumentar ainda mais o número de excluídos.

> Se, dissimuladamente, a escola servir para reforçar as clivagens da sociedade (que talvez antecipe ou forme), o desafio não será conciliar ou reconciliar essas rachaduras, mas superá-las.
>
> A revisão das exigências culturais em prol dos *savoir-faire* sociais pragmáticos é a base da divisão entre tomadores de decisão e executores.
>
> A divisão entre conhecimentos escolarizados e competências que coloquem em jogo as interações complexas e necessárias dos diferentes campos do saber hipoteca o surgimento de uma autêntica formação para a cidadania.
>
> A negação ou a reticência de práticas que permitam construir a solidariedade, integrando-a à própria definição da atividade, obrigam a "sancionar" os comportamentos que se "desviam" desse caminho.
>
> A tendência a esquecer que a diferença só é compreendida, aceita e justificada em sua dimensão de enriquecimento mútuo, baseado na atualização e na integração de um fundo comum de humanidade reivindicado, provoca apenas incompreensão e crise de identidade.
>
> Se não nos satisfazemos com uma cidadania formal e se consideramos determinante o restabelecimento do sentido coletivo na aventura humana, devemos refletir muito.

Nota

1. B. Charlot, E. Bautier, J.-Y. Rochex, *École et savoir dans les banlieues et ailleurs*, Paris, Armand Colin, 1993.

5
SABERES E CIDADANIA NA CIDADE

ROGER BUNALES

> Não há déficit de saberes na periferia, assim como os detentores "reconhecidos" do saber não são os únicos que têm o direito de pensar, falar e decidir. O saber só emancipa se todos estiverem aptos para seu "requestionamento" e reconstrução incessantes, se todos o utilizarem para questionar a relação – sua relação – hierárquica com o poder.

UMA CRISE SEMPRE É PRENÚNCIO DE UM NASCIMENTO

Sem dúvida, vivemos em uma época dolorosa. Conseqüentemente, de alguma forma, essas dores nos unem.

Vivemos uma crise *multiforme* que não pode ser ignorada em um debate sobre *saberes e cidadania*.

Crise econômica, crise dos vínculos sociais, crise das instituições, crise moral e espiritual e, ao mesmo tempo (como causa e conseqüência), *profunda crise nos relacionamentos, nas mentalidades e nos comportamentos humanos*.

Essa crise é alimentada pelos mais insuportáveis paradoxos desenvolvidos por nossa sociedade.

O ser humano, por meio de seu trabalho, de sua capacidade de reunir energia, de mobilizar sua inteligência, sua imaginação, suas competências, de organizar suas colaborações, mostra-se – e sabe que é – capaz, assim como os deuses que inventou, de superar a maioria dos obstáculos que surgem à sua frente. A fome, a doença, as altas taxas de natalidade, a poluição são problemas que podem levar o homem a tomar tal decisão.

Entretanto, ao mesmo tempo que muitas pessoas não conseguem alimentar-se corretamente, os "guardiões do abuso", vaidosos e vãos, sem consideração pelo que é humano, mas com o consentimento bastante incompreensível de seus semelhantes, impõem, para não afetar sua fonte de enriquecimento e poder, suas "regras do jogo", e sugerem que a produção em demasia seria uma calamidade.

> Há apenas 50 anos, quando minha mãe me mandava comprar no armazém – e anotar na caderneta, porque ela não tinha um tostão – 200 gramas de feijão ou 150 gramas de óleo avulso para fazer a comida, eu ainda podia imaginar que esse alimento era produzido de forma pouco abundante e, portanto, era parcamente distribuído.

> Atualmente, porém, quando as lojas estão repletas de tudo o que possamos imaginar, o fato de haver tantas pessoas passando por dificuldades traduz uma injúria e uma violência cometida contra elas, contra mim, e uma incitação à revolta.

UM GRANDE PROJETO PARA O SER HUMANO

No entanto, por mais insuportável que seja essa situação, ela não deve levar-nos a esquecer que vivemos em uma *época que praticamente não tem equivalente histórico*.

Ultrapassamos um século em que bilhões de homens lutaram por sua emancipação social ou pela libertação do sistema colonial. Não foi uma experiência inútil. Ela nos ensinou uma grande quantidade de coisas. Em particular, que as coisas não mudam quando substituímos um determinado poder político por outro, mesmo que seja às custas de uma "revolução". Ela nos mostrou que a emancipação social não basta, que a emancipação mental de cada ser humano é necessária para obtê-la e que as relações de dominação do homem pelo homem são a negação da emancipação desejada.

Para além dessa experiência, porém, essa crise se caracteriza por nos mostrar que nada do que foi dado ao ser humano está adaptado à formidável aventura de seu futuro.

Meu olhar sobre o mundo e meus semelhantes, as formas de pensamento que utilizo, assim como a natureza das relações que desenvolvo, devem mudar profundamente. O homem corre riscos insensatos se não compreender isso, mas nosso amigo Albert Jacquard, cuja luta homenageio, diz tudo isso bem melhor do que eu.

Sem dúvida, essa crise é uma crise humana. A crise de um ser humano que tem dificuldade para passar da adolescência à idade adulta, para se assumir, se respeitar, se construir e se emancipar na complexidade.

Mas isso não poderia ser motivo de entusiasmo? Será que isso não encerra um formidável desafio? Um desafio digno do próprio ser humano?

MOBILIZAR OS DESESPEROS

Para mim, essas considerações "filosóficas" têm sentido: o de me insurgir contra as teorias do "fim do mundo", de um mundo sem perspectivas, sem esperança, congelado no desespero.

Na verdade, não consigo deixar de considerar essa crise como uma gestação, um nascimento.

Quando falo de "nascimento", não estou me referindo a uma espécie de "revolução", de "eclosão", de "homem novo", bom, lindo, generoso e fantasticamente inteligente, porque – não sejamos modestos – já somos tudo isso.

Não, penso que, se é que deve haver uma "revolução", ela consiste em que tomemos consciência dela, sobretudo nas periferias.

Em suma, já me cansei de ver uma grande quantidade de pessoas generosas usar sua energia para tentar remendar (e validar) sistemas perversos e ultrapassados, que fazem água por todas partes.

Já me cansei de ver como se constrói uma "profissionalização" da pobreza, da caridade, da precariedade, da exclusão, da inserção, da solidariedade, que a cada dia aumenta a miséria total. E, ao dizer isso, não pretendo injuriar sua formidável generosidade e os valores humanos que se expressam através dela.

Guardemos um pouco de energia pra tentar combater e eliminar as causas dessas situações de cujos efeitos nos ocupamos. *Guardemos forças para inventar e construir, com todas as desesperanças dessa terra*, algo novo, algo suportável, a única forma de construir saberes verdadeiros para o futuro.

O SABER? QUE SABER?

Sempre duvido ao utilizar algumas palavras, e isso sucede principalmente com "saber". Sempre me pergunto se a utilizo de forma compreensível, se lhe dou o sentido correto e se a pessoa que me escuta entende a forma como a palavra é utilizada.

Que é esse "saber" de que falamos? Estamos falando dos "*conhecimentos*", do "conteúdo" de nossa memória, que constitui a massa dos materiais disponíveis em nosso cérebro, ou do uso que fazemos dele?

E como entendemos esse uso? Como o uso de verdades comprovadas e imutáveis transformadas em "receitas" ou em "dogma", ou como uma forma de *verificar o caráter operatório dos conhecimentos*?

- E se esses conhecimentos deixarem de ser operatórios, terei a audácia de exercer meu direito de demolição?
- E se eu demolir, tentarei, sozinho ou com outros, uma reconstrução original com a marca de meu imaginário e de minha razão?

Para mim, o saber é tudo isso, reunido em um comportamento global.

Podem ver como é interessante saber se usamos os mesmos conceitos por trás de cada palavra.

Com freqüência, as pessoas confundem saber e conhecimento, e falam do "*saber emancipador*". Essa fórmula nos leva a pensar que basta instruir o homem para libertá-lo de suas alienações, para que ele seja capaz de enfrentar tudo a que pretende submeter-se. Tenho grandes dúvidas a respeito, observando o espetáculo do século XX, sobretudo a sujeição do pensamento à "coisa" econômica.

> Vamos pensar em um exemplo. Vocês recordam esta regra aprendida de cor na escola fundamental:
>
> – Qual é a soma em graus dos três ângulos de um triângulo?
>
> Se fizermos essa pergunta a um grupo de pessoas, muitas não vão se lembrar, o que demonstra o caráter ilusório desses saberes; outras recordam, porém preferem se calar. Elas desconfiam, temem cair em uma armadilha, porém sempre há uma pessoa que responde: **180 graus!**

> Ora, basta pegar uma maçã, compará-la com a Terra, para mostrar que é possível obter um triângulo, utilizando dois meridianos e o Equador como lados. Seja qual for o ângulo formado no pólo pelos dois meridianos, os dois ângulos formados com o Equador representam duas vezes 90°. Portanto, obtemos o seguinte:
> **Um triângulo cuja soma dos três ângulos é superior aos 180 graus.**

Naturalmente, esse exemplo pode ser contestado. O ensino não me traiu quando recebi essa lição sobre os triângulos. Sempre apreciei a geometria plana. Portanto, estou em *uma situação "particular", que me foi "inculcada" como uma generalidade, como uma verdade incontestável.*

O problema é que, anos mais tarde, continuo "fechado" nessa visão das coisas, e quase instintivamente dou uma resposta *"falsa", pois não percebi que a pergunta não falava de plano.*

Isso demonstra que, se nos limitarmos a esse tipo de saberes, sem dúvida vamos poder responder de forma correta as perguntas feitas em algum programa de televisão, mas acho que teremos dificuldades para nos emanciparmos.

Pois bem: quantos conhecimentos nos foram transmitidos dessa forma simplificadora, metafísica, constituindo esquemas mentais extremamente férteis, que nos impedem de tecer os laços da complexidade?

O saber só emancipa se permite que eu o requestione e o reconstrua incessantemente.

Só então posso me adaptar às novas situações, e isso é particularmente necessário nesta nossa época, em que avançamos com extrema rapidez.

SABERES NOS SUBÚRBIOS

No entanto, ainda que constatemos que grande parte do que aprendemos na escola, com tanta dificuldade, mobilizando tantos recursos, não nos serviu para nada na vida – exceto para passar nos exames –, não deixamos de produzir, fora e depois da escola, alguns saberes fraudulentos e verdadeiros. Como gosto de provocar, quando vejo algumas vezes o que o "sucesso escolar" produziu, pergunto-me se alguns fracassos não seriam potencialmente mais proveitosos...

De qualquer forma, não sei se, em nossos subúrbios, temos realmente um *déficit de saberes*, como sugerem os voluntarismos educativos e os múltiplos "terapeutas" que se manifestam sobre a questão. Pessoalmente, não me parece.

Isso sucede quando vejo, por um lado, para que servem os conhecimentos acumulados por alguns "personagens" repletos de títulos e diplomas, curvados sob o peso das "responsabilidades", que consideram que têm direito de pensar, de falar, de decidir em nome de todos e de mandar nos outros, quando vejo em que situação eles nos meteram!

Por outro lado, quando vejo as famílias da periferia mobilizarem toda a sua energia, todos seus saberes, permanentemente, para garantir, apesar de todas as suas dificuldades, pelo menos a comida de amanhã...

Quando vejo essas crianças, às quais é imposta uma situação em que vivem até se contagiarem com sua violência, até "jogar fora a criança junto com a água suja do saber escolar", até não suportar mais as regras de um mundo adulto que acaba com todas as suas perspectivas, penso que essas pessoas possuem saberes muito operatórios e que só lhes falta tomarem consciência deles para ousarem agir sobre sua realidade e não aceitar mais que outros, às vezes bem-intencionados, *pensem, falem, decidam* em seu nome, sem eles, fabricando-os e tratando-os como cidadãos subdesenvolvidos, como seres humanos de quinta categoria.

CIDADANIA? QUE CIDADANIA?

Em meu bairro da periferia, com seus 20.420 habitantes, quando se trata de votar, que é a forma de expressão mais corrente, ainda que não a mais adequada, de cidadania, contamos apenas 11.672 eleitores.

Portanto, 8.748 habitantes (cerca de 43% da população) não são cidadãos.

Por quê? Em nome de quê? Quem protesta? Quem questiona? Quem propõe que lhes seja concedido o *status* de cidadão pleno? Os seres humanos nascem livres e iguais em direitos, porém, como dizia Coluche, alguns são mais iguais que outros.

Quem são essas pessoas? E por que acontece isso? Realizem um debate sobre esse tema com os eleitores, proponham que todos os habitantes sejam cidadãos iguais aos outros, o que seria justo. Observem as reações, as respostas, as argumentações. Eles lhes darão uma lista completa dos *esforços a serem efetuados para que a igualdade, reconhecida por meio de palavras, se transforme em atos de verdadeira igualdade.*

Que fique claro que não estou falando de "política". A política se instala no momento em que há uma eleição (municipal, por exemplo), quando são contabilizados – e logo esquecidos – 3.877 "abstencionistas", que são "maus" cidadão, e cujas motivações ninguém quer conhecer.

O que acontece finalmente é que, entre não-cidadãos e maus cidadãos, passando pelos perdedores que, por princípio, não têm o poder de agir sobre as decisões porque perderam, a equipe municipal que vai governar a cidade (e não duvido, de forma alguma, que pretendem governá-la da melhor forma possível) acaba sendo eleita apenas por 21% da população. *"A França votou", dizemos. Podemos chamar isso de sufrágio universal?*

Por que os 79% restantes devem sentir-se preocupados pelo que vai acontecer, depois desse processo de exclusão? O sistema é tal que, mesmo os que elegeram a equipe municipal não conseguem – ou não tentam, devido à inexistência de estruturas favoráveis – envolver-se nos atos e nas realizações propostas pelos programas.

Sinto-me confortável ao dizer isso porque nosso prefeito é um amigo de trinta anos e, assim como eu, está preocupado pela situação e tenta, junto com sua equipe, fazer tudo o que está ao seu alcance para acabar com esse estado de coisas.

No entanto, apesar dos esforços realizados, o avanço é ínfimo, porque a delegação de poder inculcada desde a infância, na escola, na família, na cidade e para além desses lugares, parece natural e necessária, criando ao mesmo tempo uma concepção raquítica da cidadania.

A partir dessa perspectiva, quem são esses "não-cidadãos"?

Nós os encontramos nas jornadas de solidariedade. E podemos provar que eles têm uma língua, pensam, têm algo a dizer, sabem dizê-lo, têm vontade de dizê-lo, mas é preciso criar os espaços de liberdade necessários para que eles falem, é preciso escutá-los para entendê-los de verdade, não só por gentileza. Então, talvez, se tiverem tempo para readquirir confiança, tempo para se reacostumarem a falar, para se sentirem úteis, necessários para as decisões pertinentes, operacionais, realistas, eficazes, então talvez eles sintam a vontade e o prazer de ser cidadãos.

Trechos de escritos de "não-cidadãos"

Para provar que estamos avançando, sugerimos o exercício mais difícil: escrever sobre a questão da cidadania, com uma introdução: "Se eu fosse a palavra, um sonho, a solidariedade, a cidadania, etc."

Vinte e quatro deles responderam que não seriam capazes de traduzir as dificuldades de expressão, as reflexões dolorosas, silenciosas, as desistências depois de ter permanecido longos minutos diante da folha em branco, embora ninguém os obrigasse.

Guardamos todos os escritos com suas lacunas e sua ortografia.

– Uma criança de 7 a 8 anos, que não deu seu nome. Legalmente, um não-cidadão.
Se eu fosse a palavra, diria:
"Não sou pequeno... sou grande."

– Grégory, 9 anos. Legalmente, não-cidadão.
Se eu fosse um sonho, imaginaria:
"Faria com que as pessoas não tivessem mais pesadelos.
Faria com que as pessoas não sentissem mais medo.
Faria com que as pessoas não brigassem mais
Que vivessem em paz."

– Manu, sem domicílio fixo. Legalmente, um não-cidadão.
Se eu fosse a palavra, diria:
"alguém deveria se calar;
vivemos em um dilúvio de palavras em um deserto de idéias."

– Uma menina argelina de 12-13 anos. Legalmente, não-cidadã.
Se eu fosse um sonho, imaginaria:
"Que a guerra civil na Argélia terminou e que acabaram os massacres e que não há mais guerras no mundo."

– Anônimo, sem domicílio fixo. Legalmente, não-cidadão.
Se eu fosse a solidariedade, faria:
"Outro mundo, que só Deus pode fazer.
Esse mundo seria feito à imagem do Senhor ou dos meus ideais?
E se meus ideais fossem feitos à imagem do Senhor?
Outro mundo escapando do apocalipse.
Penso em ti, tu pensas em mim, quero o que tu queres,
Não quero o que não queres."

– Anônimo, sem domicílio fixo. Legalmente, não-cidadão.
Se eu fosse um sonho, imaginaria:
"Estar com você em minha Bretanha natal. Embarcar em um barco,

> você seria as velas, eu o leme, iríamos aonde o vento
> nos levasse,
> viveríamos de amor e de água fresca (sobretudo de água fresca,
> não se preocupe, também teríamos biscoitos).
> Bem, paro por aqui, mande-me notícias suas, estou exasperado.
>
> Escreva-me, o carteiro encontrará meu endereço.
> *Escreva para 3615 SDF.*"

EVITEMOS SIMPLIFICAR DEMAIS

Sinto que *falta* algo nesse tripé *saberes, cidadania e cidade da periferia*. Gostaria de saber se não teríamos de especificar melhor quando associamos esses três elementos.

Não pretendo sair do tema, mas me pergunto como poderíamos avançar em nosso objeto de trabalho sem evocar, por exemplo:

- As relações contraditórias, incompatíveis, que existem entre "*hierarquia*" e "*igualdade*" e que originam essa percepção hierarquizada dos indivíduos, tão presente em nossa mente. Relações que fazem com que me sinta "inferior" ou "superior" àqueles que deveriam ser apenas meus iguais;
- Ou as relações contraditórias entre "*poder*" e "*liberdade*", que instauram a *delegação de poder* como forma normal do funcionamento social. Relações que levam um grupo numeroso de pessoas a aceitar que um número insignificante se considere autorizado a pensar, a falar, a decidir em nome de todos, muitas vezes estabelecendo o que chamamos de "abuso de poder totalitário", primeiro passo rumo ao abuso de confiança ou o abuso de bens sociais.

Em torno dessas relações e de suas contradições, organizam-se a construção dos saberes e as relações de cidadania, as mentalidades e os comportamentos. Elas são portadoras das contradições fundamentais que operam e provocam mal-estar na sociedade.

- Também me pergunto se não deveríamos acrescentar a esse debate a *exclusão* e a *integração* como duas facetas de uma mesma vontade de não reconhecer as singularidades, as diferenças, as deficiências, que produz um empobrecimento social sem limites.
- Pergunto-me se não deveríamos discutir a questão da *violência* e de seu *status*. A violência é um produto social e, se as crianças são educadas no meio dela, é porque integram seus mecanismos como instrumentos da relação social. Muitas vezes, a moral e a repressão não passam de coadjuvantes, a gota d'água que entorna o copo. Mas quem desenvolveu, especialmente nesses últimos 20 anos, a ideologia do "vencedor"? Para mim é muito difícil condenar quem quebra vidraças, enquanto não entender a origem e a explicação de seu gesto.
- Finalmente, pergunto-me se não devemos evocar o *comportamento das instituições*, que não suportam mais, pois receiam perder seus poderes, muitas vezes terroristas e mesquinhos, que um indivíduo escape do que elas conside-

ram suas prerrogativas, e que, muitas vezes, substituem o princípio do "serviço público" que supostamente prestam, por um poder de tutela insuportável.

Quantos debates e experiências serão necessários para elucidar essas dúvidas?

NOSSOS MOTIVOS

Em geral, a participação nesse tipo de debate é estimulada por várias motivações mais ou menos equilibradas.

Viemos para nos informar, nos formar, em suma, nos 'alimentar' com a experiência compartilhada ou com o discurso. Viemos para ter certeza de que não estamos sós, que não pensamos de forma diferente demais, que compartilhamos algo. Nesses tempos difíceis, isso serve para nos reconfortar.

Devemos reconhecer que, para nós, o importante não é pensar todos o mesmo, mas poder expressar nosso pensamento, fazer com que ele seja escutado da forma mais livre possível, sem recear reações hostis ou violentas. O importante é colocar em evidência, em relação, em *trabalho*, a imensa riqueza de nossos pensamentos e experiências singulares, obrigatórios e felizmente diversos, confrontá-los com os dos outros para explorar novos caminhos. Realmente, é importante para nós que esses pensamentos sejam contraditórios!

É preciso administrar as contradições para tirar proveito delas em vez de nos confrontarmos, em vez de usar nossa energia para tentar predominar; por isso, torna-se necessário estabelecer algumas regras.

Não é simples repudiar a vontade de predominar e substituí-la por métodos mais bem adaptados, mais eficazes e agradáveis que aqueles que pretendem apenas dominar o debate. Temos de admitir que não estamos preparados para assumir positivamente essas situações.

Na maioria das vezes, na família, na escola, na empresa, no País, entre países, quantas posições dominadoras, terroristas, intransigentes, conflituosas, destrutivas gerenciam o cotidiano!

Como se se tentasse justificar um certo fatalismo, fala-se de "natureza humana", de "instintos animais", de "pulsões", de "jogos de interesse", de "luta de classes" e de "moral"...

Tudo é muito óbvio..., mas será que não há, por trás de todas essas palavras, a busca de álibis ou uma falta de esforços e idéias para ser apenas um homem digno desse nome?

Citem-me apenas uma das nossas moléstias que não seja causada pelo fato de sofrer ou de querer exercer, ou de não conseguir exercer, esse tipo de relação que chamo de *relação hierárquica de poderes*.

Digo tudo isso para destacar o enorme peso das alienações e das pressões sociais que temos de questionar para que nosso debate possa ser eficaz.

Pessoalmente, estou convencido de que é preciso buscar, na resistência natural dos indivíduos às vontades sociais normalizadoras, as explicações para o que chamamos de "exclusão", "fracasso", bem como para a violência causada por esses fatores.

Vivemos em um mundo que se nega a admitir a diversidade, o movimento e a complexidade, e que defende a heresia de querer fabricar o ser humano como se ele fosse um produto manufaturado, tratando-o como uma "coisa".
No entanto, será que já não estamos dentro do verdadeiro debate sobre a *educação*?

POR FIM, O HOMEM!

Qual é o vínculo real entre esses três elementos: saberes, cidadania e periferia? Qual é seu denominador comum?
Sou obrigado a deixar de lado a modéstia para responder. Penso que há apenas um denominador comum: "*eu*".

Eu, verdadeira maravilha da natureza, único, singular, pedaço de matéria pensante e atuante, capaz do pior e, sobretudo, do melhor. Muito mais capaz do que se pode imaginar, capaz até de vencer o pior dos meus defeitos: meu canibalismo predador, justificado pela forma de organização hierarquizada da sociedade e pela idéia de que alguns seres humanos nasceram para pensar, para falar, para decidir, para mandar nos outros, que nasceram para serem submetidos.

Apesar de a aristocracia de direito divino ter sido substituída pela aristocracia do dinheiro ou pela do "saber meritocrático", proveniente da "desigualdade de oportunidades", não percebo nenhuma mudança nos resultados.

Sim, posso observar a coisa de todos os ângulos e é bastante curioso que não digamos de antemão:

Na verdade, estamos falando apenas do ser humano, do ser humano em sua relação com o saber, em sua relação com o poder, em sua relação com seu lugar de existência, em sua relação com seus semelhantes...

Referimo-nos a *cada homem* em particular, a *cada um de nós* e a todos os que *diferem de nós, seja quem for e de onde venha...*

Mas, na verdade... *será que estamos convencidos disso?*
A reflexão está aberta.

Em nossas sociedades em crise, não basta incentivar a emancipação social. A emancipação mental dos seres humanos, de cada ser humano, é fundamentalmente necessária.

Essa emancipação só pode realizar-se, de forma plena, por intermédio da apropriação do saber, desde que ele seja considerado em um perpétuo movimento de requestionamento e de reconstrução de sentido; desde que terminemos com a delegação do poder de pensar, que só produz uma cidadania de segunda categoria; desde que deixemos de lado a percepção hierarquizada dos indivíduos, inserida no funcionamento e nas práticas majoritárias da escola-concorrência.

E, finalmente, isso só ocorrerá se encurralarmos e denunciarmos essa função de legitimação da escola, cujo único desafio seria o de perenizar o confisco do poder em benefício de uma elite e de produzir um ser humano calibrado, normalizado, padronizado e dócil.

6

RESTITUIR AO CIDADÃO A CONSCIÊNCIA DE SUAS POTENCIALIDADES

GEORGES APAP

> Quando a justiça decide delegar poderes para permitir que os cidadãos se encarreguem da resolução de seus litígios.

A MEDIAÇÃO NOS BAIRROS: UMA REFLEXÃO PERTINENTE

Vou relatar-lhes minha experiência em Valence. Trata-se de uma tentativa de resolver os problemas entre os moradores dos bairros problemáticos, a partir de uma constatação que nos fez perceber o sentimento de insegurança reinante nesses bairros. Não estaria contando-lhes nenhuma novidade se falasse dos subúrbios de Valence. Gostaria de relatar apenas como poderíamos *reduzir a sensação de insegurança existente na periferia*. Falo de "sensação de insegurança" porque esse sentimento não corresponderia, conforme as estatísticas policiais e aquilo que pudemos constatar objetivamente, à uma insegurança real. Portanto, tínhamos de começar a analisar o que podia alimentar essa sensação de insegurança. Percebemos que, na maior parte do tempo, se tratava de uma delinqüência em pequena escala, que incomodava, naturalmente, porém era de pequena dimensão; por exemplo, pequenas brigas, conflitos entre os moradores, atos de vandalismo pouco importantes, roubos nos carros, roubos de carros, etc. Todas essas coisas não são muito graves em si mesmas, mas repercutem muito no espírito dos moradores, fazem com que se diga que o bairro é perigoso e lhe dão "má reputação". Essa "má reputação" passa a ser sentida pelos moradores do bairro, assim como pelos moradores do resto da cidade.

Tínhamos de ver como esses pequenos litígios, esses pequenos conflitos, esses pequenos atos de delinqüência eram resolvidos, e percebemos que *o tratamento judicial desses pequenos atos de delinqüência não era adequado*. Quando o autor desses pequenos delitos era levado ao tribunal, acareado com sua vítima, isso apenas agravava a tensão entre as pessoas; as pessoas que compareciam como testemunhas terminavam brigando na audiência, o autor tentava negar sua responsabilidade, a vítima tentava obter a máxima indenização e todos saíam descontentes com a decisão tomada, fosse qual fosse. Assim, no caso de delinqüência de pequena dimensão, de pouca gravidade, *a intervenção judicial só servia para acirrar ainda mais as tensões entre as pessoas*.

A missão habitual da justiça é a de apaziguar os conflitos, porém, às vezes, ela os acirra. Isso não tem importância quando as pessoas moram longe e nunca mais se encontram. No entanto, é extremamente importante quando as pessoas se revêem todos os dias no mesmo bairro, freqüentam os mesmos locais e têm numerosas oportunidades de ressuscitar o conflito que as confrontou em um determinado momento. Isso é muito comum no âmbito da justiça: os conflitos se repetem, as queixas se reiteram, as pequenas infrações renascem e os processos, às vezes, demoram meses ou até mesmo anos.

Como a intervenção judicial era inapropriada, imaginamos que seria melhor não envolver a justiça na solução desses litígios. Talvez isso pareça paradoxal por provir de pessoas encarregadas de aplicar justiça, mas essa tinha sido nossa conclusão. Pensamos, então, na instância de *conciliação*. Em vez de julgar esses pequenos delitos, tentamos conciliar autor e vítima. Logo, para conseguir fazer isso, consideramos necessário restituir ao bairro o conflito com o qual tinha nascido, isto é, *pedir que os próprios cidadãos solucionassem seus próprios litígios*, exigir que se considerassem atores de seus próprios problemas e os resolvessem. Tinham de resolvê-los de forma pacífica, naturalmente, por meio do diálogo, sob o comando dos próprios moradores e cidadãos do bairro, que nós chamamos de conciliadores e que ficaram encarregados de organizar esse diálogo e controlar suas modalidades.

Mais tarde, veremos as modalidades do sistema aplicado e a forma como funcionou por dez anos. Nossa intenção principal era a de restituir ao cidadão a *consciência de suas próprias potencialidades*, do fato de que era capaz de resolver seus próprios problemas e que não precisava das instituições para solucionar os pequenos litígios que o separavam de seus vizinhos e de outros moradores do bairro; em suma, que era capaz de participar do apaziguamento do clima social no bairro.

Gostaria de esclarecer o que significa cidadão para mim. Quando falo de cidadão, estou me referindo às pessoas do bairro, pessoas que moram na cidade, que nela têm seus interesses familiares e profissionais. Se levarmos em conta a complexidade das populações que residem no bairro, a coexistência de diferentes etnias e gerações, é evidente que cidadão, no sentido que atribuo ao termo, não pode corresponder à definição de cidadão como o entende o código eleitoral, isto é, há pessoas no bairro que não possuem a nacionalidade francesa. Isso nos levou a uma dificuldade procedimental. Para nós, o *cidadão era o morador do bairro*, independentemente de sua origem e nacionalidade.

Fui convidado a abordar esses temas em Tunis, onde o Ministro da Justiça e o Ministro de Assuntos Sociais haviam-me pedido para expor qual era a forma de proceder em Valence, qual era a prática que utilizávamos. O Ministro de Assuntos Sociais me disse que nossas preocupações eram as mesmas do Presidente da República da Tunísia, o presidente Benali, que calorosamente recomendara aos membros de seu governo que inculcassem nos cidadãos do País a idéia de que deviam deixar de ser assistidos e depender do Estado para tudo. Disseram-me que o sistema proposto por mim correspondia plenamente às intenções do presidente da República da Tunísia. Ao mesmo tempo, o Ministro da Justiça francês, quando ficou sabendo o que estava acontecendo em Valence, pediu-me para fazer uma exposição sobre o tema, mas recebemos um acolhimento menos entusiasmado. Por fim, foi instituído um sistema de conciliação em matéria penal bastante diferente, pois, em vez de fazer com que os cidadãos assumissem toda a responsabilidade, tentou-se criar um sistema de conciliação no interior das instituições, especialmente na instituição judiciária que controla completamente a conciliação penal e que não deixa nenhuma iniciativa nas mãos dos cidadãos. Trata-se de uma forma diferente de ver as coisas. Comparando o acolhimento que tive em Tunis e o do Ministério da Justiça francês, tive de concordar com o ditado de que ninguém é profeta em seu país.

A MEDIAÇÃO NO BAIRRO: UMA PRÁTICA SINGULAR

Uma prática oriunda da observação

Estamos na Argélia, antes de 1962. No sistema colonial, era difícil aplicar a justiça na imensidão de um território com populações esparsas. Algumas aldeias se encontravam a uma distância enorme de qualquer tribunal. Nesse deserto judiciário, a cada momento um conflito banal corria o risco de se transformar em uma interminável *vendetta**. Nesses casos, a "djemaa", assembléia dos anciãos da aldeia, intervinha. Sua missão era a de manter a paz na comunidade. Seu método era *reunir os antagonistas para encontrar, por meio do diálogo, a melhor reparação dos prejuízos e apaziguar os espíritos*. Seus fracassos eram excepcionais, porém dramáticos.

Esse modo não-judiciário de apaziguamento dos conflitos, observado pelo autor destas linhas ao início de sua carreira de magistrado, pode ser comparado com o regulamento comunitário dos litígios observado na China comunista por outro juiz nos anos 70, deixando de lado a dimensão política dessa prática.

Sua aplicação em Valence

Uma reflexão comum desses dois magistrados, que por acaso profissional se encontraram em Valence, os levou a imaginar, a partir de 1983, uma estrutura capaz de funcionar nos bairros da cidade.

Quando falamos de "bairro" em Valence, evocamos conjuntos residenciais para pessoas de baixa renda, na periferia, habitados majoritariamente por estrangeiros; essa população desfavorecida convive, com desconfiança recíproca, com franceses que também não pertencem às mais prósperas camadas sociais.

Nesse bairro, fala-se muito de insegurança, com um pessimismo que poderia ser desmentido por um exame sério e desapaixonado das estatísticas oficiais da delinqüência.

Observam-se, sobretudo, pequenas rixas, conflitos entre moradores, atos de vandalismo, roubos de carros ou nos carros, coisas que, no dia-a-dia, inspiram nos moradores do bairro o *sentimento confuso de perigo imediato*.

---

* N. de R.T. O autor refere-se, provavelmente, a um sentimento de vingança; espírito de vingança.

Os autores desses delitos raramente são identificados, e, quando o são, o tratamento judiciário reservado para eles nunca está à altura daquilo que as vítimas, profundamente ressentidas, esperam.

A sanção penal é aplicada depois de um *debate judiciário*, organizado de tal maneira que só pode ser *vivido com muita tensão e agressividade*.

Por fim, considerando ter "pago sua dívida" por meio da pena à qual foi condenado, o réu deixa de sentir qualquer obrigação com relação à vítima, e evita a reparação do prejuízo alegando insolvência, isso desde que não comece a imaginar represálias.

Os magistrados conhecem esse processo e, muitas vezes, em questões menores, preferem evitar que as coisas sigam o curso normal da justiça.

Embora essa decisão possa ser sábia do ponto de vista objetivo, ela sempre deixará a vítima, para quem não há questões menores, insatisfeita, com uma sensação de impunidade.

No amplo leque dessas situações, originadas por uma repressão inadequada ou pela ausência de qualquer resposta, pudemos dar a justa dimensão à prática observada na Argélia e na China comunista.

Uma filosofia subjacente

O projeto consistia em ignorar deliberadamente a instituição judiciária, *remetendo o conflito ao bairro* no qual se originara, para ser solucionado pelos próprios moradores de acordo com um procedimento que não guarda nenhuma semelhança com o judicial.

Autor e vítima tinham de dialogar, deixando de lado qualquer ameaça de sanção, a fim de encontrar uma solução reparadora e apaziguante, que eliminasse a cólera ou o medo no espírito da vítima e, ao mesmo tempo, *despertasse no autor um senso de responsabilidade*.

Para além do tratamento imediato das desavenças particulares, nossa maior ambição era a de participar do empreendimento realizado pela Prefeitura para dissipar o mal-estar existente nos bairros.

A reflexão prévia à experiência tinha sido rudimentar e não provinha de nenhuma doutrina acadêmica nem de um sistema de idéias largamente elaborado.

A filosofia posta em prática era mais delicada e passava pela resposta a três perguntas: 1) Quem seriam os mediadores? 2) Que assuntos tratariam? 3) Como procederiam?

O surgimento da conciliação

O termo "mediador" era muito adequado para designar os moradores do bairro encarregados de reunir as pessoas em conflito, para dialogarem. Entretanto, optou-se por chamá-los de *conciliadores*: ainda que tivéssemos optado por evitar o sistema judiciário, parecia necessário que eles *tivessem um* status *legal* e, para isso, dispúnhamos apenas do decreto de 20 de março de 1978 que instituía a figura dos "conciliadores". Esse texto criava uma instituição que não obteve o sucesso esperado; supunha-se que uma figura eminente, incumbida da missão de solucionar assuntos civis pouco importantes, poderia aliviar o trabalho das jurisdições mais sobrecarregadas de trabalho.

A nosso ver, os moradores do bairro que receberiam a mesma incumbência não deveriam ser ilustres nem eminentes, nem tratar de assuntos civis, nem resolver litígios. Na verdade, eles não tinham nada em comum com o respeitável personagem do decreto de 20 de março. Eram apenas moradores do bairro, sem passado profissional eminente e sem qualquer tipo de condecoração.

Todavia, tinham de ter uma *afabilidade natural* e deviam *saber escutar*. Deviam ter uma *vida associativa rica*, que demonstrasse seu interesse por um ideal comunitário. Trabalhariam em equipe, e cada bairro contaria pelo menos com seis conciliadores.

Seu trabalho era honorário e sua sede passou a ser o centro social do bairro. Suas despesas reduziam-se a alguns selos e a alguns telefonemas: não custavam nada à coletividade. Não existia esse argumento para que não fossem levados a sério.

Os candidatos foram recrutados a partir de uma pesquisa realizada pelo Conselho Comunitário de Prevenção da Delinqüência, estrutura instalada por algumas prefeituras com base nos textos legislativos votados por iniciativa do deputado Gilbert Bonnemaison.

Depois de uma entrevista com cada candidato, os dois magistrados selecionaram homens e mulheres que correspondiam melhor à idéia que eles tinham de um conciliador. Como eles e elas foram escolhidos em virtude de suas qualidades próprias e sem considerações de ordem étnica, cultural ou social, quis o acaso que nenhum dos selecionados tivesse nacionalidade francesa.

Em certo sentido, isso nos pareceu positivo, pois o bairro podia reconhecer-se em uma equipe tão díspar e miscigenada quanto ele. No entanto, não deixava de ser uma ousadia do ponto de vida legal, pois a lei exige que o conciliador possua direitos civis e políticos.

Isso foi interpretado da seguinte maneira: não se tratava, na nossa opinião, de uma condição de nacionalidade, mas de moralidade; todas as pessoas escolhidas, que possuíam direitos civis e políticos em seus países de origem, desfrutavam de consideração geral na França, por nunca terem tido nenhum problema com a justiça.

Para nossa surpresa, esse argumento foi aceito, os conciliadores foram nomeados e as equipes se instalaram nos bairros.

Isso ocorreu no mês de maio de 1985.

A escolha das questões a serem tratadas

Após a nomeação dos conciliadores, era preciso estabelecer suas atribuições.

As questões, com as quais os conciliadores tinham de lidar, lhes foram confiadas pelo procurador da República.

Concluída a investigação inicial e as diligências do caso, os magistrados podiam selecionar os assuntos que lhes parecessem mais adequados; é claro que todos tinham de estar perfeitamente elucidados, pois os conciliadores não eram obrigados a destrinchar a responsabilidade de cada acusado.

Em um primeiro momento, a questão se limitou a dossiês sem importância, pois se admitia que, para além de um certo distúrbio da ordem pública, o regulamento institucional representava a regra.

No entanto, gradualmente começou a surgir a idéia de que o apaziguamento social, fruto da conciliação, também ajudava a restaurar a ordem pública, *e que a escolha dos dossiês não devia depender de sua pouca importância, mas do impacto que seu regulamento poderia causar sobre a redução das tensões sociais.*

A partir de então, passou-se a admitir que a dimensão do litígio era um critério secundário da competência das "instâncias de conciliação" (esse foi o nome dado às equipes dos bairros).

Apesar de tudo, é evidente que a maior parte dos casos tinha a ver com problemas entre vizinhos, com pequenas brigas, atos de vandalismo, roubos de pequena importância; eram problemas menores, como a pedra que um grupo de jovens atirou na vitrine de alguns comerciantes depois de um incidente banal que quase provocou um distúrbio, por ter sido mal-interpretado.

Funcionamento concreto

Ao receber o dossiê, a equipe de seis conciliadores se reúne para examiná-lo conjuntamente. Dois deles – ou três, se o assunto for mais importante – são designados para acompanhar mais de perto o problema. Há revezamento obrigatório, para que um conciliador não opere sempre junto com o mesmo colega. Previu-se essa pluralidade de participantes para evitar a personalização da conciliação e a tendência individual de se transformar em justiceiro ou confessor.

Em posse do dossiê, os dois conciliadores convocam primeiro a vítima, explicam seu papel e insistem no caráter não-obrigatório de sua intervenção: se a vítima preferir um tratamento judicial do assunto, o dossiê será imediatamente devolvido ao procurador. Se aceitar a conciliação, o autor é convocado e as mesmas considerações lhe são feitas.

Caso ambas as partes estiverem de acordo, os conciliadores organizam seu encontro e lhes apresentam, por meio do diálogo, as condições da reparação ou as medidas próprias para evitar o acirramento do conflito.

Essas entrevistas sucessivas são fundamentais para *desarmar os espíritos*. Embora nem sempre o confronto entre vítima e autor seja totalmente sereno, a tensão diminui em um determinado momento, e o diálogo se torna possível.

Os conciliadores sabem – esta é uma das recomendações formais que recebem – que não são policiais nem juízes. Isso significa que não podem realizar inquéritos e que, se a responsabilidade do autor for contestada, devem devolver o dossiê ao tribunal para aprofundar mais a questão. Também não arbitram as desavenças, não tomam decisões, não infligem nenhuma sanção nem arbitram o montante dos prejuízos.

Seu papel é o de *facilitar o diálogo* e permitir que sejam negociadas todas as formas, unilaterais e recíprocas, para acabar com o conflito. Mas, sobretudo – e aí sua intervenção assume uma dimensão pouco habitual –, *devem velar para que as convenções sejam respeitadas*, e que cada um assuma as obrigações negociadas.

A conciliação fracassa nas seguintes circunstâncias:

- um dos protagonistas recusa a intervenção dos conciliadores por motivos particulares;
- as conversações não levam a nada;
- os compromissos assumidos não são cumpridos.

Nessas hipóteses, o dossiê é devolvido ao magistrado, que retoma suas prerrogativas e trata o assunto como se a conciliação não tivesse ocorrido.

Em contraposição, quando a conciliação é bem-sucedida, isto é, quando todos cumprem os compromissos assumidos, o dossiê é arquivado entre os casos resolvidos no tribunal, de acordo com uma negociação realizada com o Procurador da República, essencial para a conciliação.

Devemos destacar duas outras particularidades:

1. O tribunal exerce um controle periódico sobre a prática dos conciliadores, para que não ultrapassem os limites da missão precisa que lhes foi atribuída. Em entrevistas programadas, cada equipe presta contas verbalmente ao procurador de todos os assuntos em andamento, e este lhe dá os conselhos necessários;
2. As "instâncias de conciliação" adquiriram grande notoriedade em todos os bairros e, às vezes, são solicitadas diretamente, sem qualquer tipo de procedimento prévio, por vítimas que não querem prestar queixa, ou por instituições como o Office de HLM, por exemplo. Dessa forma, a conciliação penal funciona na Drôme desde maio de 1985. Abrange três bairros de Valence (Fontbarlettes – Le Plan – Le Polygone), um bairro de Romans (La Monnaie) e dois bairros de Montélimar (Pracomptal – Nocaze).

Em Nyons, ao Sul da província, há duas equipes que operam em um conjunto de pequenas comunas agrupadas em dois vales (Vallée de l'Ouvèze – Vallée de l' Eygues). Nesse caso, trata-se de uma adaptação ao meio rural de um sistema concebido para bairros urbanos.

Nessa etapa do projeto, podemos legitimamente considerar que já ultrapassamos o estádio da experiência e que estamos vivendo uma prática.

Um balanço positivo

Foram efetuadas algumas observações psicológicas e sociológicas sumárias sobre essa prática, que chamaram a atenção porque, no momento da concepção do projeto, nem se suspeitava dessas implicações. Percebeu-se que havia entre as vítimas uma reivindicação menos radical; às vezes, consideravam menos grave abdicar de uma parte de seus direitos em troca de paz, bem que lhes parecia mais precioso. Com freqüência, em conflitos entre moradores, um pedido de desculpas era suficiente, e o medo de represálias foi substituído pela serenidade.

No tocante ao autor do delito, a certeza de não receber nenhuma sanção em caso de conciliação provocou o *desaparecimento do sentimento de culpa* que, nos processos penais, modifica todas as atitudes: negação dos fatos, rejeição de indenização, desejo de se vingar da vítima. Observa-se, pelo contrário, o *despertar do senso de responsabilidade* e a consideração da angústia da vítima, por meio do compromisso espontâneo de garantir sua indenização, como se, devido à ausência de sanção, a única reabilitação possível devesse passar pela reparação. Para além do acontecimento pontual que originou a queixa, o diálogo permite evitar um processo contencioso que costumava alterar as relações entre duas pessoas, duas famílias ou dois grupos sociais por meses ou anos. As explicações dadas durante a conciliação permitiram acabar com um processo de queixas recíprocas e renovadas que se agravava cada vez mais. Assim, apesar do frágil alcance de sua dimensão, a conciliação penal contribui com um certo apaziguamento social. Dessa forma, pode ser uma engrenagem minúscula de um dispositivo de prevenção da delinqüência. O erro seria querer transformá-la em instituição capaz de reduzir significativamente a marginalidade.

> Quando um ator da instituição judiciária constata o caráter pernicioso da sanção penal em matéria de conflitos de proximidade ligados ao binômio pequena delinqüência/sentimentos de insegurança, quando o julgamento que visa à reparação dos prejuízos induz o autor do ato delitivo a não aceitar sua responsabilidade, provocando frustração e ressentimento na vítima, quando o debate judiciário mantém e até mesmo alimenta o aspecto contencioso do caso, está na hora de considerar um procedimento que reconstrua o vínculo social afetado, que se articula em uma prática renovada da cidadania. O mediador de bairro imaginado em Valence, por Georges Apap, restaura o diálogo, a palavra de todos e apazigua as tensões em um contexto em que não há penas, dramas nem culpa.

7

AS CONTRADIÇÕES DO PROJETO COLETIVO: EMANCIPAÇÃO OU MANIPULAÇÃO?

ANDRÉ DUNY

> O procedimento de auto-socioconstrução e as práticas construtivistas de aprendizagem, integradas a um verdadeiro projeto de transformação do ambiente social, permitem compreender e suprimir todos os processos de alienação.

Este texto explora algumas contradições de um projeto escolar (construção dos saberes e do grupo-classe por meio de uma produção socializada por destinatários externos).

Tentaremos mostrar a generalidade (a fecundidade) desse procedimento aplicado ao bairro (ação coletiva dos moradores para melhorá-lo) ou à empresa (criação de uma nova empresa, gestão por projeto das produções).

No campo educativo, podem ser distinguidos os seguintes projetos:

- projeto de estabelecimento (política escolhida pelos adultos responsáveis);
- projeto de zona (projeto de parceria entre as escolas e instâncias do bairro);
- projeto pedagógico (do professor: seus objetivos e metas, junto com os alunos; da equipe: idem). Os PAE são projetos pedagógicos apresentados para ser financiados;
- projeto pessoal do aluno (seus sonhos, seus planos para o futuro, suas metas de atividade);
- e o projeto coletivo-alunos (estes estão envolvidos coletiva e diretamente na concepção, na gestão e na realização de uma produção e de uma ação, destinada a públicos externos).

A GESTÃO DE PROJETO: DO SONHO À AÇÃO?

O projeto é o ato de "projetar", "jogar para a frente"; vem do latim *projicere*, cujo particípio passado deu origem a *projectum*, origem do termo.

O projeto valoriza a realização de um desejo, de um sonho, de um objetivo.[1] A gestão de projeto coletivo consiste em imaginar uma nova realidade para um grupo, que pretende transformar sua atual situação. Inovação e utilidade. Portanto, do sonho à ação, do sujeito e do projeto individuais ao sujeito e ao projeto coletivos.

EM BENEFÍCIO DE QUEM?

A gestão de projeto pode produzir efeitos de redução ou de manutenção das desigualdades e das relações de dominação. Esses efeitos resultam dos poderes concedidos pelo iniciador aos participantes, ou conquistados por estes, na concepção, planejamento, gestão e conteúdo do projeto. Dependem dos próprios conteúdos do projeto, da *utilidade dos efeitos esperados* pelo grupo de atores e pelas populações destinatárias ou diretamente envolvidas. Dependem da consciência das necessidades, da análise dos problemas, da antecipação das soluções pelos iniciadores e, sobretudo, pelos participantes, antes e durante a realização do projeto. Por exemplo, em uma escola rural, a professora, membro do GFEN, tinha envolvido democraticamente todo o grupo-classe em um projeto de intercâmbio franco-alemão com uma classe de seu marido, professor do liceu vizinho; no entanto, no "conselho cooperativo" de gestão desse projeto, a grande maioria das crianças optou por algo diferente e obteve o que queria; será que ela deve alegrar-se por ter sido "vítima" dos poderes de ação comunitária que contribuiu para libertar e construir?

PROJETO OU PROGRAMA?

A gestão do projeto coletivo não é um programa. O programa é coerente com uma organização, com uma escola, "da qual tudo vem de cima, programas, orientações, recompensas e punições, que são aplicados por intermediários que devem obedecer aos seus superiores, porém são poderosos com relação aos seus subordinados e na qual o ritual gira em torno de um esquema canônico: aula dada pelo professor, memorização realizada pelo aluno, prova efetuada pelo professor".[2] A gestão do projeto, muitas vezes, gera reações imprevisíveis (resistência das coisas, das pessoas, das regras ou relações sociais), que levam à regulação e até mesmo à modificação do projeto que está sendo realizado. Por ser uma *gestão interativa com o ambiente* e *entre as pessoas*, seus objetivos podem mudar, ser abandonados no meio do caminho por outros mais fecundos. Pertence a uma lógica sistêmica e ao paradigma[3] da complexidade. Ao deixar de separar o sujeito de suas situações, passa a se basear na interação sujeito-ambiente: todos os componentes da personalidade (social, cognitiva, afetiva e biológica) interagem com toda a complexidade do real (coisas, pessoas, regras, relações sociais...) em uma "navegação" entre cristal (estruturação, programação) e fumaça (liberdade, acaso). Ao confrontar o indivíduo com a resistência desse real, mobiliza seus saberes e seus esquemas de assimilação, desestabilizados pelos obstáculos encontrados. Estes estimulam processos emergentes de pensamento, como a formulação de problemas, desequilibrando os antigos saberes e modos de pensamento. Por meio da abstração reflexiva, do retorno do pensamento aos produtos e às propriedades da ação,[4] são construídos, por "auto-sócio-organização" interna, saberes (conteúdos) e operações mentais (continente), em uma articulação ordem-desordem produtiva.

A competência, isto é, o poder e o saber fazer, a capacidade de operar eficazmente em situação de ação-problema inédita, é construída ao mesmo tempo como saber conceitual, procedimento de resolução, antecipação de solução e gesto, definindo um esquema de ação, que só pode nascer da ação e não da escuta, ainda que ela seja ativa... Toda transformação ambiciosa do ambiente provoca a transformação dos sujeitos (individual e coletivo) da ação e, reciprocamente, os sujeitos mais competentes "aplicam" novos esquemas mais operatórios.

PARA INTEGRAR OU LIBERTAR?

A função "libertadora" ou "alienadora" de um projeto depende da opção assumida pelos "iniciadores" e pelos próprios atores: vontade de emancipação do outro por si mesmo, relações desejadas de igualdade, ou manutenção, de uma forma menos visível, menos legível, mais distanciada e mais *soft*, da relação de dominação (do poder "externo" de fazer com que o outro cometa atos contra sua vontade ou interesse) ou de opressão (consentimento interno à dominação externa).

A gestão de projeto provém das práticas de libertação dos dominados, por meio da "conscientização",[5] na ação dessas correntes "internas" que mantêm os pensamentos "atados" ao "pensamento único" dos "dominantes" e à evidência: atribuir-se a incapacidade pessoal de contestar criticamente suas decisões ou a incapacidade de pensar fora dos contextos, colaborar de forma mais ou menos involuntária com sua própria exclusão ou com a de seu grupo, pensar que tudo o que é injusto é fatal... etc. Mas a gestão de projeto coletivo, gestão global empreendedora, participativa, envolvente, aberta, transformadora do real e dos indivíduos, também pode ser uma *ferramenta de integração* mais eficiente que o condicionamento, baseado em um paradigma causalista linear, que estabelece que é possível modificar o conteúdo da resposta de um sujeito desde que se motive (no nível das estimulações) e se reforce, a partir do exterior, as respostas apropriadas, enquanto se evita as outras.

A ARMADILHA DO ENVOLVIMENTO EM UM PROJETO

Ela pode facilitar a integração de pessoas, por si mesmas ou sem o saberem, em objetivos de organização ou de sociedade não-emancipadores, fazendo com que vivam "comportamentos de envolvimento". Em que consistem? Em situação hierárquica, a livre escolha de uma realização coletiva, proposta por um "superior", ainda que essa escolha não seja obrigatória nem forçosa, pode "envolver" as pessoas em atos que estão em contradição com sua consciência. Isso provoca uma "dissonância", uma contradição tão dolorosa entre atos e pensamentos que, para acabar com ela, as pessoas "racionalizam" seu ato inicial e conseguem justificá-lo. Deixam de lado o que inicialmente era o mais importante para elas, seus ideais, para, de certa forma, casarem-se com seu ato. Esse processo, conhecido pelo nome de "*teoria da dissonância cognitiva*", tem sido objeto de numerosas experiências no âmbito da psicologia social.[6]

Assim, deveríamos conceder menos crédito aos escritos escolares e universitários que pregam a renovação do sentido sem questionar as lógicas hierárquicas dissimuladas na relação pedagógica. Que valor têm as gestões ativas de resolução de problemas ou de projeto "para fechar os conhecimentos", se, entre outros, são mantidas a notação e a classificação? Por trás da ética, às vezes metafísica, da relação com o outro e com o saber, oculta-se o envolvimento simpático, porém insidioso, dos aprendizes, em uma relação social de competição, de tutela e até mesmo de domesticação, que se pretendia erradicar no ponto de partida, por meio de uma gestão atraente e ativa. Em que se transforma uma gestão de projeto em uma escola que não rompe com essas lógicas profundas e "envolventes"? Ela legitima, de forma ainda mais eficaz, a situação social desigual, fazendo com que esta última seja aceita como se fosse inerente à desigualdade de instrução. Se a função "instrução" é bem efetuada, se seu processo é bem vivido, isso facilita a ocultação, a passagem clandestina da função "segregadora" de hierarquização. A última aceitará melhor a primeira, tanto na escola quanto na sociedade.

IGUALDADE E HIERARQUIA: O MOMENTO DA ESCOLHA

A renúncia ao poder de dar notas, classificar, punir, orientar, ensinar, "didatizar" a partir de uma tábula rasa, em suma, a renúncia a todo poder hierárquico, não é um conjunto de lutas capitais a ser realizado na gestão de projeto coletivo-alunos, se é que realmente se deseja a emancipação? A relação pedagógica também é uma relação social que se aprende durante a aprendizagem dos conhecimentos. A forma de realizar um curso ou um projeto prepara para a divisão social dominante-dominado, e até mesmo para a guerra. Quando cerca de 80% das centenas de crianças que participaram de nossa pesquisa [7] respondem que aprendem para "agradar ao professor", "tirar boas notas" e "obter recompensas dos pais", podemos medir "os crimes do binômio seleção-formação"! [8] Ele contamina todo o contrato didático e a relação com o saber, que transforma em aprendizagem da "servidão voluntária".[9] Conhecemos o famoso problema da "idade do capitão", que o IREM de Grenoble pediu para centenas de crianças resolverem. A gestão do projeto de emancipação rompe com esse contrato escolar. Por meio dela, o saber é conquistado na ação operatória, reflexiva, sobre o real, na dominação das coisas, e não por meio da dominação dos outros. É o contrário de uma relação social, tão bem resumida pela etimologia da palavra "mestre", ainda tão utilizada, que leva os "dominados" a uma estratégia comportamental de submissão (somar chaminés, ovelhas e malas para responder à injunção), estratégia que também é mental (em primeiro lugar, saber seria confiar nos "superiores"). A gestão de projeto, *como didática construtivista e cidadã*, não trabalha por uma igualdade e por uma liberdade que viriam "mais tarde"; considera que elas devem ser conquistadas logo, e que a *igualdade* é condição *sine qua non* da liberdade de agir por si mesmo. Por meio da reflexão, a liberdade de ação elabora a liberdade de pensar por si mesmo: "transforme-se em seus iguais para que eles se tornem iguais",[10] transforme-se em seus iguais para que eles pensem por si mesmos.

Assim, quando as classes do Grupo Escolar Nº 9, em St Quentin-Fallavier (Isère), decidiram viajar para apresentar sua comédia musical "Gamin rock'n roll" a centenas de quilômetros de distância, em Yonne, é provável que nem todos tivessem uma consciência clara dos desafios envolvidos nessa viagem; nessa escola de projeto, inspirada nas práticas do GFEN, os primeiros projetos, as oficinas de criação de texto e de músicas de *rock*, as gestões de auto-socioconstrução dos saberes e os conselhos tinham funcionado com um estado de espírito emancipador em todas as classes. A avaliação-balanço das aquisições no conselho de classe, no grande conselho e, depois, na noite com os pais e convidados (e nos encontros informais), deram à "manipulação pelo envolvimento" uma função "libertadora" ou "desalienadora". Só pode haver projeto libertador quando se analisa, a partir de certo distanciamento, as subjugações e dependências vivenciadas pelos sujeitos no decorrer de suas ações. Essa análise equivale a uma "conscientização", durante e depois da ação dos efeitos produzidos por ela, com seus efeitos sobre si mesmo, a construção de novos saberes, as relações no grupo. Por meio dela atam-se os fios dos saberes "sociais" e "relacionais", que criam a pessoa e o cidadão autoconfiantes, conscientes da extensão de seu poder associado ao dos outros por meio da cooperação, conscientes ou não de ser manipulados pelos poderes formais ou informais. Em nossas sociedades "democraticamente desiguais", os poderes reais são dissimulados com atraentes biombos: são como balões que se distanciam de seus "caros colaboradores" depois de os ter associado a um projeto de desenvolvimento, como acontece no filme *Les trois frères*. Esse é outro motivo para envolver os jovens em formação para que vivam e experimentem novas formas de democracia, para que possam sobreviver na periferia e em outras partes. Mas onde é possível encontrar na "vida", uma classe regida pelos princípios dessas situações complexas formadoras de competências? "A idade do capitão" pode continuar fazendo sucesso.

APRENDER PARA EMPREENDER, EMPREENDER PARA APRENDER?

A gestão de projeto propõe uma aprendizagem integrada a um empreendimento no mundo. Isso choca a consciência escolar que funciona fora do mundo e da ação, convencida de que essa é a única forma da aprendizagem. É possível "produzir" saberes produzindo?

"Na produção, é preciso ser eficaz de forma imediata, não devemos enganar-nos, os mais competentes é que agem e os outros são marginalizados... há uma lógica, que é a lógica do produto... a escola foi criada para postergar essas regras... porque havia coisas que não se podia aprender enquanto se fazia... vamos encontrar problemas complexos antes de aprender aquilo que permita que eles sejam resolvidos"; "então, é preciso didatizar: extrair os saberes do campo social e apresentá-los por ordem de complexidade crescente na instituição escola... para que sua apropriação não se subordine mais ao aleatório das situações pessoais": daí essa antinomia "didatizar para racionalizar", ou "tornar mais complexo para finalizar".[11] Será que se trata de uma contradição técnica? Será que ela não pode ser superada em uma dinâmica de auto-socioconstrução dos sujeitos se fabricando enquanto fabricam? Alguns desafios nos parecem importantes: de que forma a gestão do projeto produtivo pode ser uma resposta à crise da relação com o saber, a essa recusa mais ou menos velada dos aprendizes de "sofrer o curso", de assumir o papel do sujeito submisso? Ou uma resposta à doença da corrida aos diplomas, que obriga os indivíduos a se conformarem para ficar entre os eleitos? Em suma, pode ser uma gestão que liberte da inibição dos potenciais criadores, operada pelo jogo escolar habitual, uma gestão de resistência construtiva e emancipação?

APRENDER PRIMEIRO, AGIR DEPOIS: UM DESVIO NEM NEUTRO NEM INOCENTE DA FUNÇÃO EDUCATIVA

Jules Ferry não deve ter generalizado a escola primária (1881) para o povo a fim de que este escapasse das situações aleatórias de aprendizagem. Na verdade, 87% dos operários sabiam ler, escrever e contar já em 1860.[12] Um ano antes da implantação do ensino obrigatório, só 13,8% dos rapazes que faziam o serviço militar (inclusive camponeses) eram analfabetos.[13] No entanto, a rede de escolas católicas escolarizava apenas cerca de 20% das crianças. Então, como foi que aprenderam milhares de pobres, sobrecarregados por jornadas de trabalho de 11 a 14 horas? Será que no trabalho, com a orientação de operários instruídos, além de rudimentos das técnicas produtivas, também aprenderam saberes do movimento social de emancipação (em seus três turnos de oito horas cada, tiveram aulas de unidade e solidariedade)? Allain Cottereau informa que, "até o final dos anos 1870, os contratos de aprendizagem continham cláusulas de instrução mútua dos aprendizes do mesmo ateliê, fora de qualquer instituição escolar"; será que isso acontecia à noite, nas sociedades de ajuda mútua? Ou nas escolas de ajuda mútua, com relação às crianças? Ou se devia à solidariedade da aldeia? De qualquer forma, para a maioria, a escola não serviu para instruir a população; ela já se organizara bem antes de sua generalização.

APRENDER SOZINHO CONTRA TODOS OU APRENDER JUNTO, CADA UM POR TODOS?

Não vale a pena interrogar essa "prática social de referência" quando, mais de um século mais tarde, apesar da massificação escolar, as competências do ler-escrever-contar ainda não são dominadas por milhões de pessoas: um em cada cinco franceses tem dificuldade para ler e escrever.[14] Produtores e atores sociais pobres não conseguiram capacitar-se juntos, tentando melhorar coletivamente sua situação de produtores e de cidadãos dominados? Que sentidos terão dado ao verbo (de ação) saber?

A escola foi criada para "diferir a regra de produção" ou para neutralizar esses saberes inventados no movimento operário? Ao chamar a atenção para o clericalismo, designado como inimigo único, despertando em todos a esperança de uma ascensão social individual por meio da escola, organizando a apropriação indivíduo por indivíduo de saberes arbitrariamente selecionados pelo Estado, colocados em disciplinas, didatizados, transmitidos de acordo com as normas de uma sociedade obcecada pelo medo das classes trabalhadoras, "classes perigosas", a escola de J. Ferry, da qual todos somos herdeiros, não terá contribuído de forma poderosa para acabar com outra relação com o saber, com outra construção das competências, com outra relação social nascente, com outra cidadania, para *"acabar com a era das revoluções"*?

Será que a população e uma parte dos intelectuais tradicionais apoiavam o projeto de uma sociedade mais justa, arrancada das mãos da classe dominante e de seus "ideólogos"? Como domesticá-los? Dez anos depois desse "período violento e sinistro" da Comuna de Paris, era urgente evitar que "a juventude educada (nas escolas clericais) no ódio das idéias que nos são caras, não se chocasse com essa outra parte inspirada nos ideais socialistas, comunistas e marxistas... Assim, acabaria a liberdade"[15]... Com a escola, "acabaremos com a era das revoluções", concluía Jules Ferry em seu discurso eleitoral de 1879 em Vosges. Isolar a juventude da produção e dos produtores entre quatro paredes (claro que mais confortáveis que as das fábricas), apelar à solidariedade entre pobres e ricos para a reconquista nacional ou a pilhagem das colônias, desenvolver uma mística positivista do saber libertador em si mesmo, esses foram os temas fundamentais do projeto educativo republicano que substituiu o anterior.

A gestão do projeto coletivo-aluno faz parte da continuidade dessa história social (da apropriação coletiva do destino de todos) *e rompe com essa história escolar* (de concorrência, para conseguir ser bem-sucedido sozinho). A partir de seus legados, ela tenta articular saberes escolares (didatizados) e saberes sociais, e fazer com que o saber seja um agente do desenvolvimento solidário e duradouro das comunidades locais, dos bairros e, sobretudo, dos mais pobres, mas por si mesmos.

APRENDER (TRANSFORMAR MENTALMENTE) ENQUANTO SE TRANSFORMA?

Quando alunos das séries iniciais, em Genebra, assim como os de Villeneuve de Grenoble, vendem livros em uma livraria uma tarde por semana com a proposta de receberem retribuição por isso, quando se colocam problemas fundamentais sobre seu lugar na sociedade, quando se constata uma elevação na freqüência e na venda das livrarias e uma elevação manifesta das competências dos jovens leitores, que não tinha sido conseguida com polêmicas didáticas, com situações-problema múltiplas e diferenciadas, não podemos evitar perguntar se os jovens da periferia e de outros lugares *têm possibilidade de aprender "sem seu envolvimento na transformação da situação social que gera fracasso em nível coletivo e permite que ele exista em nível individual como ausência de mérito"*?[16]

Além disso, ao criticar os possíveis desvios produtivistas de uma gestão de projeto-alunos, será que não estamos confundindo a lógica de uma produção alienada (lógica produtivista no sistema atual de concorrência mercantil: só é útil o que encontra cliente) e a lógica de uma produção por projeto cooperativo? Pois esse tipo de gestão também é buscado na empresa, e entre as empresas, para sair da crise estrutural do atual modo de produção. Essa gestão, aplicada à produção de bens e serviços, visa à geração de efeitos úteis no nível dos clientes individuais e no nível de uma comunidade de humanos (modo de vida, saúde, ecologia, urbanização...), não só a um valor de satisfação individual imediata. Pensar em termos de validade dos efeitos úteis de um produto obriga a ultrapassar a regulação das trocas econômicas pelo mercado (no qual todos estão sozinhos contra todos), trocando-a pela do debate democrático, no qual esses efeitos são discutidos. A avaliação é realizada internamente, pelos operadores da empresa e, externamente, pelos beneficiários dos efeitos úteis. Assim é realizada a avaliação pedagógica do projeto coletivo entre a escola e a sociedade: internamente, pelos "produtores de saberes associados", que verificam as novas competências, ampliando as "carteiras" dessas competências individuais, mas também coletivas, em vez da divisão escolar habitual, externa, efetuada pelos destinatários locais do projeto. Como conseqüência, sabemos como as considerações positivas destes aceleram as mutações de imagem de si entre os aprendizes em dificuldade. Talvez assim poderia inverter-se a lógica histórica de um "sistema educativo que, em vez de ser o domínio privilegiado em que cada um toma consciência de suas possibilidades e aprende a exercê-las, geralmente está organizado para incitar todos a cortar suas próprias asas".[17]

Esses tipos de situações existe no mundo inteiro, na África, América Latina e... na França, por exemplo, com esse modelo de empresa que se desenvolve desenvolvendo seu ambiente: a Ardélaine, em Ardèche.

É POSSÍVEL COMBINAR A PRODUÇÃO EM UM PROJETO COOPERATIVO COM UMA APRENDIZAGEM EM UM PROJETO PRODUTIVO?

Será que o futuro não depende da combinação de uma aprendizagem em um projeto produtivo com uma produção em um projeto cooperativo, em que os dois se completem em vez de se excluir? No Grupo Escolar Nº 9, vimos um forte no pátio construído por crianças de dois a três anos, em estreita articulação com uma cooperativa operária vizinha, que instalou, por contrato, uma oficina de marcenaria com máquinas de verdade, em que trabalhavam operários verdadeiros e pais; bem perto de lá, em Aillat, vimos um centro cultural e audiovisual, equipado em parte pelos alunos da única classe, que "trabalharam" diretamente em duas empresas da cidade para poder fazer isso. Em Saint-Etienne, alunos do curso técnico criaram um robô de transferência, que foi comercializado. O encontro de problemas complexos na ação, antes de aprender o que permitiria resolvê-los, isso é o que permite aprender os saberes e as operações complexas de resolução de outros problemas complexos encontrados em situações novas e inéditas. A única condição para que isso ocorra é que permaneçamos na "zona de desenvolvimento proximal"[18] dos sujeitos, em um acompanhamento que, em vez de se limitar a imaginar (desafio impossível) tanto situações-problema específicas e artificiais quanto disciplinas, trabalhe para esclarecer esses problemas. Nessa lógica integrada, a aprendizagem toma o tempo que for necessário, com dispositivos paralelos de construção dos conceitos envolvidos, mas em situação de verdadeira produção, em que esses saberes e procedimentos de resolução sejam ferramentas operatórias e tenham sentido. A partir daí surge um prolongamento da gestão de projeto, que, na verdade, não passa de um compromisso, em uma gestão mais global: transformar a escola (em todos os níveis) em agente de desenvolvimento local e, ao mesmo tempo, em agente formador das pessoas. Esse é o modelo que inspira os mais lúcidos educadores dos países do Terceiro Mundo: suas pesquisas poderiam contribuir para nos fazer superar nossas antinomias entre lógicas sagradas de aprendizagem e lógica de produtividade.

A utilidade funcional em um *projeto suficientemente ambicioso para desenvolver verdadeiros saberes* faz com que os aprendizes revivam a grande aventura histórica da superação das "fatalidades" estabelecidas pelos poderes de um saber operatório, procedimental, e não só declarativo. Assim, na ilha de Samos, podemos admirar um aqueduto sob a montanha Castro. O túnel retilíneo, de um quilômetro de comprimento, foi construído no século VI a.C., sob a direção de Aristarco, graças à geometria, com um erro na junção de apenas 3 metros no plano vertical! Até então, a abertura de túneis nas montanhas era feita sem grandes cálculos, e grandes sinuosidades tornavam seu uso quase tão pouco econômico quanto a passagem pelos desfiladeiros. Em uma verdadeira situação de projeto de ação, iluminada pelo retorno histórico, os aprendizes podem compreender melhor a *utilidade antropológica* do saber, compreender que ele é um instrumento possível de libertação da espécie humana das fatalidades que a perseguem, desde que esse projeto seja realizado de forma coletiva. Dessa forma, seus espíritos tenderiam a se desenvolver até as gestões intelectuais mais formais e (aparentemente) mais gratuitas... Continuaremos com essa lógica de massificação do saber, evitando que todos tenham acesso à teorização de sua prática e ao poder de modificar a realidade? Ou optaremos por *compartilhar o poder de criar os saberes* da transformação dessa realidade? Isto é, deve-se *aprender transformando logo uma situação real de opressão ou miséria*, como diz o provérbio chinês:

> *Se você vê um irmão faminto, não lhe dê um peixe, pois isso o alimentará apenas naquele dia; ensine-o a pescar* (pescando e refletindo!), *pois assim ele se alimentará a vida inteira.*

Apresenta-se, aqui, por meio de grande número de argumentos e de forma quase exaustiva, o projeto coletivo-alunos como modo operatório de um verdadeiro ato educativo e de uma verdadeira ação transformadora do mundo.

André Duny apresenta as contradições e ambigüidades inerentes a esse tipo de procedimento realizado para conscientizar o sujeito. Ainda que todos os atores de um projeto, sem exceção, se envolvam em todos os momentos e em todos os níveis do projeto, o adulto, "mestre-de-obras", deve respeitar o jogo dos poderes que transmite ao outro, para que o projeto inicie uma dialética irreversível de transformação do ambiente/transformação dos indivíduos, para que supere de forma evidente ou sensível as relações de dominação, para que rompa com todas as formas de hierarquização em seu funcionamento e para que sejam instauradas as estruturas de regulação, do tipo de conselho cooperativo igualitário.

Esse tipo de projeto exacerba tanto os desafios quanto a urgência das escolhas futuras e evidencia a crise da relação com o saber (fenômenos de "falta de realidade" e de perda de sentido, ligados ao ensino transmissor). É preciso acabar com essa tragédia da dissociação institucionalizada entre o aprender e o agir, com a competição desestruturadora e geradora de exclusão orquestrada pela escola e compreender que uma aprendizagem não pode deixar de lado um envolvimento irreversível na transformação da situação social (pseudoneutralidade da escola!).

Além disso, a escola, lugar do projeto, deve ser considerada um agente indispensável do desenvolvimento local no mesmo nível do bairro ou da cidade.

NOTAS

1. Boutinet, *Anthropologie du projet*, PUF, 1993.

2. Eveline Charmeux, "Une seule alternative pour l'école: vivre la citoyenneté ou mourir", artigo, 1996.

3. Sistema geral de pensamento, modelo dos modelos.

4. Jean Piaget, *Recherches sur l'abstraction réfléchissante*, PUF, 1976.

5. Paulo Freire, *Pedagogia do oprimido* (Paz e Terra, 1987); *Educação como prática da liberdade* (Paz e Terra).

6. Beauvois-Joule, *Petit traité de manipulation à l'égard des honnêtes gens*, PUG, 1987.

7. André Duny, IUFM Lyon, XI-1995.

8. E. Vellas, "La rénovation exige l'adieu aux notes", *Journal de l'enseignement*, Genève, 1994.

9. La Boétie, *Discours de la servitude volontaire*, Flammarion, 1983.

10. J.-J. Rousseau, *L'Émile*, Garnier-Flammarion, 1966.

11. Ph. Meirieu, em *Cahier GFEN Rhône-Alpes*, "La démarche de projet: une pédagogie de l'émancipation?", 1992.

12. E. Pleynel, *L'État et l'école en France*, Payot, 1984.

13. *Sciences sociales*, n. 57, 1995.

14. I. Sarazin, *Actualités sociales hebdomadaires*, 11-11-1988.

15. J. Foucambert, *L'école de Jules Ferry*, Retz, 1986.

16. J. Foucambert, op. cit.

17. A. Jacquard, *Inventer l'homme*, Edit. Complexe, 1984.

18. Vygotsky, *Pensée et langage*, Editions Sociales, 1985.

SEGUNDA PARTE

INICIATIVAS E PRÁTICAS DE CAMPO

8
SABERES E CIDADANIA NA PERIFERIA

MARIA-ALICE MÉDIONI

A periferia está na moda. Fingimos estar com os olhos fitos nela, tememos a explosão social, enunciamos, com grande estardalhaço, que serão tomadas as medidas necessárias para reduzir a fratura social, porém se exclui cada vez mais. A sociedade moderna cria a exclusão cotidianamente, pois gera riquezas que não estão ao alcance de todos, relegando a situações de miséria e negação todos aqueles que, aparentemente, não têm voz na questão.

A periferia sofre um duplo estigma e se tornou o espaço do *handicap** econômico, sociocultural e da violência. Mas, embora as dificuldades nos subúrbios sejam bastante reais – e muitas vezes, extremas –, não são de natureza diferente daquelas que afetam o conjunto da população.

A CRISE DA CIDADE

A crise de hábitat coletivo nas cidades é, acima de tudo, a crise da cidade no sentido cívico, isto é, a *crise do vínculo social*. A periferia é transformada em uma questão local, e não se pensa que o que lá ocorre é a questão da cidade no singular, portanto, do vínculo social e político, que ultrapassa seus bairros.

A grande cidade é o lugar, por excelência, da segregação social, cultural e política, assim como espacial. Muitas vezes, as pessoas acabam na periferia depois de se afastarem de forma progressiva dos locais de origem, terminando nesse espaço que não foi escolhido e onde se sentem desarraigadas. Isso dá origem à *sensação de fatalidade* das pessoas, que se convencem de que nunca vão poder sair de lá e que não pertencem mais a uma coletividade, pois esta as rejeitou. Esses excluídos vêem que seu destino escapa cada vez mais de suas mãos e, pouco a pouco, deixam de exercer sua cidadania. A integração passa a ser apenas uma palavra. E o *sentimento de não pertencer mais a uma coletividade* permite o desenvolvimento exacerbado do sentimento comunitário, em que a diferença, pretexto dessa exclusão, se torna reivindicação e fechamento. De forma paralela, os que possuem um emprego, que de alguma forma ainda são "privilegiados", escapam desse espaço que lhes parece

---
* N. de R.T. Do inglês, desvantagem.

pouco freqüentável, por meio de uma série de estratégias, entre as quais a evasão escolar não é a menos importante. As razões alegadas sempre são honradas, porém por trás delas se esboçam motivos reais muito menos confessáveis ou imagináveis. Quando esse princípio passa a ser admitido, o único futuro consiste em construir fortalezas, em torno das pessoas "privilegiadas", e colocar guardas com metralhadoras para que o mundo dos que não possuem nada não possa entrar.

Nessas condições, a reconstrução do vínculo social ultrapassa amplamente as lógicas individuais. Ela é objeto de um trabalho político, voluntarista e explícito. No entanto, o que se constata, há alguns anos, é o contrário disso. A atual lógica de desenvolvimento é completamente incoerente, deixa de lado a realidade humana e se baseia só no dinheiro: subvenções sem controle a associações que florescem e desaparecem de forma acelerada, ou que vegetam desesperadamente, "presentes" entregues às empresas sob a forma de isenções de impostos sem garantia de criação de emprego, ou sem garantir que os empregos criados se destinem à população local, seja qual for seu pertencimento social ou étnico, etc. Em vez de *trabalhar com aquilo que cria o vínculo social*, isto é, com o que cria a unidade para além das diferenças, cultivam-se particularismos, lógicas pessoais, individualistas e imediatistas, monetárias... Em vez de cultivar a solidariedade, cultiva-se o "salve-se quem puder", por vezes com uma apresentação demagógica dessas estratégias em que, naturalmente, são construídas competências, na qual também se produzem problemas psicológicos dramáticos, sofrimentos sem nome ou a perda de referenciais simbólicos, como no "deal"*. A droga assume, então, o lugar de todas as possibilidades de encontros, de todos os valores.

Diante do impasse em que nos encontramos, diante do fracasso das políticas de compensação dos *handicaps*, é preciso inventar soluções que permitam que as pessoas, em vez de ocupar um lugar (geralmente definido por outros), *se envolvam* como cidadãos na *cidade*, no seu sentido mais amplo, isto é, assumam seu lugar na aventura humana.

A CIDADANIA

Não se pode abordar a questão da cidadania sem falar de educação e saber. Não há *cidadania sem acesso ao saber, nem construção de saber sem exercício da cidadania.* E essa questão já é colocada na escola.

Constatamos o fracasso das políticas de compensação, que apenas instalaram duramente a fatalidade do *handicap*, noção integrada pela maioria dos atores da sociedade e, conseqüentemente, da escola. Como se sabe, as conseqüências são dramáticas para crianças e adolescentes, assim como para adultos e professores

---

* N. de R.T. A tradução literal do inglês é "distribuição". Neste caso, é possível que o autor esteja se referindo a disseminação das drogas ou, simplesmente, ao conchavo político (jogo de cartas marcadas) que gera ordem social, política e econômica.

que, ao aceitarem essa pseudofatalidade, condenam os alunos a reproduzir uma imagem, e se condenam à impotência.

As dificuldades de ensino e de aprendizagem na periferia obrigam a questionar os modos de acesso; todos sabemos que os modos de acesso individuais, individualistas ou competitivos, produzem alienação. Em vez de questionar esses modos de acesso, pretende-se adaptar os alunos desses bairros, e isso é chamado de democratização do acesso ao saber. A periferia seria uma espécie de reserva, cujos índios devem ser adaptados a algo. Com relação aos outros, tudo pode continuar como antes. Entretanto, não estamos lidando com índios, mas com pessoas que suscitam perguntas radicais, como as seguintes: o que é o saber, o que é a aprendizagem, a solidariedade na aprendizagem ou a cidadania na aprendizagem? E essas questões são válidas muito além da periferia. Paradoxalmente, quando trabalhamos na periferia, aprendemos a trabalhar em outras partes. Mas, por enquanto, isso é o contrário do que ocorre: todas as políticas da cidade e todas as políticas ZEP são orientadas radicalmente pela idéia de que é preciso tratar da crise das cidades deixando de lado a cidade; conseqüentemente, surge o SAMU* social e o SAMU escolar. Por vezes, algum SAMU apaga o fogo, outro SAMU o acende de novo e receamos estar adotando uma lógica que aumentará ainda mais a dissolução do vínculo social.

Necessariamente, o desprezo leva à violência, que responde à violência sofrida. Os jovens resolvem seus problemas de forma instintiva, por meio de comportamentos de medo, de rejeição do outro, de busca de soluções que não vão encontrar, ou por meio de processos mentais muito pesados.

Grande parte de nossa incapacidade e impotência se deve à escola, e corremos o risco de conservar durante toda a nossa vida esses hábitos, esses comportamentos de aceitação da fatalidade, da violência ou do desprezo. *A negação da cidadania*, cujo exercício sempre é postergado (quando você for grande, quando for capaz, quando se formar, quando tiver um emprego...) *desemboca inevitavelmente na impossibilidade de ser cidadão, de ser responsável*.

PERIFERIA: *HANDICAP* OU PROVOCAÇÃO AO SUCESSO?

Apesar da imagem negativa da periferia, apesar da noção de *handicap* tão presente na escola, *os subúrbios são locais de inovação e de pesquisa intensas*. Muitas vezes, lá surgem as perguntas mais instigantes no domínio da educação e da cultura, assim como no da empresa, perguntas que permitem abrir novos caminhos para o sucesso. As antigas soluções foram ultrapassadas, e é preciso inventar algo novo, fazer coisas novas de outra maneira. É uma questão de sobrevivência.

No fundo, as políticas compensatórias, as soluções para acabar com a crise, não passam de estratégias de pacificação. No âmbito escolar, a reflexão e o trabalho estiveram mais direcionados para os comportamentos, para a "socialização", que

---

* N. de R.T. Service d´Aide Médicale Urgente, de Paris.

para os saberes. O resultado decepciona: limitam-se às manifestações mais violentas sobre a escola e a sociedade, porém cada dia aumenta mais o fosso no âmbito escolar. Nos bairros, multiplicam-se as atividades destinadas aos jovens fora do horário escolar, com uma grande inflação das estruturas assistenciais realizadas por associações cheias de generosidade; no entanto, na maior parte do tempo, os usuários dessas estruturas não têm nenhum poder sobre coisa alguma.

Os moradores da periferia, adultos e crianças, não são tolos. Para além das revoltas, na periferia existe uma vontade real de resistir ao insuportável. Não se deve ler dessa forma a violência que lá se manifesta e que reflete a *rejeição da exclusão e do desprezo*? Na periferia, as pessoas vivem em um estado de baixa autoestima permanente, e sua esperança reside essencialmente na capacidade de reação. Essa capacidade de resistência, essa vontade de não se submeter às estruturas existentes talvez seja uma boa oportunidade para o surgimento de coisas novas.

Portanto, é preciso refletir e encarar de outra maneira todos esses elementos contraditórios e desestabilizadores. Essa resistência aos antigos modelos nos obriga a ampliar nossa exigência de êxito, para ultrapassar a atual concepção de um êxito alienante, o do vencedor, que aumenta as clivagens e o desprezo, e a *trabalhar com novos saberes para um mundo solidário*.

INICIATIVAS CONCRETAS

GRUPO DAS TERÇAS-FEIRAS OU RAÍZES DO MUNDO

MARIE-PIERRE CANARD

> Um grupo de adultos se reúne em seu bairro, em Vénissieux, um lugar onde se entra, de onde se sai, onde se fala, onde se escuta, onde se constroem as próprias respostas.

Valorização, troca, cidadania, sucesso são palavras que ressoam no coração de um grupo de pessoas em Minguettes, denominado Grupo das Terças-feiras (*Groupe du mardi*) ou Raízes do Mundo (*Les racines du monde*).

Os moradores do bairro se reúnem todas as terças-feiras. São pessoas de todas as idades, de todas as nacionalidades, que vêm conversar livremente. Só de vez em quando se fala de atividades ou de ações particulares; se algum membro do grupo preferir expressar-se de outra maneira, o faz por meio da pintura ou da escultura. As pessoas se reúnem para *falar dos problemas da vida cotidiana*, dos problemas de precariedade, dos problemas da violência, dos problemas do fracasso. Juntos, todos tentam *refletir, buscar uma saída para esses impasses*, definir o futuro desejado.

Como nasceu esse grupo? Os assistentes sociais constataram que todas as pessoas atendidas exprimiam um fracasso, uma carência. Tinham certeza de que, por trás de tudo isso, havia saberes, seus saberes.

Como torná-los atores de sua história, o que deveríamos fazer para que eles reconhecessem que fazem a história, a história de sua família, a história de seu bairro, a história da sociedade?

Depois, a informação boca-a-boca fez o resto. No serviço social, quando se constata que uma pessoa está triste, isolada, se propõe o seguinte: "Por que não vem tomar um café?".

O papel dos assistentes sociais no grupo é o de ajudar na troca, uma troca baseada em uma realidade muito dura, ajudar cada um a se expressar, pois há pessoas de 20 a 75 anos, há pessoas da Martinica, do Haiti, do Laos, da Argélia, um francês..., ajudar na *comunicação* e não dar conselhos. O objetivo dos assistentes sociais é fazer de conta que não estão lá.

O grupo foi constituído por um pequeno núcleo de pessoas que retornam todas as semanas, entre outros que vão e vêm, e os que desaparecem por seis meses... Todas as terças-feiras, elas constroem a história do bairro. Nunca termina, todos querem que haja continuidade e permanência. O grupo parte dos saberes das pessoas e, se em um determinado momento elas precisam aprofundar um tema, chamam pessoas capazes de dar respostas e, sobretudo, de pesquisar com elas as respostas.

Seu nome é Grupo das Terças-feiras porque as pessoas que o compõem reunem-se todas as terças; mas, um dia, uma pessoa do Peru propôs: "E se nós lhe déssemos um nome diferente, como As Raízes do Mundo?". As pessoas presentes estavam conscientes do sentido dessa transformação.

INICIATIVAS CONCRETAS

OS CAMINHOS DO VENTO

ALGUMAS REFLEXÕES SOBRE A ANIMAÇÃO NO AMBIENTE HOSPITALAR
OFICINA "MEMÓRIA E LEMBRANÇAS"

OLGA BENHARBON
HENRI CHEVALIER

Para as pessoas idosas internadas em um hospital, o espaço de relações com a cidade se resume ao quarto. A transmissão de suas memórias contribui para lhes dar novamente uma posição de cidadãos, como se demonstra em seu encontro com crianças de educação infantil.

OS GRITOS DA MEMÓRIA

> – Até mais tarde.
> – Não... Seria tarde demais.
> – Para além da colina, ainda haverá dias e mais dias.
> – E eu estarei sempre aqui.
> – Na verdade, que esperamos?
> – A morte?
> (violência contra si mesmo, rejeição de ser ou de parecer o que se é,
> submissão ao funcionamento de um ambiente em que a vida se mantém,
> mesmo em estado vegetativo).
> – Não. Estamos esperando a animadora.
> – Ah, então está certo.

Esse foi o primeiro diálogo do grupo de pessoas idosas com as quais tínhamos criado uma relação regular, baseando-nos no tema da memória, assim como a possibilidade de trocas e de encontros com uma classe de crianças de uma escola maternal próxima do hospital.

Essa animação pretende ser a expressão da pessoa idosa, para que ela possa se reconhecer e existir para além do leito e do banheiro de seu quarto, já que, com freqüência, seu armário é administrado pelas enfermeiras. A saída de seu quarto e do hospital permitem que ela renove seus vínculos com a vida.

O HOSPITAL É UM LOCAL ABERTO PARA O ISOLAMENTO E O FECHAMENTO?

Em primeiro lugar, temos de diferenciar as pessoas idosas que vão permanecer no hospital durante pouco ou muito tempo. Com freqüência, os idosos permanecem por um período médio, após uma operação ou uma reeducação. Se puderem ser tratados em casa, podem sair do hospital. No entanto, infelizmente, alguns deles não têm essa faculdade. Para eles, o hospital se transforma no lugar do fim da vida.

Constatamos freqüentemente que alguns doentes, apesar da atividade proposta, tendiam a se fechar, evitando mostrar sua necessidade de apoio. Tal estado é provocado pelo abandono da busca da relação com o exterior, assim como pelo pouco interesse pela informação do ambiente circundante. O tempo só tem limites a partir de referenciais da vida cotidiana: café da manhã, banho, almoço, remédios, sono. As dores físicas são sentidas mais intensamente pelo doente, o que mascara a dor psíquica provocada pela ruptura das relações sociais.

Após essa observação e depois de nossa intervenção, a busca de abertura da oficina para o exterior nos pareceu indispensável. Por isso, criamos oficinas de encontros entre uma classe da escola maternal e um pequeno grupo de pessoas idosas.

OPÇÃO POR ASSOCIAR PESSOAS IDOSAS E CRIANÇAS DA ESCOLA MATERNAL

Essa opção nos pareceu interessante por motivos essenciais. Era preciso recriar os vínculos entre duas gerações que não se cruzam mais, e permitir que os idosos redescobrissem um ambiente que não freqüentavam há muito tempo. Queríamos garantir, também, que todas as crianças participassem e que, ao evocar o passado, uma parte de cada pessoa permanecesse após sua morte. Isso se tornou evidente com a troca de escritos, poemas e pequenas peças representadas pelas crianças, assim como pelos diferentes relatos efetuados pelos idosos.

Esse encontro se tornou possível porque a diretora da escola maternal da cidade vizinha tinha um parente que estava há muito tempo internado. Essas relações permitiram que os idosos (média de idade de 80 anos) *reafirmassem seus desejos*. Os enfermeiros tinham percebido que uma determinada pessoa sabia ler, mas para isso lhe faltavam apenas os óculos e a consideração. Ao mesmo tempo, outras pessoas idosas reagiram positivamente para afirmar suas necessidades.

Para essa relação de cidadania com a escola, a partir de um projeto estruturado entre os diferentes parceiros (enfermeiros, professores, participantes e famílias), instauramos encontros mensais entre as crianças e os idosos, tanto no hospital quanto na escola. Cada encontro ocorria da seguinte maneira:

Acolhida por todo o grupo. As crianças beijavam carinhosamente os idosos. Depois dessa troca, formavam-se grupos pequenos, nos quais se garantia o direito à palavra a todos.

Sempre eram abordados temas diferentes: as festas tradicionais, os aniversários, os provérbios, assim como certas técnicas de expressão (contos, aliterações, trava-língua). Tudo terminava com canções e um lanche comum. A separação sempre era muito comovente.

> – "Professora, será que algum dia eu não poderia levar um avô ou uma avó para a minha casa, já que há tantos no hospital?
> – ... Bem...".

Essa relação permitiu que os idosos *se afirmassem e fossem reconhecidos como sujeitos* e não como objetos de cuidados.

Apesar de tudo, o doente utiliza uma certa violência contra si mesmo (esperar a morte), seja pela negação de ser, seja pela ausência de possibilidade de iniciativa para formular suas necessidades de conforto pessoal. O medo do desconhecido o leva a uma total submissão às pressões institucionais.

Nota

Quando uma pessoa internada volta para casa, as pessoas que a cuidaram têm a sensação do dever cumprido e a esperança dessa possibilidade para outros doentes.

No caso de uma permanência longa, constatou-se que os falecimentos eram vivenciados como um luto coletivo pelo conjunto do pessoal e dos doentes, e a violência do não-dito, da sensação da morte, surgia como um abandono do plano afetivo e dos vínculos humanos criados durante a permanência do idoso. A instituição e as pressões humanas limitam toda afetividade muito evidente entre o doente e as pessoas que o cuidam (para proteger estas últimas, e por ignorância do doente).

Em conclusão, podemos dizer que a cidadania não é uma condição evidente no ambiente hospitalar. Além disso, a pessoa idosa internada depende da instituição. Por isso, seu direito de ser e de parecer depende apenas de sua relação com as pessoas que a cuidam (daí o prazer de não ser mais – de esperar a morte). Para seu bem-estar, ela tem de se submeter às obrigações coletivas cotidianas, ao ritmo imutável dos dias e noites...

Mas, para além da colina, ainda haverá dias e mais dias e, amanhã, talvez, não seja tarde demais...

INICIATIVAS CONCRETAS

O TEMPO DO JOGO

UMA LUDOTECA NA CIDADE PARA DESENVOLVER A CIDADANIA E AGIR CONTRA A EXCLUSÃO

ROGER BUNALES

NOSSA DEFINIÇÃO DA LUDOTECA
- Lugar de descoberta, de prática, de construção do jogo e do brinquedo.
- Lugar de encontros e de atividades intergeracionais e interculturais.
- Lugar de construção de uma cidadania ativa e responsável.
- Lugar de reflexão, de pesquisa e de formação.
- Lugar de educação para as crianças, os pais e os animadores.

NOSSA ORIENTAÇÃO

Essa orientação, proveniente da teoria e da prática da Educação Nova, baseia-se em três prioridades:

1. Dirigimo-nos a cada pessoa, única, inteira e singular, que possui um imenso potencial que adora compartilhar, seja qual for sua idade, o que nos enriquece mutuamente.
2. Essa pessoa só pode desabrochar socialmente se seu ambiente social "acompanhar" seu projeto de crescer, de se aprender, de saber, de sonhar, sobretudo no que se refere a seus filhos... Em primeiro lugar, depositamos um olhar confiante e gratificante na pessoa (criança e adulto).
3. Todo projeto coletivo deve ser fruto de uma adesão individual e voluntária, além de ser construído coletivamente. Não somos partidários de um "voluntarismo social", que sufoca o projeto individual ao "organizar" a atividade coletiva.

NOSSA FILOSOFIA

Um lugar: espaço de humanidade, de igualdade, de liberdade e de solidariedade reais. Um objetivo: que todos juntos tenham êxito, não uns contra os outros... Isso é o que a ludoteca pretende ser.

Por um lado, constatamos que as crianças são naturalmente portadoras de imensas capacidades de assumir corretamente sua vida coletiva, o que demonstra termos muito a aprender com elas. Essa capacidade das crianças influi para além de seu pequeno mundo, e uma prova disso é que as crianças continuam sendo um sólido sujeito de encontros e de relações sociais nos bairros, especialmente por meio da mediação da escola. Isso também prova que o racismo não é natural para elas. Quando escutamos as crianças, percebemos as formidáveis e positivas capacidades de insuflar humanidade na cidade, sempre que ela se torna demasiado "discreta".

Por outro, consideramos que a única construção possível da pessoa ocorre nas práticas sociais de humanidade, em locais aptos para a construção de seu próprio "saber", e que *a construção do cidadão só pode ocorrer na prática concreta da cidadania*. Isso pressupõe um espaço de liberdade real, de confiança mútua, de ajuda recíproca sem interesse, uma gestão "civilizada" dos conflitos que sempre enriquecem quando se tornam objeto de questionamentos sem *a priori*, de reflexão coletiva, de trabalho e de experiência para todos, ou seja, quando provocam a tomada de poder sobre as coisas.

Nós, animadores da ludoteca, aplicamos algumas práticas pontuais para criar uma verdadeira igualdade entre nós, sobretudo entre crianças e animadores, pois essa prática igualitária é que poderá "educá-las" para a igualdade.

Queremos destacar a importância de praticar a cidadania para agir com eficácia contra a exclusão.

Para nós, o jogo não é uma atividade inocente de prazer e de relaxamento para as crianças, e de "tranqüilidade" para os pais. Ele é tudo isso, além de educação e de construção de saberes verdadeiros que ajudam a realizar a auto-socioconstrução da pessoa e a formação do cidadão... Por isso, toda pessoa ou toda criança recebida na ludoteca ou acolhida em suas atividades externas é um cidadão de pleno direito. Ela desfruta de todos os poderes, isto é, dos mesmos poderes que todos em matéria de decisões.

A ATIVIDADE DA LUDOTECA

Atividades gerais
- Ampliação das horas de abertura e adaptação às necessidades;
- Oficinas de criação e de fabricação de jogos e brinquedos; essa iniciativa obteve um prêmio da Fondation de France. O ateliê pode ser adaptado a todas as idades e locais. Seus objetivos essenciais são: oferecer à criança um espaço positivo em uma atividade erroneamente considerada difícil ou perigosa para ela; ajudá-la a crescer, a participar do desenvolvimento de suas aptidões manuais; adquirir um domínio da ferramenta; participar do desenvolvimento de seus gostos e criatividade; participar da tomada de consciência de sua "plenitude"... A oficina pode dar origem a uma verdadeira ação solidária, criando e realizando brinquedos destinados a serem distribuídos no contexto da operação "Brinquedos da solidariedade". Essa atividade é realizada em comum por crianças e adultos, para compartilhar melhor os saberes...;
- Intervenções externas: noites de jogos e encontros...;
- Intervenções em instituições: jogos, oficinas, empréstimos...;
- Programa específico de iniciativas nos bairros.

Iniciativas particulares
- Jornada de solidariedade (em colaboração com o Conselho Geral, a prefeitura e as associações municipais);
- Brinquedos da solidariedade (em colaboração com o Conselho Geral, a prefeitura e as associações municipais);
- Festival do jogo em Arcueil: evento organizado pelos próprios jovens...;
- Encontros interculturais da cidade de Chapeuzinho Verde: uma vez por mês, organizamos tardes de jogo, com a elaboração do "projeto social do bairro", com seus moradores, jovens e adultos;
- "Miríades poéticas" de Arcueil: o poeta constrói a cidade. Todos elaboram um projeto de vida, assumindo as rédeas de suas vidas. Tema proposto: inventemos nossa vida, inventemos nossa cidade;
- Concurso entre bairros e entre gerações de caixas de sabão (para a festa da cidade): contribuir para desenvolver o gosto e a audácia do projeto, a inventividade, a pretensão da técnica, a habilidade, o senso de segurança...;
- Maratona (na festa da cidade): as duas horas de Arcueil, corrida de revezamento com a participação de bairros e escolas. Devolver à festa seu verdadeiro sentido. Uma festa não é "consumida" pela população, ela é feita pela população;
- Construção de um carrossel: uma verdadeira construção de saber, um trabalho de pesquisa sobre a arte das feiras e do circo, a invenção e a criação coletiva de um carrossel antigo, construído por crianças, jovens, amadores e profissionais no bairro do Chapeuzinho Verde...

Criação de uma rede de pontos de ludoteca
- Nos diferentes bairros da cidade;
- Escolas, instituições, comissões de empresa, asilos de idosos, hospitais...

Trata-se de criar uma *ludoteca de proximidade*. Ajudamos a criar lugar "autoadministrados" pelas pessoas, pais, professores, crianças, aposentados, comissões de empresas, internados em asilos, associações... que desejarem desenvolver atividades lúdicas. Podemos participar da preparação do espaço, emprestar jogos, participar das iniciações e iniciativas para desenvolver a prática do jogo...

Informação
- Publicação de um boletim de informação;
- Documento geral de apresentação;
- Relação com a mídia;
- Repertório de animações lúdicas: animação de tarde de jogo (particulares e em associações), meia jornada, animações vinculadas a projetos locais, animação de festas (associações, bairros)...

Política de inserção
- Criação de dois empregos;
- Jovens, mulheres...

Política de formação
- Formação em animação de jogos;
- Formação em pedagogias da Educação Nova (em parceria com o GFEN);
- Estágios especializados.

Parceria

Já contamos com alguns parceiros privilegiados: a prefeitura de Arcueil, o Fundo de Ação Social, a Arcueil Animation, os serviços destinados a crianças e jovens da cidade, o GFEN. Toda possível colaboração será levada em consideração. Estamos prontos para agir com todos os que assim o desejarem, desde que, seja qual for o projeto, todos utilizem suas capacidades originais.

9
VIOLÊNCIAS, EXCLUSÃO E CONSTRUÇÃO DA LEI: O LUGAR DO SUJEITO

CLAUDE NIARFEIX

RUPTURA SOCIAL. QUAL É O PAPEL DA ESCOLA?

O mais chocante dos paradoxos presentes no funcionamento de nossas sociedades, pretensamente evoluídas, é a coexistência, cada vez menos pacífica, entre a mais indecente das opulências e a miséria mais absoluta. Quando essa fissura divide, por um lado, o exercício de um poder quase imperial sobre o mundo com a cumplicidade complacente das instituições e, por outro, a consciência de uma incapacidade real, objetiva, de influenciar de forma determinante seu futuro social, quando uma parte importante da sociedade percebe que não há correlação entre um voto nas urnas a cada sete anos e uma verdadeira capacidade de intervenção na construção do destino comum, sem dúvida chegou o momento (e já demorou muito!) de *questionar o funcionamento e a finalidade das instituições*.

Talvez seja prioritário questionar a escola estratificada sobre essas certezas, edificada sobre a infalibilidade do dogma da transmissão do saber. Todo indivíduo destituído de suas prerrogativas de pensar e agir por si mesmo, amputado em sua dimensão de pesquisador/conceitualizador/construtor de si mesmo e de seus saberes, bloqueado por obstáculos em que seu direito de intervenção é negado ou ocultado, todo indivíduo desconsiderado, frustrado, não tem outra solução, diante dessa violência simbólica, particularmente fecunda, senão uma resposta violenta e anárquica, que é um paliativo insatisfatório, mas dá origem a um processo de existência, de reconquista de si mesmo, de reconhecimento.

PRÁTICAS INSTITUCIONAIS. QUEM DECIDE A EXCLUSÃO?

Com freqüência, o ato educativo, fora e dentro da escola, é considerado apenas a partir do ângulo da sanção e da hierarquização, acobertado pela seriedade da avaliação normativa. Isso só pode levar à segregação. Que podemos pensar, por exemplo, desse metralhar de notas (e de cursos e orientações), verdadeiro dilúvio presente em toda escolaridade, "irremediável", "irrefutável", julgamento divino que em nenhum momento pode ser mudado? E da violência evidenciada por esse papel hipócrita de situação social desempenhado pela instituição escolar, e da responsabilidade do professor, cúmplice desse embuste, também ele alienado, muitas vezes, submetido ao peso da autoridade! Ao conhecer os riscos de violência inerentes a toda forma de exclusão – nesse caso, o fracasso escolar –, torna-se primordial para a instituição que esse fracasso, sinônimo de evicção e de marginalização, seja interiorizado pela "vítima" e aceito, tanto em sua justificação quanto em sua inevitabilidade.

Essa estratégia elaborada de transferência de responsabilidade pode satisfazer-se com as neuroses dos indivíduos (as associações de moradores e os medicamentos terão de se ocupar disso), porém não tolera questionamentos, que provocam um aumento problemático dos ressentimentos.

Quando um sistema nunca se preocupa com a participação das pessoas, em nenhum nível, com a determinação, com a negociação da lei, quando as exila de si mesmas, é evidente que a legitimidade da lei diminui, passa a ser desconsiderada e contestada. Ninguém pode ficar, impunemente, fora do alcance de uma regra que lhe é imposta de forma coercitiva, pois houve um impasse no processo de legitimação.

Ironia suprema essa instituição escolar que, em nome da promoção de todos, instaura como regra de funcionamento a competição encarniçada por meio de práticas segregacionistas que provocam culpa. Perversão refinada, que faz com que os "candidatos" ao fracasso integrem esses dados como norma eqüitativa e insuperável. Por que se surpreender com a violência que esses fatos provocam? Ela não passa de uma reação de sobrevivência diante do próprio sofrimento, da própria desestruturação social. Ela tenta contrapor-se à violência reacionária do sistema, cuja razão de ser é a conservação e o confisco do poder, como instrumento que eterniza os *status quo* hierárquicos.

VIOLÊNCIA COMO REAÇÃO. QUAIS SÃO SUAS MANIFESTAÇÕES?

Para além de todo juízo de valor, o que tenta garantir essa violência reacionária? A paz social?

Hoje em dia, vemos que essa idéia está obsoleta, que o sistema está fazendo água por todos lados. Ainda é preciso ficar contente com a instituição quando o indivíduo utiliza a violência contra si mesmo (neurastenia, depressão, paranóia, drogas, suicídio), no contexto de uma última negação de comunicação posterior a uma forte exigência de comunicação, muitas vezes desastrada. Não é absurdo, por exemplo, que o suicídio de alguns jovens seja considerado um ritual de expiação consecutivo a um processo de negação auto-interiorizado? Fiquemos contentes com a instituição quando o próprio indivíduo decreta sua inanição social e opta pela isolamento. Tudo bem, nada o obriga a acabar com sua vida; ele poderia contentar-se com uma indisciplina permitida, que seria alegremente atribuída à tradicional "falta de motivação para os estudos!"

É evidente que as conseqüências dessa violência de reação são cada vez menos controladas pelo corpo social, e que a explosão de cólera, o ato de violência física, apresenta para aquele que o comete todas as características de um ritual iniciático de pertencimento, de refiliação a um grupo, a uma identidade coletiva. Como não deduzir que houve um trabalho prévio de desarraigamento, de desapropriação, de estranhamento consigo mesmo. Surge novamente a responsabilidade das práticas de aprendizagem, em todos os momentos da vida...

Esse tipo de violência é alimentado pela perda ou confusão dos referenciais e modelos sociais que identificam e unificam; em suma, pela degradação da imagem do pai. Como o ambiente familiar, por mais conturbado que seja, é o contexto de funcionamento original da criança, se este não puder ser construído, há um grande risco de aparecimento de comportamentos destruidores ou autodestruidores, com o prolongamento, a projeção desse tipo de comportamento diante dos adultos da escola e da cidade. Quando a criança se confronta com a presença/ausência de um pai desempregado, extenuado, é inevitável que ela viva essa situação como uma vergonha, que se volta contra ela, em termos de percepção de imagens; nesse caso, o ícone paterno se transforma em objeto de ressentimento difuso, de ódio surdo e ambivalente.

RECONSTRUÇÃO DO SUJEITO. QUAIS SÃO OS DESAFIOS?

Se a escola, assim como todos os outros locais de aprendizagem, não educar para a indocilidade criativa, se ela não se comprometer com uma monumental insurreição metodológica, não conseguirá atrasar e evitar a explosão suscitada por sua própria violência. O período de autismo social dos excluídos está chegando ao fim.

Reiteramos a pergunta: qual é o papel, qual é o comportamento do adulto que representa a autoridade? No contexto conflituoso em que vivemos, o representante da autoridade é, cada vez mais, assimilado a um obstáculo, a um inimigo, e nunca a um interlocutor.

Se, realmente, desejarmos que os acessos febris de violência que sacodem a cidade não sejam álibis fáceis para a recuperação de uma política populista, é urgente realizar um trabalho paciente com e ao lado dos mais "demolidos", baseado na reconstrução minuciosa e positiva da imagem de si, condição *sine qua non* para ser igual ao outro. É urgente mudar radicalmente o modelo educativo, no sentido de aplicar uma gestão de intervenção/elaboração/produção cooperativa, no sentido de uma "renúncia à relação hierárquica, de uma parceria igualitária em uma gestão de projeto coletivo, cooperativo, que possa transformar os ambientes de vida dos jovens e também possa transformar os próprios jovens, sua relação com o saber e com a atividade de pensar", no sentido de uma "resistência a todas as formas de competição e de violência estrutural nas instituições", no sentido da "criação de redes de humanização em busca de alianças para criar relações de força eficazes e não-violentas".

O desafio é a promoção coletiva como princípio e garantia da emancipação mental e comportamental dos indivíduos.

CHEGA DE ATREVIMENTO!

MARIA-ALICE MÉDIONI

Organizamos uma pequena festa simpática para financiar nossa viagem à Espanha. Em Minguettes. Inconsciência, ingenuidade ou pensamento positivo? Tínhamos vendido muitos ingressos antecipadamente, todas as tarefas tinham sido divididas para que tudo estivesse bem organizado, todos tinham preparado bolos ou pratos salgados (*quiches*, *pizzas*, etc.), a serem vendidos aos participantes. Também tínhamos sucos e café. Havia equipes na entrada, para controlar as entradas e saídas, no bufê e no vestuário. Às 14 horas, todos estavam a postos e preparavam o salão, as mesas em torno da pista, algumas cadeiras, cinzeiros sobre as mesas, assim como a lista das consumações; outros cortavam bolos, *quiches* e *pizzas*, preparavam o molho das salsichas e ligavam as cafeteiras elétricas. Enquanto isso, o DJ instalava seu material e ensaiava suas luzes e músicas. Às 16 horas, tudo estava pronto... Tínhamos duas horas e meia para esperar, uma bela oportunidade para conversar e nos conhecermos melhor.

Às 18h30min, chegaram os primeiros participantes; o ambiente estava um pouco tenso, as pessoas se observavam, um pouco de música, alguém vinha pedir uma bebida, ligamos o aparelho para esquentar as salsichas e as cafeteiras elétricas, trouxemos pedaços de *pizza* e de *quiche* para seduzir os clientes... Na chapelaria, a equipe distribuía um tíquete pelas roupas que eram lá depositadas; os ingressos começaram a ser vendidos na entrada, e as primeiras dificuldades surgiram...

Depois, tudo foi muito rápido: "penetras" nervosos, grupos de jovens excitados. Negocia-se; alguém quer falar com um colega que está dentro (promete que não vai ficar lá) ou fora (só um minuto que já volto); o crachá que serve para identificar quem pagou desaparece... Só depois de horas de discussão ele é recuperado, quebrado... Palavras, negociações, ameaças, empurrões: o tom sobe. A equipe da porta não sabe mais o que fazer. No interior, a atmosfera é tensa: muitos meninos, poucas meninas; é preciso vigiar as portas do interior para permitir que os que saíram por um momento possam voltar sem pagar... Nos banheiros, um horror: idas e vindas suspeitas de jovens com o olhar perdido ou exaltado... Decide-se chamar a polícia às 21 horas. Ela só se digna aparecer às 22h30min e logo vai embora: sua simples presença não representa uma provocação, em vez de fonte de apaziguamento? Ela é chamada diversas vezes durante a noite. Enquanto esperamos, há um quebra-quebra: uma porta destruída a pontapés, um espelho quebrado no banheiro...

Os alunos do colegial estão estupefatos! As pessoas que não moram em Vénissieux não compreendem nada e condenam de forma unânime: tudo isso só confirma a idéia preconcebida que se tem da cidade e de sua população. Os moradores observam a cena com tristeza: novamente, Minguettes dá um *show*! De ambos os lados, decepção: estava tudo tão bem organizado! Eles estragaram a festa. Por volta das 23h30min, a sala teve de ser evacuada, as *pizzas*, os *quiches*, o pão, as salsichas, as bebidas, os bolos foram divididos e as cafeteiras foram esvaziadas. Que confusão!

No entanto, eles não eram maus. Mais que o medo, a angústia aumentava diante do espetáculo desolador da confusão da qual eles eram as vítimas. Reencontro com ex-colegas do ginásio, que contam, com ar de superioridade ou constrangido, que passaram no LEP* e agora... Um jovem que repetiu sua primeira série, para onde quisera ir a todo custo, às custas de imensos esforços, e que anuncia que acabou de passar no concurso para bombeiro: "Não tinha jeito, era difícil demais! No fim das contas, não é tão ruim assim ser bombeiro..." (Pelo menos, este não vai ficar na rua...). Outro, violento, pergunta a um dos adultos que está na porta: "Você é professor?"... "Bem, ainda bem, porque não suporto professores!". Um tumulto termina logo depois de ter começado, com esta amarga constatação: "Continuamos fazendo papel de idiotas, será que a imagem de Minguettes nunca vai mudar?". E continuam as palavras intermináveis, as negociações por conta de nada: "é caro demais" e, depois de meia hora de discussão, aparece um pacote impressionante de notas (de onde vieram?): "Você quer que eu pague, tudo bem! Olhe aqui, tenho todo o dinheiro do mundo!". Depois de pagarem, querem sair para voltar com outros colegas, mas a sala está repleta e não se aceita mais ninguém. E as discussões recomeçam: seu objetivo é fazer o interlocutor ceder, *conquistar uma parcela de poder*, por mais mínima que seja, provar aos amigos que sabe falar, parlamentar, que podem contar com ele...

Passamos a noite conversando, intervindo para acalmar os ânimos e minimizar o desgaste, tranqüilizar quem estava com medo; no entanto, também os observávamos, verificávamos novamente aquele *comportamento cheio de angústia*, essa violência que não passa da resposta à violência sofrida cotidianamente, à exclusão da qual são vítimas todos os segundos. Esse comportamento que os exclui e aniquila cada vez mais.

Ao voltar para a sala de aula, foi preciso discutir com firmeza com os jovens do colegial, que agora estão do outro lado da barreira: eles não conseguem compreender essas atitudes suicidas. Duas sociedades que se confrontam... Vemos a coexistência entre uma sociedade civilizada, agradável, na qual é bom viver, e outra que funciona de forma totalmente diferente: estão em outro planeta! Mas, será que isso não é recíproco? E nossa sociedade, se lhe déssemos um nome, não provocaria arrepios?

Mas, ao mesmo tempo, como não ver outra coisa nessa violência? Talvez uma tentativa desesperada de se comunicar com o outro? Essas palavras, essas discussões, são oportunidades de dizer, de argumentar, de provar que também se existe, de entrar em contato com o outro. Nesses bandos, há códigos e há violência, mas também existe fraternidade e ajuda mútua. Muitas vezes, sua pressão e sua insistência não passam de uma forma de nos obrigar a tomar uma posição, de dizer de que lado estamos, de tomar partido. Eles querem saber até onde podemos ir, até que ponto podemos resistir, o que somos capazes de aceitar, se eles podem contar conosco ou se os abandonaremos quando surgir a primeira oportunidade ou dificuldade.

Por quanto tempo vamos continuar aceitando esse atrevimento? O atrevimento dos jovens, claro, porque são uns atrevidos que não têm nada a perder! Quando nada, nem ninguém, nos ensinou a ver o que realmente somos, seres únicos, com potencialidades múltiplas e inumeráveis, com uma dignidade que ninguém pode nos tirar, exceto nós mesmos (mas

---

* N. de R.T. Na França, escola de ensino profissional.

eles não sabem disso!), quando nada nem ninguém criou as condições para abraçarmos um projeto que fosse, ao mesmo tempo, uma verificação do que somos capazes de fazer e a possibilidade de construir novas competências e comportamentos (igualdade, solidariedade, etc...), quando tudo foi de-li-be-ra-da-men-te organizado para nos provar que não há nada, testes, atividades de lazer e de suporte, não há realmente nada para nos ajudar (é um vagabundo ou não está nem aí com nada), bem, então só é possível nos entregarmos ao desespero, ao integrarmos que somos uma nulidade, que não servimos para nada! E o círculo se fecha...

Temos de nos convencer agora que é urgente construir outra civilização, outras relações com as pessoas, respeitando a dignidade de cada um. Chega de fazer de conta, com bons sentimentos e estruturas que camuflam os verdadeiros problemas, comissões para decidir que é preciso criar novas comissões de estudos... Está na hora de nos mobilizarmos para que isso termine, está na hora de decidir onde estão as verdadeiras responsabilidades, não para denunciar, mas para agir. Também está na hora de compreender que não chegaremos a nenhum lugar sem eles, e que não encontraremos a solução fazendo as coisas no lugar deles; temos de nos envolver com eles em verdadeiros projetos de transformação (mas estamos longe de ocupar esse terreno!), com verdadeiros desafios, que permitam que eles verifiquem que podem dominar a realidade, que a podem transformar e que, ao transformá-la, eles se transformam. Que sua ação tem sentido, que é socialmente útil e reconhecida, que permite criar e multiplicar novos projetos, criar novas relações, um novo mundo. Corremos o risco de que eles não façam exatamente, nem de imediato, o que gostaríamos que fizessem. Corremos o risco de que eles comecem a decidir por si mesmos, a pensar por si mesmos, a nos dizer que não precisam mais de nós; corremos o risco de eles se tornarem críticos, livres e responsáveis. Então, isso não seria mais um risco, mas uma grande vitória!

INICIATIVAS CONCRETAS

O QUE HÁ POR TRÁS DOS GOLPES: OUTRA VIOLÊNCIA?

NATHALIE PECHU

Em minha classe de terceira série do ensino fundamental, nos cantinhos da "escola da vida", os alunos começaram a refletir sobre o problema da violência e do medo. Um dos pontos de partida foi o imenso medo que eu inspirava, sem saber, na tímida e discreta Laure.

Não tenho um temperamento muito doce e, sem pretender apresentar a lista de todos os meus defeitos, confesso ser capaz de me encolerizar na sala de aula, o que nunca dura muito, mas talvez possa ser impressionante para algumas crianças tímidas.

Temos de nos questionar de forma incessante, refletir sobre nossas práticas, tentar transformá-las; no entanto, sempre permanecemos longe da perfeição ou, mais modestamente, do que gostaríamos de ser e fazer.

Enquanto esperamos, é bom interagir conosco mesmos ou com as crianças. As discussões na sala de aula nos levaram a descobrir que o medo pode provocar em um ser humano reações muito diferentes. Medo de crianças e medo de adultos. Violências de crianças e violências de adultos. Dos últimos, falamos com menos freqüência. As crianças não pensavam que a cólera pode ser substituída por lágrimas, que um grito pode ocultar uma profunda angústia, que um adulto ou que a professora pode sentir medo.

Mesmo quando somos crianças, percebemos rapidamente que os medos são irmãos gêmeos dos sofrimentos. Falamos de tudo o que é possível sentir. Testemunhos de crianças, de adultos e da professora. Comentei que o fracasso de algum aluno representava um grande sofrimento para mim. Também lemos. Mais tarde, com um grande sorriso, Laure me disse que tinha gostado do que falamos. Depois, refletimos sobre a bagunça no pátio, escrevemos um programa de rádio sobre a violência. Depois de todo esse trabalho, confesso que me senti mais próxima das crianças; elas também começaram a falar com mais facilidade. Criamos um caderno no qual todos podiam anotar suas queixas e reclamações. É claro que, por mais que se converse sobre o medo, a angústia, a cólera, isso não acaba com eles da noite para o dia, mas permite que vivamos esses sentimentos de forma menos dolorosa, que nos distanciemos e que compreendamos alguns funcionamentos e comportamentos humanos. Será que isso também não é uma construção de saberes, igual a quando descobrimos como se organizam os complementos, os sujeitos e os verbos em uma oração? Não é uma ferramenta tão importante quanto a gramática na vida cotidiana das crianças?

TRÊS MESES DEPOIS...

Uma manhã, antes do toque da campainha, fiquei muito chocada. Informaram-me que Julien estava apanhando todos os dias de dois colegas de classe, na saída da escola; isso acontecia há uma semana (nunca teria imaginado nada disso com essas crianças).

Portanto, naquela manhã, quando entrei na sala, estava furiosa, chateada, desanimada. As crianças perceberam, porém não gritei; apenas lhes contei o que havia acabado de saber e disse: "Ninguém vai sair desta sala antes de compreender o que pode ter provocado essa situação".

O agredido e os dois agressores baixaram a cabeça; os outros certamente ficaram perguntando-se o que iria acontecer.

Isso durou até a hora do recreio, um pouco mais de uma hora e meia. As regras eram bem claras: "Não vou castigar ninguém, mas quero compreender. Todos aqui devem compreender. Todo mundo pode intervir da forma que quiser".

Primeiro, fiz várias perguntas às crianças envolvidas. A princípio, foi duro, mas depois elas devem ter percebido que minha cólera tinha diminuído, que sinceramente estava tentando compreender a situação. Tive a impressão de encurralá-las; fiz com que me contassem todos os elementos da questão, expressando cada vez seus sentimentos, ou seja, o que tinham sentido em cada etapa do conflito. Na verdade, parece-me que descobriram muitas coisas, assim como todos nós. Digo "nós", porque comecei a encher a lousa com suas palavras, com as perguntas feitas e também com o que começaram a contar todas as outras crianças sobre sua vida, suas relações, amizades, disputas e infidelidades. Quando a campainha tocou, na lousa e nas paredes (em cima dos cartazes) estava o que tínhamos acabado de descobrir juntos.

Um dia, as crianças são amigas, mas, no dia seguinte, ficam de mal, brigam e, depois, fazem as pazes.

As crianças riem, ficam contentes, sofrem, se batem, choram e se reconciliam.

Quando a campainha tocou, não havia mais mal-estar nenhum, o agredido e os agressores sorriam e foram jogar futebol, todos juntos. O mais importante em tudo isso é que a história de racismo, que supúnhamos existir, na verdade não existia, e que cada criança da classe tinha compreendido isso. O racismo fora um pretexto para camuflar uma traição de amizade e os sofrimentos que ela havia provocado.

Algumas semanas mais tarde, tiramos os cartazes, e as crianças escreveram toda a história. Elas sabiam que eu levaria seus textos para os professores estagiários, que estavam trabalhando com o tema "Resolução não-violenta dos conflitos".

Sempre adorei uma história infantil. Trata-se de *Cabot, caboche*, de Pennac. Há um trecho delicioso em que o Cachorro observa as crianças em um pátio escolar (ou em um parque). Descreve suas mudanças de humor bruscas, repentinas, inexplicáveis e as chama de "confusas".

Parece-me extraordinário que, naquela manhã, na sala de aula, as crianças tenham podido observar-se, descrever-se, contar-se, descobrir-se, compreender-se e... crescer.

É assim que eu imagino a escola...

Elaboração de um texto "testemunho"

Texto que relata (conta) uma história vivenciada por aqueles que a viveram.

Texto dos alunos: todos os elementos que tenham a ver com as seguintes questões devem aparecer...

1 – Descrever a situação inicial (da forma mais curta e clara possível).
2 – A partir dessa situação-conflito violenta, o que não foi feito? (Por quê?) Portanto, o que não foi tentado (para solucionar o conflito)?
3 – Como se desenvolveu o debate? Quem participou?
4 – Quem suscitou a discussão? (Talvez coisas que ninguém esperava...?).
5 – Qual foi a saída (como tudo terminou)?
6 – Que reflexão, que conclusões extraem de tudo isso?

Podem utilizar as anotações escritas na lousa durante o debate para escrever o texto.

Situação inicial (escrita com nomes imaginários):

"Carlos Magno foi espancado todas as tardes, durante uma semana, por três colegas, na saída da escola. Sua mãe veio falar com o diretor. Parece haver uma história de "racismo", pois Carlos Magno teria insultado Robert, Hubert e Albert".

INICIATIVAS CONCRETAS

A MEDIAÇÃO ESCOLAR – MODO DE USO

NICOLE SCHMUTZ

Em resposta a um chamado do Ministério da Educação Nacional e do Ministério do Interior sobre a questão da violência na escola, a equipe de Jean-Pierre Bonafé-Schmitt, do CNRS (Centre National de la Recherche Scientifique), interveio na escola Louis Pergaud, em Vénissieux. A equipe de pesquisadores também trabalha em outros estabelecimentos de Saint-Priest, Vénissieux e em Saint-Etienne-du-Rouvray, na academia de Rouen.

A ação baseia-se na idéia de que *a escola* não é apenas um lugar de aquisição de conhecimentos, mas também um *lugar de socialização*.

O projeto de mediação escolar está centrado na crença da capacidade de mediação das crianças, isto é, em sua capacidade de escutar, compreender e ajudar a restaurar o diálogo depois de uma troca de injúrias e de tapas entre os colegas.

A mediação escolar não tem o objetivo de questionar o modelo disciplinar, mas oferece, antes de se optar por uma sanção, *outra forma de resolução do conflito*, baseada em um modelo mais "consensual", na pedagogia da educação.

O papel dos mediadores escolares não é o de separar quem está se xingando, brigando e batendo. Eles só intervêm quando os professores, o diretor e os adultos do estabelecimento, informados da existência de um conflito, enviam os alunos em conflito para falar com eles. Nunca intervêm sozinhos, para que as partes tenham a sensação de serem compreendidas; costumam ser dois ou três, meninos ou meninas. Recebem as partes em conflito separadamente e depois juntas, e seu papel, com regras explicadas e aceitas (em primeiro lugar, sigilo total) consiste em ajudá-las a exprimir o que aconteceu, a dialogar e a buscar soluções para o conflito. Se for impossível restaurar o diálogo, os medidores informam às partes que sua missão terminou e que o conflito será tratado pelas autoridades competentes. A mediação escolar *não é uma delegação do poder de sancionar*, provocando apenas uma suspensão desse poder, no momento em que a autoridade competente orienta os alunos a falar com os mediadores.

> Quando Jean-Pierre Bonafé-Schmitt entrou em contato comigo para convidar-me a participar de seu projeto, minha primeira reação foi recusar: mais um projeto para a socialização e a canalização! Chega de apontar com o dedo para essas crianças, muitas vezes indóceis, que se revoltam contra a violência da qual são vítimas, e que se tornam os bodes expiatórios de uma sociedade de desprezo! Desconfio de projetos cujo objetivo dissimulado consiste em buscar a pacificação das nossas periferias, permitindo que um sistema social sufocante deixe de questionar suas lógicas de exclusão.
>
> Mais uma vez, alguém se propunha a agir na escola para obter a adesão dos alunos, sem colocar no centro do debate a verdadeira espoliação do saber da qual eram vítimas, na maioria das vezes com seu consentimento e ação.

No projeto não havia nada sobre o sofrimento natural e a violência representada pela apropriação dos saberes por uma criança em construção pessoal. Aprender é uma experiência dolorosa em si mesma, e se torna ainda pior quando é vivida cotidianamente em um sistema escolar cujos valores estão muito distantes dos da família do aluno, e quando ele constata todos os dias sua exclusão desses saberes, no lugar onde supostamente eles deveriam ser construídos.

Há vários anos, o trabalho realizado na escola permitiu melhorar em parte as relações entre parceiros educativos, diminuindo, sensivelmente, os atos de violência no interior de nosso "santuário escolar". No entanto, não permitiu uma ruptura séria com a exclusão dos saberes, da qual nossos alunos são vítimas. Mais que a luta contra a violência, esse é nosso maior desafio atualmente.

Nesse contexto, seria lógico que eu recusasse essa colaboração. Além disso, outras referências (modelo disciplinar, autoridades competentes, sanções) podiam chocar um militante da Educação Nova.

Entretanto, pudemos entrever no projeto alguns elementos muito interessantes, que permitiram o envolvimento da equipe escolar.

No projeto, destaca-se a firme convicção nas *capacidades das crianças de escutar, refletir e agir*. Essa convicção de que "todos são capazes", tão rara em nossa instituição, apareceu nas entrevistas com Jean-Pierre Bonafé-Schmitt e com Nicole Schmutz, com a qual trabalho atualmente em uma relação de total cumplicidade.

Na maioria das vezes, a resolução dos conflitos em nossa escola depende dos professores. Todos os adultos se preocupam em respeitar as crianças, e cada um de nós, quando tem de enfrentar um problema, tenta fazer com que as crianças dialoguem, às vezes no contexto de um conselho cooperativo. No entanto, constatamos algumas lacunas: pouca clareza sobre a necessária construção da relação com a lei; uma reflexão ainda muito incipiente sobre o lugar e o papel das sanções, das punições, que podem ser decididas ou não por cada professor. Tantos não-ditos que poderiam ser esclarecidos por esse tipo de colaboração... Essa era nossa esperança!

Esse projeto podia aumentar a participação das crianças na vida escolar, e também podia representar uma ocasião para que elas tomassem realmente o poder no funcionamento da escola. Em um contexto em que a constituição de um conselho das crianças sempre é postergada, entrar na lógica da gestão dos conflitos por meio das crianças parecia ser um caminho positivo.

Por outro lado, nada nos impedia de pensar que a violência que o ato de aprender representa para as crianças pudesse ser abordada no contexto da mediação. Podemos pensar também que a existência dessa estrutura poderia permitir que os conselhos de classe se dedicassem a outros problemas, deixando de lado a gestão dos conflitos entre as crianças, e se tornassem locais de reflexão sobre a instituição e o ato de aprender.

Gérard Médioni
Diretor da escola Louis Peyaud, em Vénissieux.

UMA AÇÃO DE SENSIBILIZAÇÃO DAS CLASSES DO ENSINO FUNDAMENTAL À MEDIAÇÃO ESCOLAR

O que sucedeu entre nosso ingresso na escola, em dezembro de 1995, e a formação dos mediadores, em fevereiro de 1996?

Essa ação de sensibilização à mediação escolar foi direcionada à comunidade educativa, durante as reuniões informativas. Depois, para conhecer o terreno, tentamos consultar o ponto de vista de todos sobre a vida da escola e o "sentimento de segurança ou de insegurança" por meio das respostas a um questionário com mais de 70 perguntas.

A ação de sensibilização para a mediação escolar destinada aos alunos foi realizada em três sessões de uma hora cada uma, nas classes de terceira e quarta séries do ensino fundamental e uma CLIS.[1]

Na primeira sessão, verificamos qual era o ponto de vista dos alunos sobre sua vida na escola e na classe. A fim de obter o máximo de sinceridade, lhes avisamos que o questionário era anônimo e que, para nós, era importante saber o que eles pensavam, pois seu ponto de vista era essencial para uma compreensão adequada de sua vida escolar. Em todas as classes, falávamos na presença do professor.

Na segunda sessão, sob a forma de debate, fizemos os alunos falar sobre os conflitos na cidade, em seu bairro, sobre a violação das regras (o Código Penal, o Código de Trânsito) e os elementos institucionais que regulam os conflitos, como a polícia, a justiça, os advogados; a partir daí, começamos a falar da vida escolar, da necessidade de um regulamento que devia ser respeitado. Quando passamos da vida do bairro à vida na escola, as crianças puderam demonstrar sua compreensão da necessidade de regras de vida na escola e demonstraram que sabiam que adultos desempenhavam o papel de policial, de juiz e de advogado.

Nesse momento, passamos a discutir outro modo de resolução dos conflitos, baseado na busca de soluções pelas próprias partes, como acontece na cidade, com os mediadores adultos da *Boutique de Droit* de Vénissieux e do *Point Médiation* de Max Barel-Charréard.[2] Nossa apresentação foi ilustrada por desenhos humorísticos projetados numa tela, como aquele dos dois asnos amarrados pela mesma corda, que querem comer seu feno em lugares diferentes e que têm de encontrar uma solução para um problema que, à primeira vista, parece insolúvel.

O entusiasmo dos alunos durante as duas primeiras sessões, sua participação ativa na reflexão sobre os conflitos na cidade, sua compreensão do papel dos atores institucionais, demonstraram-nos seu senso de responsabilidade e sua capacidade de administrar os assuntos mais comuns. Esclareceu-se diversas vezes que alguns conflitos só podem ser resolvidos pelas instituições (infrações penais, conflitos com os adultos...).

Na segunda sessão, alguns alunos voluntários desempenharam o papel de mediadores em situações baseadas em exemplos de conflitos reais, que ocorriam em uma cantina, uma sala de aula e um pátio de recreio. Esse tipo de trabalho foi muito apreciado pelas crianças; a maioria queria participar, e pudemos descobrir sua capacidade de escuta e grandes talentos para a negociação em alunos considerados em situação de fracasso escolar pelo professor. Também pudemos constatar que as crianças eram mais bem dotadas para a mediação do que os adolescentes, pois possuem menos preconceitos e não têm essa incômoda tendência de julgar a partir dos fatos expostos.

A terceira sessão de sensibilização teve a ver com a aprendizagem da mediação. Com o projetor, apresentamos suas diversas fases: acolhimento, apresentação do papel, exposição das regras, escuta ativa... Enquanto isso, na tela apareciam as cenas desempenhadas pelos alunos. Tínhamos observado os comportamentos e não os indivíduos, e os próprios alunos-mediadores puderam apreciar sua maneira de desempenhar a função, comparando-a com a do juiz, do policial e do advogado.

Esse modo de observação permitiu que refletíssemos juntos sobre as noções de neutralidade, imparcialidade e responsabilidade.

No final da fase de sensibilização, consideramos que chegara o momento adequado de escolher, com a ajuda dos professores, os candidatos para desempenhar o papel de mediadores na escola.

UMA FORMAÇÃO INICIAL EM DUAS SESSÕES DE TRÊS HORAS E UMA SUPERVISÃO

Em fevereiro de 1996, formamos mais de 20 alunos capazes de ser mediadores nos pequenos problemas cotidianos na sala de aula, no pátio, nos corredores, etc.

A formação baseou-se em métodos pedagógicos utilizados no decorrer da sensibilização, e seu objetivo essencial foi a aprendizagem dos rudimentos das técnicas de escuta ativa e de negociação. Nós, formadores, de alguma forma servimos de modelos, e nosso método de comunicação com os alunos foi o de ouvir suas palavras, fazê-los trabalhar em grupo para que se escutassem, se compreendessem e verificassem se realmente tinham entendido as dificuldades e as necessidades do outro. A primazia dada à sua palavra e ponto de vista visava a torná-los ativos e cooperativos. A reflexão de cada ator sobre a forma como sentia como mediador, vítima ou acusado, fez com que experimentassem a dureza dos julgamentos, sentissem como é difícil escutar sem interromper e levassem os outros a falar, trocar idéias e buscar uma solução.

A idade, o perfil e o número desses jovens "estagiários" nos obrigaram a ajustar constantemente nosso método de formação, pois tínhamos de nos ocupar e de dar um papel a cada criança. Por outro lado, os que apenas observavam os colegas não conseguiam permanecer calmos, escutando. Tivemos, então, de oferecer um papel a cada criança e conseguimos criar na sala três locais de mediação, ou seja, três mesas em torno das quais oficiavam três mediadores, uma vítima, um acusado e um observador. Cada criança em formação dispunha de um documento que descrevia todas as etapas necessárias da mediação e ela sabia que todas essas etapas tinham de ser seguidas, assim como em uma receita culinária.

A formação de vinte mediadores significou uma rica experiência para nós. Tivemos de adiar a segunda jornada, que foi realizada com apenas uma formadora, que foi obrigada a deixar de lado o vídeo para concentrar toda a sua atenção nas crianças.

Após oito horas de formação, os jovens mediadores aprenderam os métodos necessários para adquirir legitimidade: apresentar-se, explicar qual é seu papel, enunciar as regras da mediação e seu direito de fazer com que as regras decididas em comum (conversar, não se xingar) fossem respeitadas, escutar, dar a palavra. Eles compreendem a autoridade e seus limites, e não julgarão seus colegas da mesma forma que não querem ser julgados.

> Quando o projeto começou a ser aplicado, já éramos capazes de extrair alguns ensinamentos da experiência. Depois de uma curta fase de sensibilização, os mediadores passaram à ação. Começaram a exercer sua responsabilidade em todos os conflitos ocorridos entre os alunos. Quando as demandas de mediação partem das crianças, testemunhas ou vítimas, ou dos professores, a decisão compete exclusivamente aos adultos da escola. Estes tomam a decisão de adiar a aplicação da lei da escola para permitir que as crianças, juntas, possam construí-la para aplicá-la melhor. As crianças trabalham em uma sala, sem a presença de adultos, mas tanto os mediadores quanto as partes em conflito devem preencher uma ficha para autorizar a mediação.
>
> As crianças têm de refletir sobre sua atitude, se distanciar, constituir novos saberes. Fizeram desaparecer, assim, os parasitas pessoais, sociais ou culturais, que transformavam o acontecimento em um conflito.
>
> Até hoje, nenhum conflito resistiu às intervenções das crianças, porém nos parece que há uma dificuldade: a impressão de vacuidade após a resolução do conflito. Os mediadores sentem que, após a mediação, quando as crianças em conflito já se reconciliaram, não sobra nada dos pequenos ódios anteriores. O entusiasmo da crise é seguido do tédio do cotidiano, uma paz "tediosa" substitui a "magnífica" guerra. Esse problema poderá ser trabalhado no próximo estágio organizado pelos mediadores da escola.
>
> G.M.

É tudo isso e nada mais que isso, porém poderia ser nada se os adultos da escola não acreditassem na capacidade de mediação das crianças, pois a mediação escolar, para se tornar viável, exige uma verdadeira cooperação entre os adultos.

O projeto de mediação escolar só pode ser bem-sucedido se, após a formação dos mediadores, todos os pequenos conflitos da vida escolar, mesmo os menos visíveis, que às vezes são os mais ativos na constituição do mal-estar, forem submetidos à escuta ativa dos jovens mediadores.

A equipe do CNRS garante a supervisão da atividade dos mediadores, mantendo-se em contato permanente com os adultos da escola que coordenam e organizam sua atividade.

Notas

1. CLIS: Classe de integração especializada.

2. Bairros de Vénissieux.

10
CIDADÃO NO SABER E/OU CIDADÃO NO MUNDO?

YVES BÉAL

"Descobrimo-nos comparando-nos com o obstáculo."
Saint-Exupéry

É PRECISO REPOSICIONAR A QUESTÃO DA CIDADANIA

Quando falamos de cidadania na instituição escolar, na maior parte do tempo, estamos referindo-nos apenas à "educação cívica". Ainda que os textos oficiais indiquem que ela "deve impregnar todas as atividades da escola",[1] a acepção mais comum a situa como meio de aprender a se tornar cidadão... mais tarde, quando se deixa de ser criança e quando realmente as pessoas adquirem seus direitos cívicos. "Na heróica época da 3ª República, todas as crianças entoavam 'La Marseillaise' em coro, e clamavam bem alto o lema da República Francesa: 'liberdade, igualdade, fraternidade'. Nas escolas, ensinava-se o amor pela Pátria e pela República".[2] Será que isso realmente tem a ver com cidadania? "Se admitirmos que a escola é o lugar ideal para a criança e o adolescente adquirirem os conhecimentos necessários para desempenhar, mais tarde, seu papel de cidadão responsável, não podemos deixar de deplorar a atual carência desse ensinamento".[3] Nesse trecho, evidencia-se claramente a concepção de uma cidadania que primeiro deve ser aprendida na escola, para depois ser exercida na vida de cidadão. Quanto à carência denunciada, ela evidencia mais a falha que existe na vida cívica, sem questionar o próprio ensino e a concepção de saber dele decorrente.

As práticas escolares usuais estão mais direcionadas para uma educação cívica concebida como *instrução cívica*, isto é, *aprendizagem de princípios* a serem aplicados posteriormente. Apesar da insistência institucional, muito poucos propõem que tais princípios sejam vividos na escola.

No entanto, a partir daí é que se define a cidadania. Temos de nos livrar da *confusão entre cidadania e direitos cívicos*. "Votar é um direito, assim como um dever cívico", como reza o título de eleitor. Chegamos, assim, a uma das principais reduções da cidadania, que contribui para que ela seja limitada e não possa ser desfrutada por toda a sociedade:

- francês: portanto, um residente estrangeiro não é um cidadão;
- ter 18 anos: não se intervém na cidade antes dessa idade;
- estar inscrito no registro eleitoral: o exercício da cidadania se reduz ao direito ao voto, etc.

Dessa maneira, são negadas outras formas de exercício da cidadania, como o envolvimento sindical, político, associativo..., assim como os projetos das crianças que organizam uma operação "bairro limpo", ou lançam um jornal de opiniões, ou constroem prateleiras para seu BCD,[4] ou cozinham para os moradores do bairro, ou apagam as frases racistas das paredes da cidade, ou se organizam de forma cooperativa para viajar...

No entanto, é evidente que ninguém nasce cidadão, mas que se torna cidadão. *Não se trata de um estado* (que não é adquirido no momento do nascimento, nem quando se chega à maioridade, à idade adulta, à idade da "razão"), *mas de uma gestão evolutiva, de uma conquista permanente*. O cidadão é capaz de intervir na cidade, de exercer um ponto de vista sobre as coisas (no sentido desenvolvido por Jean Foucambert a partir do *theoros* grego, que diz que, tomando um ponto de vista, ou seja, tomando distância das coisas, pode-se construir uma teoria). Portanto, a cidadania é a *capacidade construída para intervir, ou simplesmente, para ousar intervir, na cidade*. Mas essa conquista permanente não possui um elemento preparatório, um pré-requisito, uma aprendizagem prévia: a cidadania só é conquistada mediante seu exercício; para caminhar, é preciso... caminhar; para se tornar cidadão, é preciso agir como cidadão, intervir sobre seu ambiente, transformar a situação na qual a pessoa se encontra. Não há antes nem depois, só um "fazer" em perpétuo movimento, em perpétua interrogação.

Sobre essa questão da cidadania, é preciso se deixar interrogar pela história; retomo, aqui, alguns exemplos propostos por Jean Foucambert, em um colóquio sobre a cidadania em Vénissieux, em 1994. Como é possível que todos os anos do franquismo na Espanha ou do salazarismo em Portugal tenham produzido uma sociedade que não é melhor nem pior que a nossa, isto é, uma "democracia" comparável à nossa, certamente contra a vontade do sistema educativo desses países na época da ditadura? Como é possível que 70 anos de "homens novos" fabricados pelo sistema soviético tenham produzido pessoas que se lançam avidamente à economia de mercado e que se comportam como patifes? Recordo, também, o que aconteceu nos últimos meses da RDA, quando os jovens, que durante anos receberam cursos antifascistas e antinazistas, passaram a exaltar o nazismo ou o fascismo. Podemos sentir-nos perturbados, em ambos os casos, com a ineficácia dos respectivos sistemas escolares. Parece haver uma espécie de intenção superior inserida no próprio processo educativo.

CIDADÃO NO SABER?

Na verdade, uma das questões fundamentais é compreender como, por um lado, o indivíduo não pode ser reduzido às pressões exercidas pelo meio e como, por outro, ele se insere globalmente no contexto que lhe é proposto e que ele não decidiu. Em outros termos, ninguém contestaria o fato de que "o programa de pura informação, tal como o estudo dos organismos cívicos e sociais, das instituições [...], da organização da vida internacional, dos principais dados econômicos [...]", acompanhado de uma "reflexão sobre os grandes problemas das sociedades modernas",[5] em suma, *o saber, tanto no sentido particular como no geral da educação cívica, oferece armas de cidadania.* Mas, então, o que seria tão resistente no ser humano para que esse saber "cívico" tenha tão pouco domínio sobre ele? Talvez mais que o ser humano ou o saber em si, tenhamos de pesquisar as práticas educativas que geram condutas e comportamentos mentais intrinsecamente alienadores. O que acontece quando o saber é apresentado e transmitido sob a forma de uma sucessão de evidências sancionadas por outros? Aprendemos mais que o conteúdo: aprendemos que as autoridades detêm o saber, que devo recebê-lo dócil e passivamente, e que é importante delegá-lo aos que sabem, etc.

Como é que as crianças, submetidas a verdades e regulamentos que não elaboraram, poderiam construir a liberdade? Como é que as crianças, vendo seus irmãos rotulados, selecionados e excluídos, poderiam construir o significado da fraternidade? Como é que as crianças estimuladas a julgar, classificar e vencer as outras, poderiam construir a noção de igualdade?

Antes de continuar verificando os conteúdos latentes da prática educativa, gostaria de retornar ao saber como ferramenta de cidadania, a partir de uma história verídica. Em uma festa de casamento, encontrava-me em uma mesa composta por pessoas que não se conheciam. Com a ajuda das circunstâncias, nos apresentamos e começamos a conversar; vários convivas eram engenheiros que trabalhavam na elaboração de imagens virtuais, e comentei minhas inquietudes quanto aos eventuais perigos que a sociedade poderia sofrer, caso esses procedimentos fossem utilizados por pessoas mal-intencionadas. Recebi uma resposta edificante. A eventual manipulação das populações por meio dos procedimentos que elaboravam não era um problema deles. Seu problema era apenas de ordem técnica tecnológica, científica: o de fabricar as imagens virtuais. Interessavam-se apenas pela "complexidade do mundo informático", por "aprender e conhecer sempre mais", pelo "progresso da ciência". Não tinham nenhum problema de consciência, nenhuma preocupação com a ética, com os valores, com a eventualidade de ir longe demais... Isso não era problema deles. O que me pareceu paradoxal foi que essas pessoas que, em seu trabalho cotidiano, em sua paixão, colocam em jogo uma enorme complexidade de saberes, observam o mundo com o olhar do "simples", sem perceber sua complexidade: um olhar simplista que não questiona o real em suas diferentes dimensões, que esquece de relacionar, que percebe o saber como uma entidade pura, desvinculada de desafios e de conseqüências sociais, políticas, econômicas e humanas.

Essa história revela a urgência de criar *uma real cidadania no saber, sem economizar a reflexão sobre o próprio saber, sobre seus desafios e seu modo de "transmissão".*

À luz dos diversos exemplos aqui mencionados, podemos perceber que os sistemas de ensino evocados não produziram o que achavam que deviam produzir. A tentativa de condicionamento nunca funciona. Um indivíduo não é produto das circunstâncias exercidas sobre ele; não é totalmente maleável, nem se reduz aos estímulos que sofre. O indivíduo se produz a partir daquilo que o ambiente tenta fazer com ele; nunca é rebaixado à categoria de objeto passivo. Entretanto, se é que realmente existe essa parte própria da pessoa, também é verdade que ela se produz no campo proposto pelo ambiente. E os engenheiros mencionados construíram de forma ativa – não passivamente, como pensamos com freqüência –, por meio da escuta, dos concursos, dos exames e dos "saberes", comportamentos mentais, atitudes, representações, comportamentos "comportamentais" (isto é, físicos, externos, visíveis), coerentes com a situação geral proposta pelo "sucesso" escolar, ou seja:

- vencemos sozinhos contra os outros; uma classe em que há um primeiro é uma classe em que há um último; é possível vencer em toda parte se permanecemos indiferentes aos outros...
- o saber não é algo a ser compartilhado, mas algo de que nos apropriamos...
- o saber não é algo que criamos, mas algo que recebemos, que é enunciado e validado por alguém que tiver autoridade...
- a validação do saber é externa, portanto, não há atividade autônoma do sistema de pensamento sobre seus próprios objetos, nem sozinho, nem em colaboração com os outros...

O que os sistemas educativos (franquista, salazarista, soviético ou francês) conseguem fazer muito bem... é que os indivíduos produzam insidiosamente comportamentos que podem ser explicados em termos de renúncia relativa ao poder de pensar e de déficit de cidadania cooperativa.

É comum pensar que, em todo ato de aprendizagem, as pessoas se tornam "cidadãs no saber", sem ter de se preocupar muito com isso, sem nenhuma ação particular, de uma forma passiva. O risco não é o de se tornar um "cidadão passivo", ou um "cidadão-passivo ativo", dócil e aplicado, pronto para uma sociedade em que só alguns pensam e decidem por todos os outros. Há uma espécie de consenso no sentido de que "um curso magistral nunca fez mal a ninguém; a prova: eu, aprendi tudo direitinho..."; "o sistema produz muitos êxitos; a prova: conheço muitas, até mesmo na periferia, até mesmo entre os imigrados...", etc. Temos de observar mais de perto o preço desse suposto êxito: a partir de toda aprendizagem de saber, realiza-se outra aprendizagem, a de um comportamento mental, a de um sistema cognitivo que é, em parte, produto dos contextos mentais preestabelecidos que o sistema educativo criou em nós.

Se falarmos da soberania do povo inglês, em uma democracia que faz lembrar a francesa, se considerarmos, por exemplo, que Jacques Chirac foi eleito com menos de 20% dos votos dos eleitores franceses (ou seja, cerca de 8% dos franceses vivos), que François Mitterrand foi eleito com 27% dos votos dos eleitores (ou seja, 12% dos franceses vivos)... – que mudam de opinião como de camisa, se considerarmos, por exemplo, que, pouco antes da guerra do Golfo, 80% dos franceses estavam contra ela e que, um dia depois da eclosão da guerra, 75% estavam... a favor! –, falando da soberania do povo inglês, Rousseau escreveu o seguinte: "O povo inglês acha que é livre; está muito enganado, pois só é livre durante a eleição dos membros do Parlamento; depois que eles são eleitos, o povo volta a ser escravo, a ser nada. Durante os parcos momentos de sua liberdade, a forma como a usa faz com que ele mereça perdê-la".[6] O desafio da formação não pode reduzir-se a isso, em um mundo que hoje (assim como ontem) precisa inventar-se todos os dias para evitar a exclusão maciça ou os integralismos... O desafio é a invenção de uma cidadania ativa, capaz de voltar a encantar o mundo, de questionar os sistemas que oprimem o ser humano...

Todos são conscientes de que o saber está no cerne dos processos de exclusão, assim como nos de integração. Mais do que nunca, "Aprender o ABC não é suficiente, no entanto, aprenda-o! [...] Controle a soma, você é que paga", mais do que nunca, essas palavras de Brecht[7] continuam plenamente vigentes. Mas, quando o indivíduo age com uma epistemologia conforme a qual o saber se enuncia, eventualmente se compartilha, eventualmente se democratiza, descreve o mundo e o apresenta tal qual é... – mas quando não é uma conquista histórica para superar situações de opressão ou de alienação, não ajuda a transformar o mundo... –, então, o saber não desempenha uma função de libertação: ele passa a ser o lugar legitimado da reprodução social.

É possível ser cidadão no saber sem ter controle sobre a elaboração, a construção do saber? Podemos exercer nossa cidadania graças ao saber, mas *esse saber tem de ser construído pelo aprendiz*, em uma busca, ao mesmo tempo, pessoal e socializada. Essa construção tem de levar em conta os saberes anteriores e tem de se basear nas representações do aluno. Tem de ser um procedimento de aprendizagem que coloque o aprendiz diante de uma situação-problema que os saberes anteriores não permitem resolver, que obrigue ao questionamento, ao relacionamento, à formulação e hipóteses. O postulado desse procedimento é que, ainda que toda aprendizagem seja pessoal, só pode acontecer por meio da interação com os outros. Esse procedimento tem de integrar, no cerne da aprendizagem, uma avaliação efetuada pelos próprios atores do processo de aprendizagem, sob as múltiplas formas de um trabalho de análise reflexiva, de metacognição, de descontextualização, de tomada de consciência... Em suma, um procedimento de *auto-socioconstrução dos saberes*.

No momento em que os saberes de um dia não são os mesmos da véspera e estão prestes a sucumbir para os de amanhã, a cidadania não deve ser construída apenas "no" saber, ela tem de "saber". Saber em todos os sentidos do verbo: ter em mente, poder afirmar, ser consciente de, conhecer o valor, o alcance, ser capaz de utilizar, de praticar, de prever, de poder... saber para poder sobre o mundo.

Cidadão em todos os detalhes da matemática ou da ortografia, não apenas no domínio dos números decimais, das equações de segundo grau, das identidades notáveis ou dos acordos do particípio passado... O mesmo tem de acontecer no domínio de competências muito mais vastas e que podem ser reinvestidas em qualquer outro domínio, isto é, ter competências transversais: tratar as informações, relacioná-las, fazer escolhas, emitir hipóteses, argumentar, organizar... Também é preciso aumentar a autoconfiança, ter um olhar positivo a seu próprio respeito e a respeito de suas capacidades, por meio da descoberta de capacidades insuspeitas, por meio da interiorização de atitudes e valores. Ficamos mais inteligentes em grupo, porque, quando há cooperação e solidariedade, aprendemos melhor, trabalhamos do mesmo modo que os pesquisadores, os criadores. Dessa forma, situamos o que aprendemos na história dos saberes, na aventura humana... Todos esses comportamentos são indispensáveis para uma ação cidadã eficaz na cidade.

Uma cidadania no saber como condição de uma verdadeira cidadania no mundo. No entanto, ela continua sendo insuficiente se os saberes construídos (ou a serem construídos) não servem para transformar a realidade... É insuficiente se o saber não é construído no próprio movimento de transformação do mundo e das pessoas... Esse é o risco de uma aprendizagem *in vitro*, confinada aos trinta metros quadrados da sala de aula.

CIDADÃO NO MUNDO?

Sob o impulso dos movimentos da Educação Nova, começaram a ser aplicadas práticas cooperativas e projetos que visam a uma ação concreta sobre o ambiente próximo da criança, para que ela intervenha na realidade e não postergue o exercício da cidadania. Essas gestões constituem um primeiro enfoque daquilo que poderíamos chamar de cidadania no mundo: as crianças agem de verdade em um ambiente que administram, a escola está aberta para o exterior, as crianças têm poder de decisão...

Será que essa prática realmente forma para uma cidadania ativa? Aparentemente, sim. Mas a crítica feita anteriormente ao "saber" dos engenheiros, aprendido em contextos mentais preestabelecidos, não seria válida também para esse enfoque? Basta votar para ser cidadão? Basta visitar o quartel dos bombeiros para agir sobre o meio ambiente? Basta dividir tarefas? Basta agir para ser cidadão?

"Estimulemos os projetos baseados na vida do bairro, que traduzem ações sobre a realidade, sobre o ambiente de vida, isto é, sobre o que interessa as crianças... e haverá cidadania no saber", dizia recentemente uma amiga. Realizar para aprender, de certa forma. Assim, talvez, a cidadania seja construída fora das paredes da sala de aula.

"Façamos com que as crianças sejam atores na construção de seus saberes e, dessa forma, elas poderão exercer melhor sua cidadania", recomendava outro amigo. Aprender para realizar, de certo modo. Logo, a cidadania também é construída entre as paredes da sala de aula. Será mesmo?

As duas propostas devem ser separadas ou é melhor considerar que uma se alimenta da outra, ou que nenhuma das duas é válida sem a outra? O que aconteceria com uma cidadania que integrasse as duas vertentes, ultrapassando a fronteira do dentro e do fora? Nossos hábitos mentais sempre nos incitam a considerar o problema construindo fronteiras; será que, dessa forma, não estamos perdendo a ferramenta da superação? Temos de aprender a raciocinar diferente, a considerar que a fronteira é móvel; na verdade, ela é um espaço de transição, não se baseia em uma lógica geográfica, mas em uma lógica de valores. Na escola, entre quatro paredes, pode haver algo externo, pode haver vida, verdade, autenticidade e luta. Por outro lado, "fora" também pode haver morte, valores que provocam alienação. Todos os que participaram de gestões ou de oficinas, como as descritas neste livro, sabem que se trata de situações de projeto e, ao mesmo tempo, de situações de estruturação. Sempre existe a tentação de um "recuo para o santuário", deixando-se de aplicar o saber construído e impedindo que se transforme em saber verdadeiro. "Para cada indivíduo, o saber nasce no momento em que sua ação transforma objetivamente a realidade. Antes desse momento, ele não existe, e não importa que milhões de seres humanos já o tenham construído antes. A certeza de que essa ação não é suficiente e que deve ser seguida de um longo trabalho metacognitivo não exclui a necessidade dessa produção inicial de uma transformação. O saber, ao contrário dos conhecimentos, só pode ser transmitido pela sua construção mediante um processo de socialização, que não passa da prova de seu poder de mudar a vida".[8]

Criemos uma interação entre ambos, cidadão no saber e cidadão no mundo, mas coloquemos, como prioritário e fundamental, o poder sobre o mundo. Se o objetivo for a obtenção de uma cidadania ativa, ou que as pessoas – crianças e adultos – se emancipem mentalmente e mudem o que decidiram mudar, a instituição – seja ela qual for, a escola ou qualquer outra – oferece apenas um campo restrito. Uma hipótese poderia ser trabalhar diretamente com as associações, os pais, os cidadãos de um bairro... em projetos de desenvolvimento local, como rádio e bibliotecas comunitárias, jornal do bairro ou qualquer outra iniciativa que vise a viver melhor na cidade. Projetos construídos a partir de uma análise de campo pelos próprios atores de campo – crianças e adultos. Um sistema em que os adultos aprendem porque as crianças aprendem. Um sistema que evacue o "escolar" para se interessar pela vida real e, portanto, pelo saber. Em um projeto de desenvolvimento, para que haja uma verdadeira interação entre pais e filhos, é preciso haver conhecimento; nesse caso, a formação pode ser direcionada para sua ação sobre o ambiente, uma formação que permita construir, de forma conjunta e para todos, os conhecimentos necessários à ação. Talvez a nova pedagogia tenha permanecido, durante muito tempo, trancada entre as quatro paredes da escola. Quando se trabalha com as forças sociais em torno da escola, quando se ergue essas pontes, será possível modificar as formas de conceber o saber o as formas de aprender; depois, gradualmente, também serão modificados a forma de dar aula e os conteúdos da escola.

CIDADÃO NO SABER, QUANDO SABER SIGNIFICA PODER SOBRE O MUNDO...

Uma gestão de projeto é uma abordagem distinta da aprendizagem baseada na construção dos saberes; é o poder de pensar e decidir por si mesmo, a gestão cooperativa, não só de lugares, atos, ações, projetos vivenciados no cotidiano, mas também dos processos desses atos e do sucesso de todos e de cada um. Um projeto, para ser considerado amplamente cidadão e de aprendizagem, precisa do compromisso pessoal de cada protagonista, o que não supõe apenas adesão, mas também concepção, elaboração, decisão, ação, teorização e regulação. A vida cooperativa, pela multiplicação das possibilidades oferecidas de tomadas de responsabilidade, permite a passagem do projeto coletivo ao pessoal. Quando se inicia esse processo de transformação do ambiente de vida, o projeto dá origem a outros que se referem à vida cotidiana, à ação sobre o ambiente, à aprendizagem, e todos eles se encaixam. Para que essa rede possa existir e para que surjam novos projetos, as crianças têm de tomar consciência do que fizeram, o que resta a fazer, do que aprenderam, do que resta para aprender. Trata-se de um trabalho de análise reflexiva que ilumina e faz com que se tome consciência dos saberes, de sua utilidade, conseqüências e desafios. "O projeto é alimentado por gestões de construção de saber que criam novas pistas... O projeto tece laços, suscita ações, apresenta situações-problema, cria interações... isto é, todo um contexto em que as aprendizagens assumem sentido. Permite que as crianças construam esse poder de sonhar e de crescer que, por nos projetar no futuro, faz com que já exista outra realidade para agir, transformar, inventar, e que permite que cada um exista como pessoa, como cidadão".[9]

"O homem sempre é o homem de um mundo. O mundo sempre é o mundo do homem. Se o homem não transforma seu mundo, não se transforma, e só pode transformá-lo caso se transforme".[10]

Aprender para realizar, sem dúvida. Realizar para aprender, certamente.

Notas

1. Ministério da Educação Nacional, *Programmes de l'école primaire*, 1995.

2. *La nouvelle encyclopédie*, Édition des Deux Coqs d'Or, 1983.

3. Ibid.

4. BCD – Biblioteca Centro Comunitário, local de consulta e de animação no ensino fundamental.

5. Ibid.

6. Jean-Jacques Rousseau, *Du contrat social*, Garnier-Flammarion, Paris, 1966, p. 134.

7. Bertold Brecht, *La mère*, Eloge de l'instruction, 1931.

8. Jean Foucambert, Inédito.

9. Yves Béal, *Aide ou ne pas aide?*, Mémoire de CAPSAIS, 1995.

10. André Duny, Inédito.

INICIATIVAS CONCRETAS

UM PROJETO ESCOLAR PARA LUTAR CONTRA O FRACASSO E A EXCLUSÃO

MARIE-PIERRE CANARD

Será uma resposta institucional ou a estruturação de concepções pedagógicas e filosóficas de pessoas envolvidas em um trabalho de equipe?

"A finalidade da escola deve ser fazer com que a criança se encarregue do processo educativo, para que se aproprie dele como uma forma de construir e dominar seu futuro social e profissional",[1] sua personalidade.

Todo ser humano tem imensas capacidades que devem ser desenvolvidas, suscitadas, multiplicadas. Nem falhas biológicas, nem *handicaps* socioculturais... Todas as crianças são capazes de pesquisar, criar, aprender e ter sucesso.

Esses são os eixos fundamentais de um projeto escolar que, a nosso ver, ultrapassa uma ação aplicada devido a uma constatação de carência (fracasso escolar, necessidades do bairro...).

APLICAMOS UM PROJETO EDUCATIVO

- baseado em nossas convicções filosóficas;
- baseado na pesquisa que todos estamos realizando há anos;
- baseado em nossa pesquisa comum e na análise das primeiras transformações, dos diferentes projetos realizados desde o início da escola;
- baseado em pesquisas realizadas pelos movimentos pedagógicos e, particularmente, pelo Grupo Francês de Educação Nova, do qual muitos de nós somos membros.

Tal projeto educativo baseia-se no fato de que consideremos possível aplicar uma *pedagogia de sucesso* que se preocupe com o sucesso de todas as crianças. Esse projeto tem um prazo: não é um capricho extravagante muito menos uma moda de um ano, mas um compromisso de toda a equipe com uma pesquisa discutida, questionada, modificada e avaliada... a fim de lutar eficazmente contra o fracasso e a exclusão.

EIS OS QUATRO GRANDES EIXOS CONSTITUTIVOS DE NOSSO PROJETO ESCOLAR

1 – Postulados pedagógicos baseados em outro tipo de olhar sobre as crianças

- **A ação**: a criança deve tornar-se ator de sua formação para ser ator de sua vida.
- **A confiança**: as crianças não devem mais ser consideradas seres ignorantes, incapazes de ter autonomia.

- **A co-educação**: como a ação educativa é global, os pais devem fazer parte da equipe.
- **A abertura para a vida**: a escola deve respeitar a identidade (pessoal, familiar, étnica, cultural, social e lingüística) da criança e levar em conta sua experiência de vida.

2 – Três pontos essenciais para situar nossa ação
- **O saber é construído** em uma pesquisa criativa, que é, ao mesmo tempo, pessoal e socializada.
- **Necessidade de uma pedagogia de projeto**, que vise ao desenvolvimento da autonomia, do poder da criança, de sua responsabilidade.
- **Elaboração dos fundamentos de uma vida e de uma gestão cooperativa**, por meio da institucionalização do Conselho Cooperativo em cada classe, do conselho das crianças no nível da escola e por meio do estímulo à ajuda mútua em estruturas diversificadas.

3 – Estruturas incitantes
- **Uma organização da escola** em três ciclos de aprendizagem.
- **Grupos funcionais de crianças** (diversas faixas etárias) definidos por gestão, tema, projeto com a classe, como estrutura que garanta a unidade da vida cooperativa.
- **Uma direção colegiada**: a gestão administrativa da escola é realizada por todo o corpo docente, com revezamento de tarefas com relação à vida geral da escola, às relações com as diferentes estruturas próximas da escola e aos diferentes parceiros.

4 – Funcionamento da equipe
Fazem parte da equipe: professores, ATSEM,[2] administrativos, pais.
A equipe compreende:
- uma reunião semanal de funcionamento, para a gestão dos assuntos correntes;
- uma reunião de conselho de ciclo uma vez por quinzena;
- uma reunião de reflexão, troca, aprofundamentos dos pontos que causam problemas à equipe uma vez por quinzena;
- um seminário de trabalho de três dias, no final do ano, para analisar o ano letivo, construir novos esboços de ações, trabalhar de forma mais eficaz com os conteúdos, as gestões de aprendizagens, a pedagogia de projeto...

Notas
1. Suplemento de *Dialogue*, L' École demain", nº 27, dezembro de 1977.
2. Agente territorial especializado da escola maternal.

INICIATIVAS CONCRETAS

A RELAÇÃO ESCOLA-FAMÍLIA: LEVANDO EM CONTA O AMBIENTE...

GÉRARD MÉDIONI

A incapacidade de adaptação de grande número de crianças às exigências escolares nos remete a uma alternativa: ou admitimos que seu fracasso se deve a razões independentes de nossa vontade, a "aptidões" pessoais deficientes, a uma falta de "dons" ou a um handicap *determinado pelas condições socioculturais, e nos refugiamos no fatalismo e na impotência; ou nos convencemos de que há caminhos em que todos os alunos podem ser bem-sucedidos, e decidimos adotar novas estratégias de ação baseadas em uma reflexão coletiva sobre os desafios pessoais e sociais da aprendizagem.*

Em nossa escola situada na ZEP de Minguettes, em um bairro com uma situação extremamente preocupante devido à agravação de problemas sociais e humanos (desemprego, delinqüência, drogas), essa realidade deve ser levada em conta e devem ser trabalhadas as noções de sentido da escola e da relação com o saber, considerando o ambiente específico das crianças e a ação com os diferentes parceiros educativos do bairro, especialmente os pais.

A relação pais-professores geralmente é prejudicada pela ignorância: a grande maioria dos pais, nesses bairros "sensíveis", provêm de ambientes diferentes daqueles dos professores. Os dois grupos não se conhecem e podem desconfiar um do outro. Em primeiro lugar, é preciso criar laços entre eles para que transformem suas representações recíprocas e possam trabalhar juntos com confiança. Os professores têm de considerar positiva a vinda de um pai que pergunta sobre sua prática. Os *pais* têm de ousar entrar na escola, conversar com os professores e se tornar *parceiros do ato educativo*. Os professores, esses trabalhadores do humano,[1] devem poder interrogar-se sobre as razões de seu investimento e os limites de seu compromisso. Como é possível ajudar os outros quando nossos valores de classe são tão diferentes?

A constituição do RÉQRÉ

A busca de um melhor relacionamento escola-famílias concretizou-se por meio da criação de uma associação capaz de realizar uma aproximação entre os professores e os pais, sem deixar de lado os assistentes sociais e os parceiros institucionais. A associação RÉQRÉ[2] existe há quatro anos, e nela coexistem pais, professores, assistentes sociais, assim como os responsáveis por associações, instituições locais e municipais.

Famílias, professores e animadores da *Maison de l' Enfance et du Centre Social* (de 300 a 400 pessoas cada vez) têm participado de piqueniques no campo (muito agradáveis) de bailes e festas. Esta foi a primeira etapa de nossa estratégia: *provocar* o encontro das pessoas e criar as condições para que sintam vontade de trabalhar juntas. No entanto, nosso objetivo não se limita a tornar mais harmônicas as relações entre pais e professores. Tentamos trabalhar com os pais.

EVITAR A CONFUSÃO ENTRE OS DIFERENTES LUGARES DE CONSTRUÇÃO DA PESSOA

Para crescer, a criança precisa construir-se em lugares diferentes: em casa, ela se sente protegida e adota os pais como referenciais (apoiando-se e contrapondo-se a eles, ao mesmo tempo), observa as regras de funcionamento da família, exerce seus poderes sobre ela. Para ela, a família é o lugar em que se transmite e se elabora sua história. Mas ela também pode explorar o mundo exterior, sobretudo a escola. Lá, ela aprende que o poder não se baseia apenas no âmbito afetivo. Quando vai para a escola, constrói ferramentas para assumir poder sobre os pais, sobre o mundo e construir sua cidadania, construindo seus saberes. Também pode construir sua autonomia nas estruturas sociais formais e informais que freqüenta (clube esportivo, creche e rua), onde aprende a viver com as contradições e conflitos que a preparam para a vida adulta.

É essencial que as relações entre os lugares de construção da pessoa das crianças existam, mas é preciso evitar que se confundam as diversas responsabilidades, e que elas dependam umas das outras, pois a consciência da diferenciação dos papéis é uma das condições para um acesso real à autonomia e à democracia.

Por isso, nosso objetivo não é o de transformar os pais em auxiliares zelosos da instituição escolar, mas o de fazer com que os parceiros (pais, professores, assistentes sociais) convivam para dominar melhor seu território de intervenção, para desempenhar melhor seu papel social – não o que lhes foi atribuído – e para que possam transformar seu ambiente e sua vida. Ainda que os professores possam lutar em prol dos "desfavorecidos", pouco podem fazer para ajudá-los realmente. A luta contra a exclusão do saber não é, em última instância, responsabilidade daqueles que a sofrem?

O TRABALHO COM O DESVIO CULTURAL E COM AS DIFERENTES RELAÇÕES COM OS SABERES

Também devemos aproveitar esses encontros para fazer com que os professores aprendam a levar em conta a realidade cultural das famílias, que muitas vezes desconhecem, assim como sua relação com o saber; por outro lado, os pais devem refletir sobre a relação que têm com a escola e com o saber. Dessa forma, tenta-se influenciar a prática de ambas as partes, pois a escola tende a privilegiar códigos que correspondam aos modos de pensamento e aos hábitos das classes mais "cultas", ignorando os das classes populares.

Dessa maneira, instituímos reuniões de reflexão com os professores e pais da escola. Essas reuniões ("A escola me interessa, quero ajudar meu filho", "Pais, professores, o sucesso das crianças, isso nos interessa!", "Como se aprende a ler?") são uma oportunidade para os pais encontrarem respostas para sua legítima curiosidade (saber o que seus filhos vivenciam na escola) e lhes permitem *refletir sobre a especificidade da profissão de pais*, evitando, assim, que se comportem como se fossem os professores do filho.

Nós, professores da escola, consideramos importante tomar consciência de que as realidades sociais de nossos alunos devem ser lidas de forma contraditória, isto é, quando as comparamos com as das camadas mais favorecidas, não devemos pensar apenas em termos de déficit, mas também de riqueza. Temos de facilitar a atividade cognitiva das crianças baseando-nos em suas competências em atos, incluindo, aí, as competências daquelas que têm maiores dificuldades. Muitas crianças mostram grandes lacunas em matemática; nesse caso, talvez pudéssemos nos basear nas competências em atos que elas construíram e ler de forma positiva aquelas que lhes permitem fazer compras, trabalhar no mercado, muitas vezes de forma mais rigorosa e criativa que muitas crianças "favorecidas".

UM PROJETO: APRENDER

O fracasso escolar não diminuirá se conseguirmos melhorar nossas habilidades; só conseguiremos isso pela adoção de novas estratégias, tendentes a *transformar o aprendiz no verdadeiro autor de suas aprendizagens*, por meio de gestões de construção de saberes e de situações-problema. Nesse ano letivo, portanto, redigimos um novo projeto escolar no qual tentamos *fazer com que o sucesso escolar de nossos alunos seja responsabilidade de todos*.

Na maior parte do tempo, os professores redigem e concebem os projetos de ação, às vezes, com a participação dos alunos. Raramente as crianças têm a oportunidade de propor e de refletir sobre suas necessidades em termos de saberes e de conhecimentos necessários. A criança vislumbra apenas a produção final que a pode motivar, porém só o professor sabe qual é a finalidade do projeto. Assim, a criança não consegue assumir seu verdadeiro projeto de aluno, que é aprender.

Por isso, envolvemo-nos (os graus de envolvimento variam de acordo com as pessoas), em uma reflexão coletiva com os alunos, com os pais e os outros parceiros, sobre as dificuldades encontradas e as estratégias para superá-las.

Pretendemos permitir-lhes que analisem seu funcionamento e que o comparem com o dos outros, crianças e adultos (na família ou fora dela), descobrindo, assim, as melhores maneiras de transformar sua relação com o saber.

CONCLUSÃO

Essa estratégia, que começou a ser aplicada há cinco anos, permitiu alguns avanços. No entanto, ainda existem algumas reticências, tanto entre os professores quanto entre os pais, provavelmente inquietos diante do que lhes parece (com razão) uma intromissão em seu território, desorientados com relação a práticas que percebem como uma nova concepção de sua profissão e que nem sempre compreendem.

Essas reticências devem ser superadas para criar na escola, assim como no ambiente que a circunda, uma verdadeira dinâmica de sucesso, que permita criar vínculos de solidariedade para que todos, seja qual for seu *status*, possam tornar-se úteis e contribuir com o êxito dos alunos da escola, porque este se tornou um desafio vital para todos, e é possível.

Notas

1. Expressão emprestada de Walo Hutmacher, *Lutte contre l'échec scolaire. Analyse du redoublement dans l'enseignement genevois.* Service de la Recherche Sociologique, Genebra, caderno 36, 1993.

2. Aproximação escola-bairro para melhorar o rendimento das crianças.
Artigo 3 dos Estatutos:

Trata-se de criar vínculos de solidariedade em que todos, seja qual for seu *status*, possam se tornar úteis e contribuir com o sucesso dos alunos da escola Louis Pergaud e do bairro:
– melhorando os projetos existentes;
– aplicando novos projetos;
– oferecendo a todos a oportunidade de intervir e de agir sobre a vida da escola e do bairro, para que todos possam aproveitar suas competências;
– trabalhando com todos os parceiros do bairro, indivíduos ou associações.

11

IMIGRAÇÃO, SABERES E CIDADANIA

FAWZI BENARBIA

UMA IDENTIDADE IMPRECISA

A integração das populações de imigrantes continua sendo algo paradoxal. Sua inserção na sociedade francesa parece não ter se completado e é objeto de intensas discussões no campo político e social. Esse tema é apresentado como dado central de todo projeto político, tanto dos relacionados ao direito de voto aos estrangeiros, quanto dos que pregam a exclusão, por meio do controle do fluxo nas fronteiras. Muitas vezes, nesses debates, a razão é substituída pela paixão ou pelo ódio. A ignorância, ou os fantasmas, impede a compreensão.

A identidade do imigrado continua sendo um conceito mal definido e remete a diversos modos de conhecimento. O nosso pode ser considerado de um ponto de vista sociológico, assim como geográfico, econômico, demográfico, etnológico, antropológico ou psicológico. O próprio termo pode ser compreendido de diversas maneiras, não se reduz a uma expressão elementar. Será possível caracterizá-lo de uma forma simples? Certamente não, pois não existe apenas uma, mas muitas imigrações; as comunidades imigradas não são grupos homogêneos. As gerações traçam novas categorias no seio desses grupos.

A relação dos imigrados com a cidade pode ser examinada a partir de dois pontos de vista. Deve-se tentar compreender o projeto da sociedade francesa com relação a eles e o que eles mesmos constroem com a sociedade que os acolheu.

O projeto dos pais que chegaram à França depois da Segunda Guerra Mundial teve as características de um retorno ao País depois de ter feito fortuna. Logo tornou-se um mito. A política de reagrupamento familiar reforçou uma gestão de arraigamento. Ao mesmo tempo, as sociedades de origem não se prepararam para a possibilidade desse retorno.

Na França, não houve um projeto capaz de favorecer a integração duradoura dos imigrados. Os fluxos migratórios foram suscitados primeiro por motivações mercantis: a participação na reconstrução de um país devastado; depois, eles serviram para alimentar um sistema industrial organizado em torno da exploração da mão de obra pouco qualificada. De certa forma, a organização industrial francesa perpetuou a concepção econômica de um império colonial, que se extinguiu nos anos 50. Apesar das mutações industriais dos anos 70, as elites não conceberam nenhum projeto de mudança. Não disseram claramente aos imigrados: "vocês garantiram seu lugar na sociedade francesa, vocês são parte integrante dela, temos o mesmo destino".

Na França e nos países de origem, ocultou-se um aspecto essencial, pois o colonialismo continua sendo objeto de uma conspiração do silêncio, cujos motivos ideológicos deveriam ser estudados. A falta de uma análise serena dos conflitos coloniais, sobretudo da guerra da Argélia, pesa no debate sobre a situação da imigração proveniente dos países do Norte da África: Argélia, Marrocos e Tunísia. Não existe consenso sobre uma análise geral da história, e isso fragiliza seu arraigamento na comunidade nacional. Esse fato se torna ainda mais doloroso quando pensamos que a falência política e econômica de países como a Argélia impede uma identificação positiva com o país de referência.

As crianças criadas na França têm de lidar com esses silêncios, com a ausência de um projeto autêntico, com uma determinada concepção de sua cidadania. Devem inserir-se em um conjunto cujos contornos não foram claramente traçados, que, muitas vezes, se descreve mais por meio de metáforas que pelos comentários detalhados.

A IMIGRAÇÃO COMO UMA LUPA QUE REVELA OS PROBLEMAS GLOBAIS DE NOSSA SOCIEDADE

As dificuldades encontradas pelas populações imigradas possuem características específicas, porém também demonstram um significado global. De alguma forma, esse grupo social passou a constituir um espelho ampliado dos problemas da sociedade francesa. Esta atravessa uma grave crise, econômica e social, que dificulta sua coesão e está ligada a seus fundamentos materiais e econômicos.

O estigma das dificuldades encontradas pelos imigrados não deve ser imputado a suas origens étnicas ou nacionais. Acima de tudo, elas estão ligadas às características de sua inserção econômica e social.

Os imigrados não constituem uma entidade homogênea. Muitas vezes, eles são estrangeiros, porém seus filhos são legalmente franceses. Com freqüência, sua imagem em nossa sociedade é associada a grandes grupos, à delinqüência e ao desemprego. O que estigmatiza o vocabulário é a precariedade, a exclusão, o exotismo e mesmo uma forma de atraso dessa população. Para muitos, e até para si mesma, ela continua sendo estranha à sociedade francesa comum.

Antes de ser objeto de estudos, de regulamentações e de teorias, o imigrado pertence a si mesmo. Seu sentimento de pertencimento a um grupo, a uma rede de referências simbólicas e culturais serve de base à sua inserção material na sociedade. A construção dessa consciência certamente é mais difícil na sociedade dos anos 90.

Diante desses problemas, a França se interroga sobre suas doutrinas e seus sistemas de crenças, o que é muito difícil, pois uma parte de sua história foi ocultada (o colonialismo) ou idealizada (como a Resistência à ocupação alemã). Como a consciência não se constrói fora da realidade, é difícil superar essas rupturas.

Com falta de emprego, de solidariedade, de confiança e de ambição, o modelo republicano está ameaçado. Ele não consegue mais aplicar de forma plena os valores fundadores da Nação. O direito ao trabalho, à dignidade, está subordinado à produtividade financeira. Os critérios de gestão econômica integram mal a rentabilidade social. As formas comuns de diálogo na cidade sofrem com isso. Os poderes de decisão e de ação estão ainda mais distantes dos cidadãos e são exercidos pelas estruturas tecnocráticas, enquadradas pelos políticos e pela mídia.

Ao mesmo tempo, a França sofreu profundas mudanças:

- avanço dos conhecimentos científicos e técnicos;
- modificação dos modos de produção e subsistência;
- evoluções demográficas e sociais (prolongamento da vida, lugar das mulheres na sociedade, urbanização);
- tendência à generalização da educação;
- universalidade e instantaneidade das redes de intercâmbio de bens e de informação.

Embora algumas dessas evoluções sejam silenciosas, todas elas agem sobre nosso modo de existência e fundam uma nova civilização. Depois das barreiras espaciais, os limites temporais tendem a desaparecer. A noção de Nação se recompõe.

Nossa sociedade não enfrenta apenas uma crise conjuntural, mas a necessidade de se adaptar a novas condições de existência. Tem de construir novos modelos, não só adaptar os antigos.

Qual é o lugar dos imigrados nessa nova ordem de coisas? Relegados nos âmbitos legal e econômico, será que alguém pode surpreender-se com sua *perda de referenciais*?

As abordagens econômicas ou técnicas não são suficientes. A iniciativa individual e coletiva só toma forma e se constrói quando possui um sentido e uma cultura afirmada.

Fora de um projeto, a crise sofrida se traduz nos bairros pela rejeição da regra comum e pela invenção de comportamentos singulares e violentos, não-aceitos pelas normas sociais.

A ESCOLA NA ÉPOCA DA REPÚBLICA

Na mitologia republicana, a escola desempenhava uma função primordial. Ela ajudou a formar a coesão nacional, oferecendo a todos os jovens franceses, fosse qual fosse sua origem, uma bagagem de conhecimento, de cultura e de crenças comuns. De forma complementar, as solidariedades sociais se uniam em torno do trabalho – da atividade produtiva –, o que dava origem a uma *sensação de pertencimento e de identidade*. Tal modelo foi afetado, ou até mesmo aniquilado, pela crise econômica e as ondas de desemprego. O vínculo social criado pela economia desapareceu, deixando apenas um vazio.

O aprofundamento da crise social traduziu-se por meio de episódios de violência coletiva e, sobretudo, por certa decomposição social. Por outro lado, esses fatos provocaram uma tomada de consciência da coletividade. Várias iniciativas surgiram.

Os moradores dos bairros tentaram exprimir suas dificuldades, agindo de diversas maneiras. As instituições se manifestaram e iniciaram experiências dentro e fora da instituição escolar.

Na escola, no final dos anos 70, as dificuldades eram traduzidas por atos de ruptura individual, de absenteísmo e por uma violência difusa. Essa situação foi típica da concentração de população, como a acontecida na rua Léo Lagrange, em Minguettes. Para responder a essas situações, surgiram algumas iniciativas pontuais, como os cursos de bairro para mulheres jovens.

A partir de 85-86, surgiu um grande número de associações de jovens que desejavam participar da transformação dos bairros. Algumas delas foram efêmeras, porém outras se mantiveram ativas. Elas propiciaram a emergência de ações de acompanhamento da escolaridade e encontros entre atores. A ZEP de Minguettes foi criada em 1983.

O contexto atual prima pela precariedade. Não houve uma solução verdadeira. No balanço das ações realizadas, há inúmeros altos e baixos. Os objetivos estipulados há cerca de dez anos não foram alcançados. A precariedade material e social é a principal causa das dificuldades das escolas. A ação institucional também tenta construir-se de forma estável e coerente. É importante fazer com que se manifestem as capacidades e iniciativas de todos.

Foram investidas muitas energias na educação, porém é possível constatar-se que o sentimento predominante é o de ter fracassado.

Essa opinião é matizada por quatro reflexões:

1 – Há uma imensa expectativa com relação à escola, que continua sendo um lugar de intenso investimento. Espera-se que ela proporcione igualdade de oportunidades, sucesso e bons resultados. É importante que ela tenha conservado essa imagem positiva, apesar da crise social.

2 – No âmbito das políticas públicas, a escola desempenha um papel fundamental. Ela ocupa um lugar central nos processos de integração. No imaginário, funciona como um mito integrador.

No entanto, o ginásio é um lugar de tensão e confronto. É um primeiro passo rumo à orientação profissional, vivenciado de maneira dolorosa pelos jovens direcionados para o ensino profissionalizante. "Fui orientado." Com essa frase, esses alunos exprimem sua sensação de terem sido desapropriados de seu destino. Essa instituição possui as contradições de nossa sociedade, contrapondo suas ambições integracionistas às realidades da seleção e de uma forma não-explícita de exclusão. O ginásio está exposto ao conflito entre as aspirações ao sucesso e à integração e um ambiente fechado, muitas vezes percebido como hostil.

Há uma diferença fundamental de destino entre as expectativas que os professores têm com relação aos próprios filhos e aos seus alunos – um caminho que ofereça uma grande promoção social para os primeiros e cursos pouco valorizados para os últimos.

As formações técnicas e profissionais não são valorizadas por nossa sociedade. Em alguns aspectos, podemos até evocar uma situação de ruptura entre os professores e as camadas populares.

O critério de distinção não é a origem étnica, mas o pertencimento a um grupo social. Desse ponto de vista, a questão operária pesa muito.

Os conteúdos e as finalidades do ensino, no ensino médio, deveriam ser objeto de um atento exame crítico.

3 – As medidas tomadas para excluir alunos dos estabelecimentos escolares são de uma violência particular. Elas deveriam ser educativas, porém não são utilizadas dessa maneira. Com freqüência, são uma forma de extrair da escola um aluno com grandes dificuldades, sem pensar em seu futuro. Assim, a instituição escolar seleciona com uma violência social destrutiva.

Essa violência insuportável denota as imensas dificuldades encontradas para educar e não só para ensinar os alunos, particularmente os rapazes descendentes de imigrados do Norte da África.

Devemos excluir a exclusão. As medidas desse tipo não deveriam poder ser consideradas fora de um projeto educativo para o aluno.

4 – A integração dos jovens provenientes da imigração na sociedade francesa é incompleta. Nossos mitos fundadores são falsos. Temos de rever a história. A nação francesa sempre teve um forte componente de miscigenação. Foi construída por meio de intercâmbios e pela elaboração de uma comunidade cultural original. Não é inteira nem única, mas diversa. Esse trabalho de compreensão, de identificação da imigração em bases mais coerentes deve ser retomado, tanto pela comunidade de origem estrangeira quando pela sociedade que a acolheu.

Não sabemos falar de imigração. É mais prático utilizar o tema que refletir sobre a identidade e o lugar dessa população na sociedade francesa.

Sempre se fala de fluxos de imigração. Isso é uma mentira. Não queremos reconhecer que nosso País é um povo de migrantes e temos medo de correr o risco de mudar o modelo de integração se reconhecermos a existência de uma comunidade imigrada.

A RELAÇÃO COM A LEI AINDA NÃO FOI CONSTRUÍDA

Para os jovens provenientes da imigração, é muito difícil saber quem eles são, e isso pode produzir muito sofrimento. A sociedade não os ajuda a se identificar claramente. Sua situação continua sendo imprecisa e paradoxal. Estrangeiros, tanto na França quanto em seu país de origem, não pertencem plenamente à nação francesa.

A precariedade de seu *status* e de sua integração continua sendo uma constante em todos os governos. É preciso criar insegurança nesse sangue impuro.

O imigrado enfrenta múltiplas dificuldades, sobretudo em sua relação com a Lei. A reforma do código da nacionalidade multiplicou as obstruções administrativas nos procedimentos de acesso à residência permanente. A partir de então, a relação com as convenções sociais se precarizou, pois se tornou menos legível.

A cidadania está totalmente ligada à nacionalidade. Seja qual for a duração de sua presença, os estrangeiros são excluídos de qualquer possibilidade de expressão cívica – direito de voto, exercício de um mandato eletivo. A precariedade do *status* legal da imigração é um drama.

Não devemos nos surpreender com os *recuos comunitários*.

Pode aparecer uma nova nacionalidade mítica, com algumas visões redutoras do Islã. Essa referência oferece uma coerência tranqüilizadora, uma leitura simplificada da relação social.

A relação com o país de origem não é mais real, mas simbólica. Está relacionada ao aspecto íntimo e afetivo. A realidade de existência e a do país receptor, e tem de ser construída por meio de uma negociação. Ela cria uma identidade nova e original. Esse é um trabalho longo e doloroso, que exige reconhecimento.

Infelizmente, o Estado não tem uma mensagem clara para todos, que expresse o seguinte: "O lugar de todos vocês é aqui".

UM PROJETO DE EMANCIPAÇÃO

A observação da imigração causa uma espécie de efeito lupa nos fenômenos sociais. É como se essas evoluções antecipassem ou aumentassem o que acontece na sociedade francesa.

Podemos enumerar uma série de termos: imigração e desemprego, imigração e periferia, imigração e direito à expressão cultural, imigração e nacionalidade, e família, e laicidade.

A imigração revela os problemas de exclusão social da sociedade francesa. Isso impõe outro limite à análise do pensamento plural e complexo. A imigração não é um conceito, mas é constituída pela soma das situações reais de pessoas imigradas existentes. Elas se manifestam por meio de uma identidade, de sua história de vida.

A cidadania deve ser captada em seu sentido dinâmico: "viver e trabalhar em uma terra" e "participar da vida coletiva local".

Mas quais são essas pistas de emancipação?

As experiências de formação de adultos considerados analfabetos ou iletrados propõem algumas pontes e podem representar um lugar de aprendizagem e de evolução da situação de imigração para situações de cidadania, por menos reconhecidas que sejam.

Desse ponto de vista, a formação é um espaço intermediário e intercultural para acompanhar esses processos. A formação pode ser um ato de desenvolvimento cultural pessoal e coletivo. Esse ato cria identidade e transforma.

Cria identidade porque contribui para que a pessoa se reconheça, consolidando seus referencias e criando outros.

É transformadora. Incita a sair de si mesmo, a controlar os mecanismos sociais, a intervir sobre a vida, na ação coletiva. Assim, permite a formação e o desenvolvimento dos pontos de vista, baseando os atos no conhecimento. Também permite conhecer e reconhecer competências e capacidades.

Mas não devemos esquecer-nos de uma série de dados fundamentais: os modos de pensamento estão ligados a uma língua, enquanto os modos de agir estão vinculados aos modos de pensamento.

Por isso, é preciso recorrer à mediação e se situar em uma perspectiva intercultural para intervir de forma eficaz.

Precisamos de imaginação. As respostas adequadas devem ser inventadas e adaptadas à realidade.

Os dispositivos de formação de adultos têm copiado o modelo escolar, seus métodos e organização. Despertam numerosas expectativas em todos os campos. Alguns se baseiam mais em fantasia que em capacidades reais de intervenção. A formação não pode remediar todas as falhas da sociedade em matéria de emprego ou solidariedade.

TRÊS E

Parece necessário estimular os esforços de formação em torno de três eixos, os três "E":

Escrita: como meio de descrição do real, é uma maneira de apreendê-lo e explicitá-lo. É um ato de pensamento para agir. É o distanciamento da realidade para refletir e agir sobre ela. É uma ferramenta para conhecer e se emancipar. Instrumento de aprendizagem e de comunicação; a escrita também é válida como marca, como memória. A prática da escrita participa da socialização. É preciso saber contemplá-la de outros ângulos além do acadêmico. As oficinas de escrita para pessoas que não sabem ler são exemplos de iniciativas que visam desenvolver a autonomia e a cidadania.

Economia: a integração tem uma relação com o material, com a economia; a formação deve estar a serviço de projetos de atividade, da resolução de problemas coletivos. Ao contribuir com a construção de conhecimentos e de competências, a formação serve para compreender e agir.

Podemos citar, como exemplo, as atividades de cabeleireiro, restaurador, motorista, costureira ou pedreiro.

Educação: a educação participa da integração. É determinante para a coesão social.

a. O papel educativo dos pais na sociedade contemporânea.

A família continua sendo o pólo central da mediação social. Em torno dela, é elaborado o sentimento de identidade e a estratégia de inserção social. Exemplo da relação com os outros, espaço de projeção, ela é o crisol em que a identidade amadurece. Nelas, o afetivo semeia o biológico e o material. Essa complexidade tem sido levada em conta para criar colaborações entre crianças, famílias e escola nos bairros. Para além do acesso a um conhecimento das lógicas do sistema educativo, o que se encontra em jogo é permitir que as crianças e seus pais construam uma compreensão, um sistema de significação da escola e de seu ambiente social. Vamos citar algumas formas dessas iniciativas:

- abertura de um espaço de diálogo entre pais e filhos;
- ajuda nas lições de casa e na escolaridade, na residência familiar;

- gestão cooperativa de um lugar de acolhimento para as crianças;
- encontros com os professores, com o suporte de um mediador;
- formação/desenvolvimento da "profissão de pai" no contexto de um curso de bairro ou de uma ZEP;
- ação de promoção da leitura entre diversas faixas etárias.

Tudo isso constitui um suporte à elaboração de estratégias de gestão da construção dos saberes e da escolaridade, realizado pelas famílias e pelas crianças.

b. Participação na vida pública, social e associativa.
O principal suporte da participação na vida pública é a forma associativa. Esta é apoiada pelos projetos de formação, estruturados em torno de dois eixos: o conhecimento do ambiente social e a escolha de uma estratégia de ação. Podemos citar alguns módulos, como "Ser cidadão em seu bairro" (conhecimento das instituições públicas), "Gerenciar e animar uma associação", "Pedagogia do projeto"...

Dessa forma, tenta-se levar em conta as implicações implícitas e explícitas das realidades.

Também propõe-se a questão da independência e da liberdade de iniciativa dos moradores do bairro. Os terceiros – assistentes sociais, agentes estatais de coletividades e outras instituições – são iniciadores, mediadores, reguladores, controladores? Que papel eles desempenham? Que papel deveriam desempenhar? Qual é a legitimidade de cada um desses parceiros?

SABERES E CIDADANIA

Será que a formação e a educação constituem uma ferramenta de integração? São instrumentos de ação diferida que podem orientar, informar, guiar? A evolução de suas formas ainda não acabou. Elas têm de se adaptar às evoluções, imaginar maneiras de remediar – na medida do possível – as panes da comunicação social, favorecer a expressão e o reconhecimento das iniciativas locais e da solidariedade.

Não existe nenhum modelo para a relação entre saberes e cidadania. Na verdade, trata-se de algo complexo, que associa uma expressão de identidade à inserção na cidade, na sociedade e na economia.

A escola ainda oferece uma grande esperança. É utilizada conforme estratégias individuais que, no essencial, se referem mais à categoria social de pertencimento que à cultura nacional de origem. No outro extremo, emerge um recuo de identidade, catalisado por referências religiosas mais ou menos míticas. A crise da integração social pesa na instituição escolar. Esta é o primeiro lugar da construção dos saberes e a expressão da organização social, ao mesmo tempo. Como não se reconhecem e não são reconhecidos, os alunos em dificuldades rejeitam com o mesmo movimento uma instituição que os exclui e o prazer do conhecimento. Rejeitam, ao mesmo tempo, a alienação e a aculturação que, de seu ponto de vista, lhes são impostas. Essa posição niilista poderá encontrar uma resposta coerente nas estruturas educativas ou formativas atuais?

Que representação da cidadania dos imigrados deve ser adotada? O Estado e a comunidade nacional podem lançar uma mensagem de integração clara a todos os que se encontram há certo tempo no País?

Que estratégias os imigrados podem adotar?

O exercício dos saberes é uma das condições necessárias para o exercício da cidadania. Eles são o crisol da relação ativa com o real, o sensível, o simbólico e o íntimo.

Compreensão, leitura, ponto de vista servem para construir, para elaborar estratégias de ação, de colaboração. Ainda falta definir os espaços. Serão campos separados reservados para a expressão seletiva de comunidades singulares ou um domínio aberto ao universal?

Só a formação e a educação não vão conseguir responder a todas essas perguntas.

A crise da escola e a crise da relação com os saberes marcam, mais do que outras, a urgência de resposta às falhas sociais. Tais respostas só podem ser elaboradas por meio do confronto de pontos de vista e de campos de pesquisa múltiplos. Graças à interação entre as disciplinas, surgirão novas relações reais e simbólicas. Essas mesmas perguntas são feitas à pedagogia, à sociologia, à psicologia, à moral, às práticas sociais e à vida econômica. Essas trocas e esses confrontos devem servir para transformar o real, para renovar as relações com seu conhecimento. Esse procedimento tende à compreensão da complexidade do mundo.

Podemos imaginar que ela servirá ao pensamento e à ação, a franceses e imigrados. Essa relação contribui para estruturar um debate democrático necessário para tornar possível a expressão necessária de solidariedades, para reencontrar referenciais e propiciar a inserção duradoura de cada um em uma sociedade aceitável.

LIDANDO COM O INTERCULTURALISMO

MARIA-ALICE MÉDIONI

"Caminante, son tus huellas
el camino, y nada más;
Caminante, no hay camino,
se hace camino al andar."[1]
Antonio Machado, Proverbios y cantares

Todos somos exemplos vivos de interculturalismo. Em todos os momentos de nossa vida, encontramo-nos na encruzilhada entre diversas culturas, pois todos nascemos de um pai e de uma mãe, portadores de culturas diferentes.

> Ela era loura e frágil, filha de imigrantes, e em sua voz cantavam diversos sotaques mediterrâneos. Conheceu um jovem arquiteto alemão, cheio de humor e fantasia. Ele sonhava com uma grande família muito unida, baseada em valores sólidos. Tiveram um primeiro filho a quem chamaram Gabriel.

O interculturalismo remete quase obrigatoriamente ao outro, que é diferente de nós. O problema do outro nos incomoda, agride ou questiona. Como se não estivéssemos constantemente em diálogo e em conflito com esses outros, que "não são totalmente iguais nem diferentes por completo".

> Na adolescência, na idade das escolhas, como costumamos dizer (como se toda nossa vida não fosse escolha após a outra...), ele quer retornar ao país de seus pais, da língua que ninou seus primeiros dias, que enche sua boca de sabores deliciosos. Mas também lá ele se sente "estrangeiro", "outro". Parece-lhe que sempre lhe falta algo, que o faz se sentir notado e excluído. Ele ainda vai precisar de um pouco de tempo para perceber que seu aspecto distintivo é um tecido (uma mestiçagem) complicado por aportes diferentes e conflituosos.
>
> Que fazer com toda essa "bagagem"? A viagem não terminou.

Temos uma identidade plural em construção permanente, originada no encontro entre culturas popular e intelectual, nacional e estrangeira, política e ética, militante e profissional.

> Meu pai voltava da fábrica e conversava comigo de uma forma dura e cheia de solidariedade ao mesmo tempo. Não descansei até conhecer esse lugar mítico onde sucediam tantas coisas importantes para nós. Minha mãe era porteira: seu trabalho era apreciado, precisavam de sua ajuda, porém sua pessoa muitas vezes era desconsiderada. Os dois quiseram que eu estudasse.

Sem dúvida, o que deve ser trabalhado é a forma como pertencemos a todas essas culturas, como as atravessamos, como as adquirimos; elas nos alimentam e nós as alimentamos.

> Eles não sabem falar bem francês, muito menos ler e escrever nessa língua. Porém sua ajuda é preciosa; sem eles, ela não poderia seguir em frente e ir bem na escola. Ela lê para eles suas dissertações e suas traduções de versões latinas. Eles lhe dizem quando não compreendem bem, quando não captam algo. Ela tem de esclarecer e explicar. Eles lhe dizem em que tudo isso lhes faz pensar. Ela extrai idéias dos exemplos que eles dão.

O que deve ser trabalhado é a forma como renegamos ou não essas culturas, como as bifurcamos, como elas se cruzam, como as aceitamos com suas contradições e com as questões que despertam.

> Todos os domingos, na hora da missa, seu pai a leva ao Ateneo Cervantes, um círculo cultural espanhol que reúne imigrantes, republicanos que lutaram na Guerra Civil Espanhola, em sua maioria anarcossindicalistas. Eles perderam quase tudo, agora são varredores, operários sem qualificação... Aos domingos, porém, eles se reúnem para discutir cultura. Convidam universitários de Lyon, que vêm fazer uma exposição, e depois todos discutem.
>
> Ela tem oito anos e não sabe quem admirar mais.

Nesse conflito, que é fonte de riqueza, todos crescemos. As escolhas nem sempre são as mesmas, elas dependem dos momentos de nossa vida, mas em todos os momentos temos de escolher o que vamos guardar, perder ou faremos frutificar.

> Ela é professora e seus alunos pertencem a outra cultura. São dois mundos e duas culturas que se enfrentam, diz ela, em uma luta de "classes". Não há convergências possíveis, a impossibilidade de diálogo é total. Como poder reconhecer-se e encontrar-se?

Nota

1. "Caminhante, o caminho são as marcas de teus passos/ nada mais; caminhante, não há caminho,/ o caminho é feito ao andar".

INICIATIVAS CONCRETAS

DA SENSAÇÃO DE IMPOTÊNCIA À AUDÁCIA DE APRENDER POR MEIO DA DESCOBERTA EMOCIONANTE DE QUE JÁ SABEMOS

YVES BÉAL

SITUAÇÃO DE PARTIDA

Grupo de crianças estrangeiras (três italianas, duas portuguesas, três turcas). Com idades que variam dos nove aos 11 anos, elas chegam de seus países no verão. Entram na escola falando apenas algumas palavras de francês. Depois de algumas sessões – tomada de contato, vivência comum, avaliação diagnóstica –, percebo que essas crianças, sobretudo as turcas e as portuguesas:

- não progridem em classe nem no CRI[1] nem se consideram capazes de ser bem-sucedidas;
- consideram suas dificuldades como um fatalismo;
- sentem que os professores não conseguem lidar com sua situação;
- vivem o CRI como um gueto, uma estrutura que consolida seu fracasso;
- sofrem de isolamento (tanto na escola quanto no bairro).

PROBLEMA PARA O PROFESSOR

Poderíamos pensar – já que aprender é ter um projeto – que o projeto de aprender a língua francesa pudesse constituir o motor da aprendizagem para essas crianças. No entanto, isso não acontecia. Mas passou a acontecer. Por quê? Como?

Não acontecia porque, sem dúvida e acima de tudo, o fato de ter de vir para a França não tinha sido um assunto negociado e longamente preparado no âmbito da família. A maioria dessas crianças sofria, no exterior, o "projeto" dos pais.

Também não acontecia porque a defasagem entre seu saber anterior e o saber a ser apropriado era percebida como intransponível. O futuro parecia longínquo demais e às crianças não se representavam as formas de chegar a ele.

Não acontecia porque várias dessas crianças vivenciavam de forma traumática suas relações com os outros, sobretudo com os autóctones (rejeição, racismo, diferença interiorizada como inferioridade...).

ORGANIZAÇÃO PEDAGÓGICA DE UMA INSERÇÃO

É possível encontrar outros motivos para justificar o fato de que essas crianças não se entusiasmassem com o projeto de aprender a língua francesa, porém os três fatores anteriormente mencionados é que determinaram minha ação pedagógica.

> "Vocês já devem ter ouvido falar do projeto de jornal da escola. Gostaria que vocês fossem redatores, participassem da comissão de redação".
>
> Estupor. Incredulidade. Impossível.
>
> Acrescentei, como se tentasse reforçar o obstáculo... e o desafio:
>
> "... Comissão de redação quer dizer que vocês têm de escrever as regras para a publicação dos artigos, redigir a pauta, ler os artigos recebidos, criticá-los, revisar a ortografia, enviá-los de novo aos autores explicando o que está certo ou não... Também vão ter de datilografar os artigos, se ocupar da paginação e das ilustrações, utilizar a máquina da associação de moradores para imprimir o jornal e até mesmo organizar a venda.
>
> – **Impossível**! Não sabemos ler nem escrever... e nem mesmo falar francês!
>
> – Vocês não conseguem acreditar em vocês mesmos? Pois eu acredito! Mas vocês é que vão ter de decidir e eu vou aceitar sua decisão. Só peço que não respondam agora, usem um pouco de tempo para refletir..."

Depois disso, em um segundo momento, levo-os à sede da associação de moradores, onde um monitor nos mostra o funcionamento das duas máquinas: um mimeógrafo Gestetner e um gravador de estênceis.

Percebo o surgimento de uma certa vontade... como se a possibilidade de trabalhar com máquinas de verdade tivesse algo a ver com a relação com o saber no ambiente de origem, em que o saber é concebido como um instrumento, "um saber útil [...], que permite obter resultados, resolver problemas, (um saber) cuja eficácia é visível, pode ser constatada..."[2]

É verdade que o mundo escolar geralmente propõe uma aprendizagem que não tem nada a ver com uma prática ativa, que não tem nenhuma utilidade nem sentido social, isto é, funciona de acordo com o tipo de relação com o saber dos meios intelectuais, em que "o saber significa saber dizer o que se sabe, demonstrá-lo, enunciá-lo em um discurso [em que o saber] não é um saber que desemboca diretamente em uma sucessão de operações práticas".[3]

Isso significa que devemos contentar-nos com um saber que corresponda apenas a problemas concretos, que esclareça as ações? Nesse caso, correríamos o risco de jogar a criança em um empirismo absoluto, obrigando-a incessantemente a "reinventar a roda", devido a um saber demasiado contextualizado. É indispensável provocar uma descontextualização, e isso pode ser feito por meio da exigência de colocação em palavras, de formulação, de verbalização, de confronto com os outros, de conceituação.

Em um terceiro momento, peço que cada criança traga jornais de seu país. Anuncio, então, que, depois do trabalho com jornais turcos, italianos e portugueses, o grupo terá de decidir se vai participar ou não do projeto. A decisão deve ser coletiva, porém o compromisso será pessoal, pois anuncio que, se alguém não estiver de acordo, nada será feito.

> – "Vocês dizem que não podem se tornar redatores do jornal da escola porque não sabem ler em francês. E isso é verdade, porque estamos aqui para aprender todos juntos. Mas eu sei que vocês sabem muitas coisas, e vocês não querem aceitar isso. Vou provar isso para vocês, ou melhor, vocês é que vão provar.
> – O senhor quer que leiamos o jornal do nosso país... mas isso é mais fácil, é nossa língua...
> – Não, nada disso, seria fácil demais. Ramazan, Ilyas... vocês não falam nada de italiano, sabem ainda menos italiano que francês, não é? Então vão pegar os jornais italianos. As crianças portuguesas vão pegar os jornais turcos, e as italianas, os jornais portugueses.
> Vão ficar em salas diferentes, e eu não vou intervir. Daqui a 30 minutos, vão me dizer tudo o que leram, tudo o que compreenderam dos jornais que cada um tem. Aposto que vão se surpreender".

Deixo de lado os detalhes, mas o grupo tomou a decisão que eu esperava e na qual tinha apostado: as crianças se tornaram redatoras do jornal da escola... e não precisaram mais de seis meses para aprender a ler, escrever e falar na nova língua.

COMPREENDER A REAÇÃO

Nessa situação, devemos considerar vários elementos. Em primeiro lugar, o fato de que, para ousar arriscar-se em uma aprendizagem, é indispensável *ter ou forjar uma imagem positiva de si mesmo, se sentir capaz* (isso foi o que a leitura dos jornais estrangeiros permitiu), isto é, não se considerar totalmente ignorante, sentir que pode apoiar-se naquilo que já se sabe; para isso, é preciso tomar consciência dos saberes anteriores por meio de uma situação que faça com que eles apareçam, não apenas com relação ao professor, mas, sobretudo, com respeito à própria criança.

No caso de crianças em dificuldade, que geralmente se caracterizam por se negar a ver o que já sabem fazer, por minimizá-lo e desvalorizá-lo, é preciso *fazer emergir os saberes anteriores*, provocando um primeiro sucesso imediato que, depois de analisado, começará a restaurar a autoconfiança e uma auto-imagem mais positiva...

Deve-se forjar uma auto-imagem positiva porque, sem dúvida, ela é o principal motor de toda aprendizagem, a reinserção do trabalho escolar em uma identidade cultural e social, levando em conta a relação com o saber do meio de origem das crianças; por isso, visitamos a gráfica da associação de moradores.

Depois, vem o desafio lançado pelo professor, *desafio pessoal e coletivo* que situa cada criança diante de um problema real a ser enfrentado, no qual os saberes anteriores claramente identificados não serão mais suficientes.

No entanto, esse desafio, que eleva o nível de exigência – do qual ninguém se considerava capaz no ponto de partida – só pode ser superado pelas crianças se for acompanhado de um olhar positivo e de uma confiança absoluta – afirmada explicitamente – em suas capacidades, nas capacidades de todas as crianças, de cada criança.

Notas

1. CLIN-CRI: Classe de inserção para os recém-chegados.

2. Bernard Chalot, "Je serai ouvrier comme papa, alors à quoi ça me sert d'apprendre?" Echec scolaire, démarche pédagogique et rapport social au savoir", in GFEN (col.), *Quelles pratiques pour une autre école*?, Casterman, 1982, p. 143.

3. Ibid, p. 144-145.

INICIATIVAS CONCRETAS

ESCREVER PARA AVANÇAR

FRANCESCO AZZIMONTI

O CONCURSO DE ESCRITA

Durante vários anos, a partir do CLAP Rhône-Alpes, lançamos a proposta de um "concurso" de escrita para pessoas que não sabiam escrever, convencidos de que a aprendizagem da leitura-escrita acompanha todas as práticas de inserção social, cultural ou econômica, e que ela ocorre essencialmente em situações de comunicação.

Tentarei extrair algumas lições desse "concurso de escrita" e da dinâmica iniciada em torno dos "ateliês de escrita".

Um "concurso" de escrita para quem não sabe escrever é, ao mesmo tempo, uma *aposta* ("*mesmo que não saiba escrever, escreva...*") e um *desafio*, no sentido de que é preciso ousar abordar as pessoas que consideramos "excluídas" ("analfabetas" – "iletradas"), por meio de um olhar positivo: *vocês também têm coisas a dizer... escrevam-nas.*

Todos os anos, em todas as partes da França, cerca de mil textos são produzidos, respostas individuais ou coletivas a essa proposta de escrita.

Em primeiro lugar, faremos duas séries de considerações, uma relativa ao *status do escrito*, e outra referente ao *status das pessoas*, lições de pedagogia oferecidas por aquelas que ousaram escrever, apesar de suas dificuldades.

O *status* do escrito

Se a escrita só tem sentido em situações, em situação, se a escrita é, acima de tudo, expressão de si e ato de comunicação, então é possível dizer que se pode aprender a escrever escrevendo. Não é preciso esperar conhecer toda a gramática e todas as regras para poder lançar-se na escrita. Esse concurso nos permitiu afirmar o seguinte: *sim, mesmo sem saber escrever, é possível escrever.* Talvez essa afirmação tenha um enunciado simples, porém é radicalmente importante em uma atitude pedagógica.

A segunda lição é que, para entrar na escrita, para entrar nessa dinâmica de aprendizagem da escrita, *não existe apenas uma forma de fazer as coisas*, mas sete, oito, nove ou dez formas diferentes de poder entrar na escrita: sozinho, com outros, em grupos, em família, por diferentes tipos de escrita e com registros diferentes.

Em terceiro lugar, a *escrita é formada por erros e correções*. Temos o direito de errar, de riscar, de corrigir, o que significa que estamos buscando idéias, conselhos, ou que nos comparamos ou confrontamos. Portanto, aprender a escrever também quer dizer aprender a comunicar, colocar em movimento uma gestão de socialização, aceitar o enfrentamento com as normas e com os outros e o fato de que os outros vão nos corrigir...

Com relação ao *status* do escrito, gostaria de destacar duas grandes questões a serem trabalhadas:

1. É possível fazer com que, em toda "pesquisa", universitária ou não, sobre a escrita, os analfabetos ou os iletrados, as pessoas que escrevem, não sejam mais consideradas como "objetos" de estudo, mas como "sujeitos"? Essas pessoas escreveram, elas podem dizer como fizeram para escrever, podem dizer o que acontece quando elas não sabem escrever, mas mesmo assim escrevem... Tratar-se-ia, portanto, de desenvolver mais o que chamamos de "pesquisas participativas" sobre os aspectos cognitivos e lingüísticos da aprendizagem da escrita.
2. É possível compreender cada vez mais a aprendizagem da escrita em sua dimensão social e descobrir novas funções e novas práticas culturais e sociais da escrita e da aprendizagem?

Status *das pessoas. Lições de cidadania*

Também aqui houve a descoberta de uma afirmação muito simples, porém sumariamente forte. Muitas pessoas responderam "presente" à proposta de escrita. *Dar a palavra, dar a caneta às pessoas excluídas, é uma forma de "reconhecê-las", de "fazê-las existir".* Se dissermos a alguém: "sim, você pode escrever, você tem coisas a dizer, alguém vai escutar, vai levar em conta o que você diz, alguém vai responder...", mesmo os excluídos da escrita terão coisas a dizer, como todos.

Às vezes, a participação é difícil e mesmo impossível, quando se organizam comissões e grupos de trabalho nos bairros. Mas talvez existam locais mais simples, locais de palavra, locais de escrita, nos quais a expressão dos moradores seja possível, espaços para se exprimir e escrever... Para mim, essa possibilidade de haver um local de escuta e um lugar de palavra, oral ou escrita, é fundamental. Um local de respeito e de acolhimento do outro tal qual é, onde todos possam expressar-se, sair de sua solidão e intercambiar o que têm no coração, o que os alegra, o que os inquieta. O fato de ser escutado, de ver pessoas ou um grupo se interessar por si mesmo, é se sentir reconhecido, é existir. Dessa forma, a pessoa pode, pouco a pouco, sentir-se "envolvida" pelas questões dos outros.

Quando se entra na escrita, também se passa a "assinar" um texto, a guardar uma pista, a fixar uma idéia, a se inserir em uma "memória" e, a partir daí, em uma história, isso significa entabular uma gestão coletiva. "Escrevemos em uma folha, mas também na memória...". "Estou contente porque assim grito minha história...".

A primeira possibilidade de dizer "eu" por meio da escrita, em um ateliê de escrita de bairro, leva-me a penetrar pouco a pouco no "nós" das relações, da comunicação, do jogo das relações sociais. E conseguimos falar e escrever "nós".

A relação com o escrito também permite a relação e o confronto com a "norma". A norma e as regras da escrita, assim como as da comunicação. É interessante observar o paralelismo que se instaura entre a norma da escrita e um processo de socialização, vivenciado de forma paralela à relação com a norma da vida social.

O que importa é a descoberta "individual" e "pessoal" (gradualmente inserida em um confronto coletivo) do funcionamento da língua (e da sociedade...) a partir da experimentação, por tentativas e erros, que coloca os aprendizes de escritor em situações de pesquisa e de envolvimento. A análise de seu comportamento e de sua produção com relação à norma escrita é acompanhada por atos de socialização.

O trabalho de sistematização que permite *dar origem à expressão livre e espontânea* também dá início a um trabalho de negociação no campo da comunicação coletiva. A relação com o escrito se insere necessariamente nas relações com o ambiente.

Não se trata apenas de aprender a preencher um cheque ou um documento administrativo, ou ler um mapa da cidade, mas de *entrar em relação, em comunicação*, com um universo complexo, que tem seus mecanismos e regras de funcionamento.

Para poder expressar sua opinião, dizer o que se pensa, talvez descobrir as regras ortográficas ou as da comunicação ou de uma coletividade, para não repetir frases "padronizadas", mas ter a possibilidade de dizer "eu", os "locais de escrita" se tornam lugares em que a aprendizagem da escrita é acompanhada pelo exercício da cidadania.

E descobrimos que as pessoas têm coisas muito precisas a dizer sobre o aspecto de um lugar, sobre a colocação dos bancos em uma praça, sobre o futuro de uma lanchonete ou de uma casa velha, sobre a necessidade de uma lavanderia, sobre a disposição das peças em um imóvel a ser construído, sobre locais de lazer para crianças e jovens... Sem falar de sonhos ou de poesia...

Gostaria de destacar, agora, *alguns pontos importantes dessas experiências*.

- O "ateliê de escrita" é, acima de tudo, *um lugar e um espaço para a escrita*. Não são salas ou lugares onde há 50 mil coisas ao mesmo tempo, mas lugares mobiliados e previstos em função da leitura-escrita (mesas, cadeiras, materiais de escrita, livros, dicionários, etc.);
- O "ateliê de escrita" é um *laboratório de produção*. O ateliê para elaborar um produto, para refiná-lo, limá-lo, poli-lo; o ateliê para criar um produto, para ensaiá-lo, refazê-lo, melhorá-lo, para confrontar o produto... mesmo quando se trata de escrita... Não escrevemos para fazer exercícios, para aprender regras: escrevemos para dizer e comunicar algo aos destinatários, e a mensagem é um produto tangível e legível;
- O "ateliê de escrita" é uma etapa entre outras, de aprendizagem da palavra, de *aprendizagem de uma expressão socialmente comunicável* que, sabiamente, pode dosar a escrita-prazer e a escrita-dever. Obtêm-se os melhores resultados quando os três aspectos da escrita – utilitário, formativo e criativo – estão em interação.

O formidável é que *as produções escritas* não faltam. Mulheres analfabetas escrevem livros de histórias; circulam jornais de bairro, jornais de associações; pessoas ousam apresentar propostas sobre a vida no bairro...

Cria-se o hábito da correspondência entre indivíduos e grupos de uma mesma cidade e de cidades diferentes; pais e filhos elaboram documentos de forma conjunta; são editadas compilações de poemas; outro grupo se dedica à concepção e elaboração de um livro sobre sua cidade, divulgam-se antologias de textos diversos, escrevem-se "histórias de vida", realizam-se exposições, etc. A palavra é dita e escrita... Conseqüentemente, emergem novos comportamentos nas relações familiares, na postura adotada nos acontecimentos do bairro, na demanda de cursos de formação e na gestão imediata do ambiente.

12
ESCRITA E CIDADANIA

YVES BÉAL

Há algo de muito particular na escrita, que tem a ver com o surpreendente relacionamento entre a *tomada de consciência das próprias capacidades* e com as *tomadas de poder* que se operam *no mundo*, pelo fato de poder imaginá-lo, de pensá-lo de forma diferente, de gritá-lo, de rir dele, de escrevê-lo, para que ele passe a existir nessa nova versão e ser vivido de maneira diferente.

No entanto, quando falo de escrita, estou me referindo à idéia de um poder compartilhado e não, como geralmente acontece em nossa sociedade, a um poder que está nas mãos de alguns poucos.

Nas práticas apresentadas aqui, trata-se de compartilhar esse *poder de escrever e transformá-lo em poder de pensar e de agir*, pois, quando as crianças estão envolvidas em um projeto, em uma pesquisa, o pensamento pode desenvolver-se por meio da escrita. Escrever significa escrever sua própria transformação e a transformação do mundo, utilizando o imaginário como ferramenta de pesquisa do real e do distanciamento.

A matéria da linguagem escrita, assim como o granito do escultor, resiste; essa resistência permite o desenvolvimento de uma forma específica do pensamento, que é, ao mesmo tempo, *estruturada-estruturadora*, mas também *liberada-libertadora*. No ato da escrita, a pessoa passa a pensar por si mesma, começa a se oferecer a possibilidade de se comunicar. Portanto, quando se escreve é possível construir não só o saber (conceituação), mas também o sujeito aprendiz.

Todos concordam que o escrito desempenha um papel formador em todos os momentos da aprendizagem; da emergência das representações à análise reflexiva, passando pela formulação de hipóteses e seu confronto, pela elaboração de regras ou pela regulação da própria atividade.

Por mais que a escrita se reduza à prática sistemática e exclusiva do exercício, cuja virtude de treinamento é largamente ultrapassada pela frustração do aborrecimento e da repetição, por mais que a marca escrita seja reduzida à "marca do não-questionamento, à marca da docilidade, à marca da obediência idiota, à marca escrita da morte do prazer e do poder de escrever",[1] no cenário da escrita, podem surgir alguns *princípios fundadores da cidadania*:

- **Escrever para que o sujeito aprendiz se transforme.** Para aprender, deve haver um forte envolvimento entre as pessoas e suas representações, concretas ou

não. A escrita, a língua, como lugar do sujeito, pode ser também local de transformação. Por ser o lugar das escuridões, ela também pode ser o das audácias que permitem novas construções.
- **Escrever para transformar os saberes anteriores do sujeito aprendiz.** Só a experiência e a observação não podem questionar as concepções anteriores. "Só conhecemos a teoria que já está em nossa mente".[2] Na escrita, lugar de encontro com o outro, desabrocha o conceito novo, balançam as crenças. Quando o aluno escreve "eu", poderá aguçar seu olhar, seu ponto de vista, sua teoria, com relação ao ponto de vista e à teoria dos outros – outros alunos, pesquisadores do presente ou do passado –, à experiência, à observação, enquanto o documento literário, científico, técnico ou "simplesmente" da vida cotidiana receberá essa atenção da pessoa inteira, envolvida em um debate consigo mesma, entre suas antigas representações e as novas que emergem.
- **Escrever para transformar as representações que o sujeito aprendiz tem sobre o saber** (sua relação com o saber) **e para tomar consciência dos processos em jogo na aprendizagem.** Quando a escrita se interessa particularmente pelo que aconteceu na pesquisa, na elaboração dos saberes, pelo que eu chamo, junto com as crianças, de "filme" do procedimento, isto é, quando a escrita passa a perceber de forma crítica o desenrolar, os processos, os desafios, está trabalhando com o "saber sobre o saber" (a metacognição) e, sem dúvida, se transforma em pedra fundamental que permite que o aprendiz se construa; leva à capacidade de se distanciar, de separar o universal do particular, a estrutura da massa; abre, então, a possibilidade do reinvestimento, da transferência, de uma nova ação, como prova da compreensão.
- **Escrever para sonhar o mundo e transformá-lo; isso será evocado pela prática dos ateliês de escrita** (descritos neste capítulo) – nos quais o poder de escrever é compartilhado por todos – e das gestões de conquista sobre o poder de escrever. Construído de forma conjunta, elaborado, destinado à reapropriação do ato de escrever por todos, o ateliê provoca, por meio do imaginário, uma regulação da vida mental profunda, um desvio ou um trampolim para compreender e dizer o mundo.

Esses ateliês permitem um envolvimento da criança como pessoa. Mexer com o imaginário de todos, dessacralizar os escritos existentes – apropriando-se deles, roubando-os, transformando-os..., apoderar-se das palavras para torná-las suas e fazê-las vibrar em uma criação pessoal (como podemos assumir poder sobre o real para transformá-lo e torná-lo nosso)... Lançar-se à aventura do texto com a ajuda de limitações criativas, estruturadoras e tranquilizadoras... Reinterrogar – por meio do ato da reescrita – sua própria produção, transformá-la cada vez mais até torná-la satisfatória com relação a si mesmo e às limitações que estabelecemos – e que são estabelecidas...

O trabalho com as palavras permite transformar um vago estado de alma em texto e elaborar progressivamente suas significações. Cada um se escreve, isto é, elabora, em um vaivém permanente entre o pensamento e o gesto gráfico, seu próprio pensamento sobre o mundo e si mesmo, coloca as máscaras que protegem sua intimidade. *Cada um constrói sua própria identidade enquanto constrói seu próprio texto.*

Notas

1. Michel Ducom, "Edito", *Dialogue* n. 64, Écrire!, junho de 1988, p. 1.

2. Sylvie Nony, *Ecrire en Sciences: le sens contre le dogme*, op. cit., p. 23.

PRÁTICAS DE CAMPO

A RECRIAÇÃO DE TEXTO

YVES BÉAL

Neste Capítulo, tentaremos fazer com que o leitor possa vislumbrar como uma prática renovada pode constituir – ainda que não seja acompanhada de um olhar positivo sobre a criança – uma *ruptura de uma espiral de fracasso*, capaz de reorientar positivamente uma dinâmica de aprendizagem.

Podemos supor que os princípios aplicados a esse tipo de gestão pedagógica se tornam mais eficazes quando se integram a uma estratégia de conjunto, assumida por uma equipe educativa. Esses princípios também são encontrados em uma gestão de projeto. O projeto, além de aumentar a coerência do conjunto ao reforçar o pólo do sentido, permite uma multiplicação da eficácia, sobretudo por meio da solicitação de todos os princípios e da abertura real e simbólica para o futuro que suscita na criança.

A análise de experiências práticas realizadas na sala de aula ou em grupo de recuperação, assim como a análise de práticas de formação de adultos, convenceram-me que é possível aplicar uma gestão de aprendizagem em um conteúdo de saber particular que permita que a criança realmente construa saber e cidadania. Uma gestão que vise à construção de saberes pelo sujeito aprendiz em interação com os outros ou, retomando o termo utilizado por H. Bassis, "uma gestão de auto-socio-construção dos saberes".[1]

A GESTÃO

Essa é uma gestão de reinvenção exploratória que permite o "nascimento" de um texto de outro autor, levando em conta o problema que todo professor tem de resolver: uma contradição aparentemente insuperável entre um saber já existente, do qual a pessoa deve apropriar-se, e o fato de que esse saber não vale nada ao "ser dado". Daí a necessidade absoluta de que os alunos inventem e reinventem.

Eles têm de se *apropriar das formas e dos níveis de linguagem* produzidos por autores que se expressaram com uma maestria reconhecida por muitos, construindo, assim, sua própria relação com as palavras e com a escrita.

Dessa forma, as crianças não serão simples espectadoras, leitoras, ouvintes de "belos" textos narrativos ou poéticos; elas se transformarão em atores e passarão a escrever sozinhas.

Estarão na mesma situação do escritor que, a cada momento, tem de *escolher* uma palavra (um estilo, uma idéia, uma imagem...), tem de optar por uma e não pela outra, tem de selecionar as palavras que vai juntar às outras na dinâmica sensível do conjunto do texto, na harmonia que suscitará a emoção do leitor. Esse é o conteúdo conceitual da gestão.

Além disso, tal gestão se entrelaça de forma interessante ao projeto de escrita: depois de terem recriado, as crianças sentem um forte *desejo de utilizar* o que elas aprenderam por meio da criação.

Objetivos da recriação de texto:

- *Permitir a apropriação das formas e dos níveis de língua* utilizados por autores reconhecidos por saberem manejar perfeitamente a língua. Portanto, trata-se de uma forma de enriquecer o modo de expressão das crianças, de ampliar seu vocabulário, de apreender melhor as nuanças e a precisão dos diferentes termos. O texto recriado pelas crianças permanecerá mais fielmente em sua memória. Além disso, deixa de ser apenas o texto do autor para se tornar um pouco seu, pois elas o reescreverem.
- *Permitir uma abordagem interiorizada,* um constante vaivém entre os alunos, entre os alunos e o professor, um vaivém entre as escolhas propostas e a realidade do texto e uma reflexão crítica sobre novas propostas, sobre escolhas mais pertinentes de escrita.
- *Permitir uma pesquisa criativa* que coloque em jogo intuição, sensibilidade e imaginação, assim como raciocínio, lógica, rigor... em uma espécie de "anti-explicação" de texto (uma tentativa de reconstituição) que se tornará, na prática da pesquisa organizada, uma verdadeira explicação do texto, verdadeira por ser uma recriação.
- O objetivo não é apenas uma memorização do texto; ele não permanece na lousa durante a reconstituição oral, ninguém decora sua estrutura nem arquitetura. Trata-se mais da memorização de um clima, de uma história, do significado do texto, com palavras e frases que ressurgirão com a recriação (no entanto, com freqüência os alunos sabem o texto de cor, no final do trabalho); isso permite o *reinvestimento de estruturas, de vocabulário ou de imagens* nas futuras produções escritas.
- *Permitir trabalhar com as pressões ortográficas e sintáticas* de um texto, pois elas são portadoras de sentido.

DESENVOLVIMENTO DA RECRIAÇÃO DE TEXTO

Anúncio dos desafios e do desenvolvimento da recriação de texto

Lança-se o desafio: "reconstituir um texto que só foi ouvido (ou visto, caso se tenha optado por escrever o texto na lousa) duas vezes (ou durante dois minutos)". É verdade que não há tempo para lembrar tudo, porém dizemos que confiamos plenamente que "eles" vão conseguir. Nesse momento, pode-se pedir que os alunos elaborem hipóteses sobre a forma como vão trabalhar.

Essa primeira etapa do procedimento refere-se à necessidade de observar a criança de forma positiva e a três princípios importantes para permitir que elas se construam como sujeitos aprendizes:

- *apresentar a atividade, seus objetivos, desafios, desenvolvimento...* a fim de que elas possam projetar-se na tarefa, forjar uma idéia da tarefa terminada. Dessa forma, a criança se tranqüiliza para ousar assumir o risco de aprender; trata-se de balizar o terreno da pesquisa para que o sujeito aprendiz se autorize seu próprio percurso singular e assuma o risco de questionar seu equilíbrio cognitivo anterior;
- *lançar um desafio* que vai favorecer o investimento pessoal, excitando a curiosidade de todos, instalando uma mescla de dúvida e de vontade, manifestando o compromisso pessoal do professor, sua aposta positiva nas capacidades das crianças; o desafio provoca a desestabilização necessária para aprender;
- *fazer emergir as representações, as concepções, os saberes prévios...*

Primeira leitura

A primeira leitura pode ser efetuada em voz alta (lentamente, com tempo para a respiração, para que as imagens tenham tempo de se formar) ou pode haver uma primeira leitura silenciosa (o texto está escrito na lousa; tempo de leitura rápido: no máximo dois minutos, e muitas vezes apenas um minuto é suficiente). Nesse momento, todos os alunos compreendem a dimensão do trabalho a ser realizado e aceitam o desafio.

Abordagem sensível e global do texto antes da reconstituição literal

Esta é uma primeira situação-problema acessível a todos: discussão sobre o que o poema narra, sobre o que acontece,

- o que foi compreendido e retido do poema, até captar a idéia central (não é possível se limitar aos elementos descritivos);
- como poderia ser chamado o texto? (Qual poderia ser seu título?) Não se contentar com um título descritivo. Esse trabalho sobre o título permite avançar mais na análise do objeto central do texto.

Compara-se o título proposto pelas crianças com o título dado pelo autor: discussão.

As crianças fazem numerosas perguntas sobre o texto, bem como sobre o autor, o contexto em que o texto foi escrito... É preciso responder a todas essas perguntas prévias antes de iniciar a pesquisa.

O professor anota tudo o que é dito, com uma desordem voluntária, reformula, questiona, aponta os desacordos, não faz nenhum julgamento, não dá nenhuma indicação, exceto para acentuar a confiança e o desafio.

Esse é um momento coletivo em que os saberes, as representações e o confronto dessas representações são colocados em jogo. Toma-se consciência de que muitos elementos do texto foram preservados, que há desacordos (e, portanto, erros) e carências (logo, um caminho a ser percorrido).

Nesse caso, já está se tratando de sair do erro em seu sentido mais comum, o de falta, com seu perfume de pecado original que se insere nos cadernos riscados com tinta vermelha. "É minha falta, minha grande falta", como dizia Prévert. Esse é o drama da criança em situação de fracasso, que interiorizou em sua consciência intelectual e moral que esses erros são "faltas", "pecados". Ela justifica seu fracasso por meio do medo e do fatalismo. "Não há nada a fazer", e esse nada, essa expectativa negativa com relação a si mesma e à escola contribui para aprisioná-la ainda mais em seu fracasso.

Portanto, é preciso *transformar o status do erro*. Em primeiro lugar, é preciso acabar com a culpa, isto é, devolver à criança o sentido, especialmente o da hipótese, o da irrupção do sujeito no saber em construção. No entanto, para transformar o *status* do erro, não se deve conceder apenas o direito a ele, como se, afinal de contas, errar não fosse assim tão grave...; isso seria, *ipso facto*, deter-se no erro, considerá-lo resultado, quando não passa de diagnóstico. "A verdade é um erro retificado", como dizia Bachelard. Portanto, o mais importante é se apoiar nela. O que está em jogo é a *modificação da representação da aprendizagem*, demonstrando que, a partir do exame dos erros, o pensamento progride. Tenta-se reverter uma determinada situação: utilizar os pontos fracos como trampolins para a construção de novos conhecimentos, tornar os erros interessantes para os alunos.

Para colocar em evidência as falhas e, portanto, o percurso a ser seguido – pelos próprios atores do processo de formação e aprendizagem –, é preciso integrar a avaliação e a aprendizagem, para que ela se torne formadora.

Segunda apresentação oral do texto

Só é realizada se optou pela leitura mais rápida, que ajuda a entender os encadeamentos e as articulações do texto inicial.

Depois de um primeiro vaivém eu/os outros, ocorre um vaivém eu/objeto da pesquisa. É um momento muito intenso de escuta, em que todos se concentram na tarefa.

Abordagem literal do texto, de forma individual, e depois em grupo

Essa é a situação-problema ou a situação-ação que pode ser caracterizada da seguinte maneira:

- os saberes prévios não funcionam mais: há uma ruptura (para todos);
- ela está relacionada ao saber fundamental que deve ser adquirido: núcleo conceitual ou objetivo-obstáculo;
- ela envolve a criança em uma ação, em um "fazer";
- obriga a formular hipóteses, a inventar.

Individualmente: "encontrar o maior número possível de coisas no texto e seu lugar no mesmo: começo, meio, fim...)". As hipóteses individuais devem ser escritas, relacionadas, deve-se tirar partido das outras (a lousa)...

Em grupo: "penetrar no texto inteiro, pensando como o escritor. Não deve haver lacunas". O dizer aumenta a motivação, a exigência se torna o motor da ação.

Há confronto com os colegas, pois todos devem elaborar juntos: a escrita é o suporte da ação.

Toda aprendizagem é pessoal, mas só pode ocorrer em interação com os outros. Aprende-se com ou contra os outros. No trabalho de grupo com os colegas e no confronto entre os grupos, afirmam-se as contradições, os argumentos se depuram, pontos de vista se enfrentam, levam-se em conta as contribuições de todos, em íntima relação com o "fazer". Nesse conjunto de "interações sociais", para retomar o termo de J. Bruner, desenvolve-se um processo de *objetivação do pensamento*, que permite a evolução e/ou a transformação das representações.

Como o escrito oferece resistência como matéria a ser trabalhada, a criança é impelida a um pensamento mais rigoroso, mais criativo. Para aprender, devem estar em jogo pessoas e suas representações, concretas ou não. Por ser o lugar do sujeito, a escrita e a língua podem ser também lugar de transformação. Como são um lugar obscuro, também podem ser o lugar das audácias, que permitem novas construções.

Segunda leitura silenciosa do texto

No caso de se ter escolhido essa versão, é preciso fazer uma leitura muito detalhada, pois o tempo de leitura é muito rápido (30 segundos). Às vezes, as crianças têm de se organizar no grupo. Volta-se, então, ao objeto de pesquisa, no caso daqueles que optaram pela leitura silenciosa. Esse tempo permite algumas verificações que podem servir de apoio para alcançar o objetivo. Trata-se de uma ajuda em uma verdadeira situação de demanda e de necessidade da criança: não é uma posição de assistência, porque a criança sabe o que quer.

Reconstituição literal coletiva

– O texto reconstituído é escrito na lousa de forma progressiva. Cada grupo apresenta propostas; os outros grupos reagem se não estão de acordo;
– As escolhas são explicitadas, comentadas, argumentadas... (Atenção àqueles que falam demais e àqueles que não falam...);
– Quando se "tropeça" em uma palavra, o professor pode:
  • "dá-la", quando nada no texto a justifica (deve dar apenas uma informação suplementar);
  • escrever as diversas propostas;
  • deixar um espaço em branco e continuar, pois, às vezes, a palavra surge depois.

Atenção: não se deve dedicar tempo demais a uma palavra que está faltando, pois com isso pode-se interromper a dinâmica do grupo.

Essa é uma etapa de confronto e de elaboração, de construção do texto, de sentido e de saberes sobre o texto, que termina com a imensa alegria de um sucesso coletivo e de um desafio superado, um sucesso proveniente de algo considerado impossível, mas que pode vir a ser total, se for pessoal, se a reescrita individual for possível.

Uma leitura de "controle"

Eventualmente, pode ser necessária, se não foi possível chegar a um acordo. As crianças estão à espera de algo que falta (no caso da apresentação oral) ou aplicam uma estratégia de leitura muito adaptada (no caso da leitura silenciosa).

Balanço pessoal

Para as crianças, é indispensável fabricar seu sucesso pessoal, *seu êxito individual na reconstituição escrita*. Esse é um momento de avaliação pessoal, em que o sucesso coletivo se torna pessoal. Para isso, é preciso:

- Conceder alguns minutos para memorizar o texto ou o procedimento que levou à reconstituição do texto;
- Quando todas dizem que estão prontas, o texto é escondido e todas o reescrevem;
- Depois, há uma comparação entre o texto individual e o que foi recriado em grupo; há uma correção, se for necessário (em geral, as imperfeições são mínimas e, realmente, há uma conquista pessoal, pois alguns poucos erros restantes não são vividos de forma dramática; durante todo o procedimento, percebeu-se que era possível apoiar-se no erro para progredir e como seu *status* de hipótese tinha permitido avanços).

Reflexão – balanço coletivo

Reflete-se sobre o que acabou de ser feito, sobre o que se aprendeu e, eventualmente, sobre os erros cometidos.

Esse é o momento da análise reflexiva (metacognição). Durante o trabalho de introspecção, as formas de aprender se transformam em tema de interesse e de pesquisa. *A criança aprende a aprender*. O olhar dirigido à sua própria atividade cognitiva e às próprias estratégias faz com que a criança considere o que fez a partir de outra perspectiva. Esse tipo de olhar induz a um distanciamento, que autoriza as críticas e permite a descentralização. Dessa maneira, facilita as reelaborações.

ESCOLHA DOS TEXTOS

O texto deve causar algum tipo de impacto naqueles que o pretendem recriar. Eles devem sentir vontade de reescrevê-lo e, por isso, o texto tem de despertar muitas sensações.

O texto escolhido não deve ser fácil (deve conter muitos desafios). Deve permitir um equilíbrio entre momentos fáceis e momentos de verdadeira busca, sem bloquear quem o está reescrevendo. Deve permitir que as crianças ultrapassem seus limites e vençam uma dificuldade.

- A poesia:
  O ritmo do texto, as rimas ou as assonâncias, a música das palavras e das frases... são pontos de apoio privilegiados para a recriação dos textos.

- A narração:
  A narração de uma história que se desenrola no tempo, a trama temporal, o desenrolar das ações (verbos) facilitam a reconstrução do texto.
  Nesse caso, o suporte é a lógica cronológica do texto.
- A descrição:
  O suporte é a lógica espacial do texto (por exemplo, descrição em que o olhar se desloca de forma lógica).
  É mais fácil reconstituir descrições que oferecem uma possibilidade de visualizar bem: a imagem mental é facilitadora.
- O texto científico ou filosófico:
  Os suportes são a articulação da argumentação, a lógica da demonstração, as definições...

Nota

1. Henri Bassis, *Des maîtres pour une autre école: former ou transformer?*, Casterman, E3, 1978.

PRÁTICAS DE CAMPO

ATELIÊ DE ESCRITA "MURAL DE PALAVRAS"

MARIE-PIERRE CANARD

Esse ateliê poderia ser chamado de "Não existem pré-requisitos para a cidadania", ou como construir o poder de escrever e de ler quando não se sabe ler nem escrever, aos quatro ou aos vinte anos de idade.

A escrita é um poder sobre si mesmo, sobre a vida, sobre o mundo que nos circunda. Por meio da vivência do ateliê, é importante que cada um construa esse encontro com as palavras, com os textos, e tome consciência do que é capaz. Também é essencial trabalhar a *articulação leitura/escrita*.

A escrita deve ser vivenciada como *motor da vontade* e do poder de ler, por intermédio da aplicação de ferramentas e de situações que permitam que todos construam um texto e se reconheçam como autor. Por outro lado, a escrita deve ser vivida como um trabalho das palavras e não como um jogo de inspiração. É o trabalho das palavras, no qual os outros desempenham um papel. Não se está mais sozinho diante das palavras; pelo contrário, utiliza-se tudo o que os outros aportam, fornecem, propõem.

DESENVOLVIMENTO DO ATELIÊ

Apresentação aos participantes (crianças ou adultos) dos desafios do ateliê, das apostas que ele contém, dos compromissos que o animador assume, ou seja: a escrita de um texto ou de um fragmento de texto por todos.[1]

Leitura em voz alta, pelo animador, de quatro textos curtos, poéticos, escritos em letras grandes em cartazes. Várias leituras devem ser realizadas para permitir uma impregnação inicial.

Orientação 1: "Vamos construir uma parede de palavras com tudo aquilo que vocês gostaram, com o que os comoveu, com o que lembram."

Nessa etapa, os textos ou segmentos podem ser relidos várias vezes.

As palavras escolhidas são recortadas diretamente dos cartazes e grudadas nas paredes (transformam-se em "tijolos" da parede de palavras). Destaca-se a importância da visualização do que muitas vezes parece ser uma evidência implícita: as palavras são a carne dos textos, são as pedras de sustentação do texto.

Um exemplo:		
caldeirão	chove	estranho
	guarda-chuva	

Orientação 2: Nessa parede de palavras, vamos formar *redes de palavras*, ligando o que combina ou o que nos parece estranho...

É possível aceitar o *encontro casual das palavras*, sem motivo aparente, quando alguém menciona as palavras que deseja ver juntas. Não se pede nenhuma justificativa, nem uma leitura quando se propõe uma associação de palavras; no ateliê, o animador e os participantes nunca julgam. Essa é uma condição indispensável para que se ouse com as palavras e para que o(s) sentido(s) sejam construídos, às vezes, à revelia de quem produz.

No decorrer dessa etapa, talvez seja preciso *articular essas palavras escolhidas com a ajuda de palavras de ligação, palavras novas*. Nesse caso, elas são escritas nos "tijolos" brancos.

Essas redes de palavras são fabricadas materialmente, deslocando as etiquetas. São lidas e relidas para que todos possam apropriar-se e impregnar-se delas.

> **Um exemplo:**
> Estranho caldeirão para um guarda-chuva que chora

Orientação 3: em cada rede formada, verificar qual é a palavra mais forte, que será trabalhada por meio da *associação de idéias* (em que ela nos faz pensar) e, depois, por meio da *associação de sonoridades* (formando novas palavras com as letras, as sílabas e as sonoridades da palavra forte).

Agora, já temos uma etapa de trabalho que leva em conta o material produzido, a fim de adensar seu conteúdo e enriquecê-lo. Obtemos uma série de novas palavras, escritas nos "tijolos" brancos. Todo esse material é lido e relido, assim como as redes formadas na etapa 3.

Escrita: a partir de todas essas palavras, expressões e redes, escreve-se um texto coletivo ou diversos textos individuais ou em grupos pequenos.

Nessa etapa, os "tijolos" de palavras que se transformaram em redes devem continuar a ser utilizados, para que todos possam agir sobre a construção do texto, não só quem está com uma caneta na mão. Todos os segmentos de textos produzidos devem ser relidos com freqüência.

Análise: deve-se analisar o ateliê com todos os participantes, retornar ao que foi feito e aos textos construídos. Também é preciso voltar às apostas e aos compromissos assumidos no início do trabalho, assim como às diferentes fases do ateliê, seu sentido e seus efeitos. É preciso destacar (às vezes encarniçadamente, pois alguns não sabem mais se ler como bem-sucedidos) o fato de que todos produziram e escreveram, tentando evidenciar individualmente as condições desse sucesso.

Nota

1. Ver a apresentação acima.

PRÁTICAS DE CAMPO

ATELIÊ ESCRITA – EXCLUSÃO

CLAUDE NIARFEIX

Podemos apresentar esse ateliê específico de escrita, assim como todos os outros ateliês de escrita do GFEN, de diversas maneiras. Essa é uma delas. Após tê-lo experimentado, todos podem apropriar-se de sua realidade e melhorar sua eficácia.

UMA FICHA DESCRITIVA
Tal ficha só é compreensível e só pode ser decodificada pelo animador do ateliê. Portanto, é conveniente estudar o conjunto de orientações para poder analisar seu papel, pertinência e desafio.

GESTÃO COMENTADA
O ateliê apóia-se em uma primeira etapa "de impregnação", na qual se coloca à disposição dos participantes uma série de artigos de jornais nacionais e regionais do dia, que tratam de situações de exclusão (guerra/racismo/pobreza/doença/etc.).
- Tabela de leitura (artigos da imprensa).
- (reação imediata dos participantes).

Todos se apropriam de um artigo sobre o qual são convidados a reagir, descentrando seu olhar e intervindo nos outros casos de uma forma interpeladora. O número e a diversidade dos artigos propostos contribui com a produção de textos de tonalidade e temática diferentes e plurais.
- Escolha de um artigo de jornal.
- Escrita do texto 1 (adotando o ponto de vista de um dos protagonistas do artigo).
- Colagem dos cartazes à parede/leitura.
- Intervenções sobre os textos (interpelação dos textos sob a forma de acréscimos e comentários).

O trabalho sobre o eixo material de uma palavra permite a construção de um material substancial que autoriza quem escreve a se aventurar além do nível de língua que domina, "lugar" privilegiado da diferenciação cultural segregadora.
- Escolha de duas palavras muito significativas.
- Trabalho dessas duas palavras em seus pólos materiais e ideais.

As etapas de socialização e de interpelação são concebidas como a expressão de uma solidariedade participativa, na qual se visa a enriquecer o outro por meio da abertura de perspectivas de reescrita operatórias.

A segunda etapa do ateliê está articulada em torno de um trabalho de pesquisa sobre dois temas fortes, com uma conotação socioafetiva evidente. Esse trabalho permite que o escrito se estruture, deixando de lado a simples constatação enunciativa e chegando-se, assim, ao escrito no sentido de grito.

– Retomada do conjunto texto + reações.
– Trabalho material e ideal sobre as palavras saber e cidadania.

O envolvimento no ateliê multiplica-se com a obrigação de enviar seu escrito a um destinatário que represente, para o indivíduo, uma validação social de seu procedimento.

– Reescrita (= texto 2), determinando um destinatário ao qual será entregue o escrito.

Por fim, a leitura facultativa dos textos, além do prazer formal da vocalização, reforça o "todos juntos", essencial no contexto da luta encarniçada e multiforme a ser realizada contra toda forma de exclusão, externa ou interiorizada.

– Leitura dos textos 2 (se assim for decidido).

Nessa etapa de elucidação da atividade, realiza-se a análise reflexiva sobre o conjunto, como complemento indispensável do ateliê. Essa análise deve ser profunda e polêmica.

– Discussão/análise.

REFLEXÃO/ANÁLISE

Algumas perguntas com esboços de respostas:
- **De que forma a escrita é (pode ser) uma prática de exclusão?**
    - Significa fracasso para muitos;
    - Sofre o fluxo mistificador criado por numerosos escritores, em torno de suas práticas de escrita; esse fluxo contribui para reforçar a subjugação do leitor, bem como o dogma do dom, da inspiração, o que leva ao clássico "nunca vou conseguir" e à idéia de prática elitista;
    - Reforça a incapacidade de construir um pensamento operatório para agir (sobre) o mundo;
    - Estabelece pré-requisitos, como ortografia correta e vocabulário controlado.

- **De que forma a escrita – e sob que formas – pode ajudar a sair da exclusão?**
O dispositivo aplicado para provocar e facilitar a escrita de todos, para além do formalismo tecnicista, pode e deve veicular verdadeiros valores humanis-

tas, por meio da multiplicidade de aportes, empréstimos, apropriações e outras trocas propostas pelo ateliê.
- **Qual é o interesse e o desafio de escrever sobre e em torno da exclusão?**
  – Acabar com o que leva à exclusão, sem criar uma escrita pobre e que só olha para o próprio umbigo, pois já se demonstrou que uma escrita "libertadora", não trabalhada, não é eficaz, pois o escritor situa-se na "expansão" e não autoriza o leitor, "submerso", a extrair sentido;
  – Trabalhar (sobre) a língua como ferramenta de distanciamento, pois aqui não se trata de reforçar o sentido da mensagem nem de universalizar seu alcance.

Temos de nos conscientizar – e fazer com que outros se conscientizem – da aceleração dos fenômenos de exclusão, temos de escrever para agir contra a exclusão, para compreender melhor os fenômenos, para convidar e incitar o maior número possível de pessoas a investir em si mesmas e a participar.

É preciso tomar consciência da aceleração dos fenômenos de exclusão e transmitir isso, é preciso escrever para agir contra a exclusão, para dominar melhor sua própria compreensão desses fenômenos, para convidar e incitar o maior número possível de pessoas a investir e a intervir nesse processo.

13

PROJETO E CIDADANIA
O projeto, tentativa de desalienação?

ANDRÉ DUNY

Na Educação Nova, o projeto é um procedimento de *autoprodução do ser humano*, que deixa de lado a alienação enquanto muda o mundo. O projeto é a intenção ou o desafio de uma transformação do ambiente, guiada por uma utopia ou por uma visão ética, filosófica, uma "grande" idéia ou uma aspiração que possua os recursos necessários, levando em conta as condições reais. Nele, há uma contradição entre os esquemas mentais/comportamentos internos do sujeito e as pressões do real. Essa contradição interna do projeto é que o torna fecundo.

Ela dá origem a uma problemática central: nunca foi possível transformar o mundo sem que os homens se transformem, não há adaptação sem assimilação desse mundo às estruturas do sujeito e sem acomodação, isto é, sem "automodificação" das estruturas do sujeito, que se torna, assim, capaz de dominar a fatalidade das coisas. *A pedagogia do projeto é a autocriação do ser humano no movimento de transformação do mundo.* Essa é a maneira pela qual as crianças aprendem.

A pedagogia do projeto, na verdade, é sonhar assimilar o mundo ao nosso sonho, e é se transformar ao mesmo tempo: a ação sobre o mundo exige a invenção de novas ferramentas mentais/comportamentais para sobrepor-se a ele. Portanto, a pedagogia de projeto não é o projeto do professor nem o projeto individual deste ou daquele aluno, mas um empreendimento coletivo de transformação das condições reais e mentais do ser humano, criança e adulto, para deixar de ser aviltado, desprezado, dominado e humilhado... A pedagogia de projeto gera processos de fabricação, de socialização, de reconhecimento social (indispensável para a mudança da auto-imagem), de modificação de *status*, de transformação da relação com o saber.

No contexto da pedagogia de projeto, o saber não é *construído* como em um sistema hermético, mas por meio de uma *pesquisa-ação transformadora do ambiente*. É construído por "abstração reflexiva" sobre ações decididas por sujeitos autores de seus atos. Não se limita a uma "abstração simples" sobre os objetos, para retomar a distinção feita por Piaget. É produzido mediante interações sociais, em cooperação com os pares e com o "mestre", bem como com todos os outros participantes ocasionais. Entre essas interações, estão aquelas com as obras, modelos, textos e escritos indispensáveis para ser bem-sucedido (e não produtos para consumir, sentados diante do "altar" da transmissão). Dessa forma, a criança e o adulto se tornam produtores de textos, não só para comunicar (conforme o jornal das crianças), mas para teorizar sua ação, a fim de dominá-la ao conceituá-la. *O ator se transforma em autor...*

PRÁTICAS DE CAMPO

UM FOLHETO DE BOAS-VINDAS ESCRITO POR CRIANÇAS PARA OS MORADORES DE SEU BAIRRO

MARIE-PIERRE CANARD

O projeto aqui descrito se insere na história de uma escola e na continuidade de um trabalho de projeto realizado desde seu início. Os pressupostos da escola são os seguintes:

- *O projeto educativo da escola se propõe*, por meio de uma pedagogia de projeto e de uma vida cooperativa, a dar sentido às aprendizagens escolares, mostrando às crianças a utilidade do saber e a eficácia de um saber construído. Trata-se de desenvolver o senso crítico e as capacidades de análise, permitindo que as crianças intervenham concretamente em seu ambiente de vida e o transformem. Também parece essencial valorizar o esforço positivo de cada criança em prol da realização de uma ação socialmente reconhecida e com efeitos visíveis e duradouros.
Esses postulados pedagógicos podem ser resumidos em três pontos:
  – a criança deve agir, deixar de ser objeto do ensino passivo e submisso;
  – a escola deve oferecer à criança a possibilidade de agir, de formular hipóteses sobre seu fazer (pensar), de verificar suas hipóteses por meio da ação;
  – a criança deve tornar-se ator de sua formação para ser ator de sua vida.

- *Deixar de considerar as crianças como seres ignorantes, incapazes de autonomia*, cujos passos devem ser guiados pelos adultos. Acreditar em suas possibilidades de realizar atividades, projetos e mesmo de assumir sua formação, se lhes dermos as ferramentas necessárias.

- *É preciso incluir os pais e outros adultos* na equipe de gestão e de educação escolar, pois uma maior responsabilidade dos pais/trabalhadores na escola estimula a autonomia das crianças.

- *Criar um vínculo entre a escola e a família, entre a escola e o bairro*; isso significa que a escola deixa de ser um sistema hermético, esse universo fechado em si mesmo. É preciso dar outras perspectivas às crianças, além das infinitas aulas e exercícios.
Por isso, a escola tem de respeitar a identidade da criança e levar em conta sua própria experiência de vida. Não se deve apenas falar do ambiente em que ela vive, mas permitir que desenvolva projetos que transformem esse ambiente. É preciso fazer com que, na ação, sejam construídas perspectivas vivas para todos.

UMA REALIDADE COMPARADA

Depois de questionar as diferentes ações realizadas desde a aplicação do projeto educativo da escola, efetuou-se essa nova análise de necessidades:

- A escola tem um papel social determinante na vida do bairro: em um bairro em que a população não consegue arraigar-se (80% de mudança de população entre dois censos), que se tornou lugar de passagem, a escola é um lugar de permanência, de continuidade. Um lugar onde começa a ser escrita uma história de bairro, uma história dos habitantes desse bairro.
- Como o bairro está situado no limite entre dois municípios, os moradores têm dificuldade para se reconhecerem como cidadãos de seu município (isso agrava ainda mais o fenômeno da instabilidade).
- No caso dos jovens, muito tempo depois de terem saída da escola, ela continua sendo um parceiro de referência para os projetos que desejam desenvolver;
- As situações familiares degradam-se cada vez mais no bairro.
- A taxa de desemprego no bairro é elevada.
- Parece haver uma divisão entre os sub-bairros (diferença sensível de moradia).
- A falta de dinamismo do bairro diminui sensivelmente a eficácia de nossa ação entre as crianças.
- Os esforços das diversas estruturas que intervêm no bairro nem sempre são conhecidos e compreendidos.
- As preocupações das crianças e suas idéias de projeto muitas vezes têm a ver com o bairro, seu ambiente imediato, que elas querem melhorar ou simplesmente dar uma imagem positiva.
- É preciso evitar que o bairro se isole ainda mais da comuna*, pois isso provoca efeitos devastadores nos jovens.

Um projeto para agir... e dar sentido às aprendizagens, transformando a realidade.

Diante dessa realidade que evoluía com o passar do tempo, consideramos necessário um projeto forte, capaz de ser levado em conta pelos moradores do bairro, de ser reconhecido socialmente e até mesmo de ser uma ferramenta para eles; um projeto no qual a escola continuaria se situando como parceiro social.

Esse projeto também tinha de despertar a vontade, em todas as crianças, de dar uma imagem positiva do bairro onde moravam, e que poderia – talvez inconscientemente – tecer pouco a pouco as raízes que lhes faltavam, esse início de história que *permite a construção da cidadania*.

Também era preciso que, mediante esse projeto, as crianças se construíssem, trabalhando em distintos âmbitos (instrução cívica, geografia, história, escrita...) o sentido das aprendizagens, um senso crítico, um senso das responsabilidades e a autoconfiança.

---

* N. de R. Subdivisão territorial, na França.

No contexto dessa realidade e desses objetivos, nasceu esse "livro de boas-vindas", fruto do trabalho de todas as classes da escola. Ele pretende ser uma palavra de boas-vindas para todos os moradores do bairro, recém-chegados ou mais antigos. Pretende responder às diversas perguntas que eles se fazem sobre o bairro e a comuna onde moram, reunir todas as informações úteis, apresentar a história e a geografia do bairro.

Para captar melhor o que esse projeto permitiu que as crianças trabalhassem, parece-nos útil apresentar a lista das diferentes competências construídas em diversos âmbitos:

- *Educação cívica*
  - conhecimento das diferentes instituições e dos diversos níveis de decisão em uma comuna;
  - participação ativa no Conselho Municipal da Criança;
  - trabalho sobre a consciência cidadã (direitos e deveres), especialmente no âmbito do meio ambiente, com a escrita de páginas que incitam a comportamentos responsáveis de "ecocidadãos";
  - trabalho de regulação do projeto durante o conselho de classe, o Grande Conselho das Crianças.
- *Leitura/escrita*
  - trabalho de pesquisa entre a população e instâncias da comuna, com a redação de capítulos e fichas;
  - redação de cartas, prestação de contas;
  - vivência de ateliês de escrita, para dizerem o que se sentem e "fabricar" uma memória.
- *Língua/comunicação*
  - realização de pesquisas com gravadores, entrevistas;
  - apresentação de um projeto, argumentar, convencer.
- *História e sociedade*
  - Qual é a história do bairro? Como era o lugar antigamente, sua evolução?
  - Qual é a história da comuna?
  - Como é a história dos moradores do bairro?
- *Geografia*
  - conhecimento do local onde se mora, da comuna;
  - leitura de cartas e planos;
  - conhecimento da atividade dos moradores: profissões, associações, estruturas;
  - conhecimento das empresas locais;
  - conhecimento dos diversos meios de transporte da comuna.
- *Além disso...*
  - realização de uma fotorreportagem que apresenta a vida no bairro, tornando visível o que cada um percebe no lugar onde mora;
  - realização de desenhos ilustrando o nome das ruas do bairro;
  - encontro com diferentes associações para conhecer seu funcionamento e atividade.

Esse livro tornou-se realidade; seu título é *Bienvenue dans le quartier*. Em suas 90 páginas, tenta orientar as pessoas que moram na comuna e no bairro, incitam-nas a abrir os olhos à realidade que as circundam, a encontrar essas crianças que tanto esperam relações de amizade, de justiça e de solidariedade para e com todos. Foi publicado graças à ajuda financeira da comuna de St-Quentin-Fallavier (Isère), que também reconheceu a escola (e, portanto, seus principais agentes, que são as crianças) como parceiro social na vida do bairro, como parceiro na definição e construção de uma cidadania para todos.

PRÁTICAS DE CAMPO

VISITA AO MUSEU: TODOS SÃO CRÍTICOS DE ARTE!

FRANÇOISE MITTERRAND

> "Um artista tem uma forma peculiar de se comportar. Vê os pequenos detalhes que os outros não percebem. Nós tentamos abrir nossos olhos de outra maneira e decidimos mostrar:
> - o traço de luz que ilumina os degraus de um antigo mosteiro;
> - a caça aos detalhes em um quadro;
> - nossa imaginação errante..."

Assim começava nossa página central de *Progrès des Enfants* (em Lyon), em 18 de outubro de 1988.

... três semanas antes disso, não sabíamos nada sobre a pintura e o museu de Brou... e nem sabíamos que íamos escrever...

COMO COMEÇA UM PROJETO: SEUS DESAFIOS E SEUS *A PRIORI*

A dimensão social: uma verdadeira ordem

Classe: quarta série do ensino fundamental.
Início do ano. Final de setembro.

Um novo círculo: *Le Progrès*, de Lyon, busca uma classe para escrever as páginas centrais do jornal, destinadas a apresentar o museu de Brou. Crianças falariam com crianças da região para estimulá-las a participar da jornada "portas abertas" do museu, no dia 25 de outubro, intitulada: "La ruée vers l'Ain".

Nenhum candidato. Prazo muito curto. Nenhuma ajuda em perspectiva. Assunto difícil.

Tiragem: 150.000 exemplares por semana.

A dimensão pessoal: um grão de loucura

Três semanas para abordar um tema que ninguém conhece bem é uma loucura.

Comprometer-se com o assunto, sem nenhuma possibilidade de voltar atrás se a coisa não funciona, é loucura.

Sensibilizar toda uma classe que ainda conhecemos pouco, com relação a um tema complicado, é loucura.

É loucura, a menos que se saiba que todas as limitações juntas servem justamente de ponto de apoio para uma profunda convicção que tem dois níveis: *a criação está ao alcance de todas as crianças. Minha profissão de educadora é indissociável de uma criação permanente.*

Só crio quando sou obrigada. Meu grão de loucura é o desafio que assumo nesse momento, decidida a obter o sucesso total desse empreendimento, justamente por ele ser difícil.

E lá vamos nós...

A dimensão cooperativa: esse projeto deve ser de todos

Todos os sábados pela manhã, *o Conselho se reúne durante uma hora*.

Esse é o momento preferido de todos, o *vínculo simbólico em que se ousa a palavra, pouco a pouco*. Anunciei no início do ano: "nenhum assunto é tabu, podemos discutir de tudo". Por enquanto, aprendemos a administrar o trabalho do grupo.

Nesse âmbito, apresento minha proposta. De uma forma tão apaixonada que o projeto me assusta! Faço com que as crianças confiem em suas possibilidades – naquele momento, no discurso – porque sei que, se todos nos comprometermos, o pior já passou.

Minha efervescência deu bons resultados, mas minha missão está apenas começando: como fazer para que esse empreendimento se torne também delas?

A dimensão psicológica: as mudanças dos *status*

Como se escreve um artigo?
Como se faz a paginação?
Como se apresentam os quadros?
Que quadros?
Como despertar a vontade de visitar um museu, se nós mesmos o achamos aborrecido?

Tudo seria tão simples se a professora já soubesse tudo isso... Se ela pudesse dizer o que fazer, e todos apenas seguissem seus conselhos... tudo seria muito simples. E tedioso, e inútil.

A dimensão gratificante: a aventura

O fantástico de tudo isso é que eu não sei mais do que elas. E devemos descobrir tudo juntos, construir tudo pouco a pouco, com nossos erros, descobertas, falhas e surpresas...

Não sou mais "a professora". Eles não são mais "os alunos". Todos estamos de partida rumo a horizontes desconhecidos, sem ter a mínima idéia de como vamos construir nosso barco.

A aprendizagem não pode existir sem essa incursão no insólito, no desconhecido, do "*tudo a descobrir" juntos* com o desafio. Estou falando da verdadeira aprendizagem. Aquela que deixa marcas. Aquela que ninguém esquece, pois foi uma brisa de vida.

A dimensão filosófica: acreditar no impossível

Acredite em si e no outro. Em todos esses outros com os quais vamos embarcar na aventura. Acredite na igualdade, e em encontrar suas chaves.

A DINÂMICA DO PROJETO: SEUS PONTOS DE APOIO

Sensibilização ao projeto: pesquisas

Objetivo: acabar com a idéia de que os "profissionais" são intocáveis e que só eles podem.

a) Contato escrito com a equipe do jornal
Correspondência verdadeira com retorno real:
1. envio de documentos do jornal, para que tenhamos uma idéia da escrita jornalística;
2. planos para ver como é montada uma página de jornal;
3. *convite para assistir à montagem real* na gráfica e à impressão dos 150.000 exemplares.

b) Visita ao museu
Contato e entrevista com o encarregado do museu sobre história. Passeio pelas salas.-Maravilha, rejeição. Adoro. Detesto. Rejeição do abstrato. "Até eu posso fazer isso".
Decisão de escolher três quadros, por serem muito diferentes:

O novo círculo do inferno (Gustave Doré);
Mulher árabe com narguilé (Jules Migonney);
Óleo sobre tela (Simon Hantaï).

O impasse

O impasse como passagem obrigatória para a intervenção. Continuamos sem nenhuma ajuda externa sobre a apresentação dos quadros. Bloqueio das crianças diante do abstrato (razão da escolha de *Óleo sobre tela*).
Passam-se duas semanas e os primeiros passos são dados. Resta uma semana para fazer com que os outros sintam vontade de ver esses quadros que não compreendemos.

Em situação de criação: o desvio pelo imaginário

As atividades de uma jornada
Distribuição de dois quadros sobre o mesmo tema: um figurativo e o outro abstrato.
Henry Lamb: *Lamento* (detalhe)
Picasso: *Mulher chorando*

Orientação 1: "Observem os quadros".
Orientação 2: "Qual é a diferença entre esses dois quadros, na sua opinião?" (Trabalho individual e em silêncio).

Socialização:
– Forma diferente dos personagens;
– Não se parece com a realidade;
– Exagero;

- Geometria, robô;
- Contemporâneo (riscos, rejeição...).

Orientação 3: Não pedi uma descrição. Trabalho em grupo: *"Devem chegar a um acordo sobre uma só frase que possa dar conta da diferença entre os dois quadros".*
Socialização:

> **Grupo 1**: A pintura antiga é como uma fotografia. A pintura moderna é como um espelho quebrado.
>
> **Grupo 2**: Nós compreendemos a pintura antiga. Na outra, se não soubéssemos que é uma mulher que está chorando, a coisa ficaria difícil.
>
> **Grupo 3**: A pintura antiga é mais viva porque parece mais real.
>
> **Grupo 4**: A pintura moderna... é de propósito, é para mostrar o personagem mais... mais imaginário.

Podemos observar que "nada" é lentamente substituído por "intenção".

Estamos em uma oposição entre "imaginário" e "real"... Temos de demonstrar, agora, que o imaginário também é portador de sentido, não só um jogo de pincel.

Distribuição do texto, junto com duas reproduções:

> Aqui estão dois retratos de mulher chorando, um realizado por Henri Lamb, um pintor inglês, e o outro por Picasso. É difícil encontrar dois quadros mais diferentes. O de Lamb é muito **realista**: o rosto da jovem exprime claramente sua profunda dor, portanto, é um retrato fiel.
>
> O trabalho de Picasso vai além da reprodução de uma atitude. Ele não quer pintar apenas a **aparência** (o que se vê do exterior), mas quer comunicar-nos o sofrimento **interno** da pessoa. Nesse quadro, não se **vê** apenas a pessoa, mas também se **vê** seu desespero.

Orientação 4: leitura silenciosa. *"O que compreendeu do texto? Está ou não de acordo?"*

Logo a seguir temos um debate caloroso. A idéia da parte interna da personagem parece ser uma revelação. Em um caso, pinta-se o que se vê do exterior. No outro, o que se pode ver do interior! Assim, até mesmo a pintura moderna quer dizer alguma coisa! E se voltássemos ao museu? Marcamos uma data para retornar, e as crianças começam a formular hipóteses de sentido. Os riscos desapareceram. Com muita seriedade e interesse, elas tentam febrilmente compreender – e eu também. Suas hipóteses se enriquecem ainda mais quando o encarregado do museu lhes conta a vida e o caráter dos três pintores; nesse momento, elas estabelecem muitos vínculos, que serão a matéria dos artigos sobre os três artistas.

Orientação 5: *"Como são esses artigos? Em que diferem dos artigos de "fatos diversos"?*
1. De que se fala?
2. Como se fala?
3. Citem frases de pintores (pesquisas).

Orientação 6: *"Façam de conta que são Picasso".*
(Escolha do nome de Picasso como estereótipo de suas representações do "seja lá o que for").
Diante de cada grupo, há uma cartolina branca pregada à parede. Eles têm de desenhar algo que não conhecem, que será construído diante de seus olhos, e todos devem continuar o que o colega precedente começou. Alguém pode começar apenas com um risco, o outro pode continuar com um ponto... A comunicação só é feita por intermédio do desenho.
A partir de então, estranhas criaturas tomam forma no silêncio mais absoluto.
Orientação 7: *"Façam de conta que são jornalistas visitando um museu."*
Ao lado de todos os desenhos coletivos, colocamos uma cartolina branca. Os grupos circulam. O grupo A coloca-se diante do desenho do grupo B. Escrevem na folha em branco todas as palavras que vêm à sua mente, tudo o que sentem diante do desenho...
Avalanche de palavras, de expressões.
Orientação 8: Cada grupo escreve um artigo a partir dessa bagagem, imaginando um título para o desenho e um nome para o pintor imaginário.
Orientação 9: Cada grupo dá seu artigo ao grupo que fez o desenho (o grupo B entrega seu artigo ao grupo A). *"De que forma este artigo se parece – ou não – com os artigos dos jornalistas?"*

Retorno ao real: a tarefa verdadeira

Retorno ao museu. A classe se divide em três; cada grupo escolhe um dos quadros; diante dele, escrevem tudo o que sentem, o que vêem, o que os surpreende, o que apreciam.
Volta à sala de aula: toda a classe escreve seu texto para o jornal, a partir daquela compilação, assim como a história do pintor.
Chegamos ao final.

Reconhecimento social

As crianças foram publicadas, felicitadas (sinceramente). Participaram da montagem da página junto com os profissionais. Assistiram à impressão dos jornais. Foram entrevistadas e os jornalistas falaram delas em outros jornais. Para lhes agradecer, *Le Progrès* de Lyon lhes ofereceu um presente do qual todas ainda falam: um convite para a pré-estréia do filme *O Urso*, que elas assistiram no dia seguinte ao fechamento do jornal.
Algumas considerações sobre o quadro *Óleo sobre tela*, de Simon Hantaï:

> Para nós, este quadro é:
>
> - um campo de imagens amarrotadas;
> - a plumagem de uma fantasia;
> - margens de poças com nuvens;
> - o mundo inexato dos nadas;
> - jóias de cristais de neve;
> - poeira de luz;
> - ilhas em desordem;
> - fendas de ouro;
> - pontos em relevo quebrados por um pincel de cores.
>
> (Dora, Mariam, Lamia, Nathalie, Naouale)

Em geral, os leitores ficaram muito surpresos e emocionados com esse texto referente ao quadro que, inicialmente, provocava apenas cacarejos, chacota, risos mordazes daqueles que não tinham tido acesso a esse saber...

Reação do encarregado do museu: *"Vou enviar esse texto a Simon Hantaï. Com certeza, ele vai pensar que nunca ninguém escreveu nada tão lindo sobre seu quadro"*.

UMA QUESTÃO EM DEBATE

Parece-me falso discutir *quem* realizou o projeto. Muitas vezes, essa questão sugere que, se o projeto não veio das crianças, então o responsável é o professor. Mas não estou de acordo com isso; penso que nosso papel é o de permitir o vínculo entre o espaço "classe" e a vida verdadeira. A única vida que lhes (nos) interessa. Nosso segundo papel é o de fazer com que todos se apropriem dele. E uma das condições para isso me parece ser – além do prazer e da efervescência de todos – os *conteúdos dos saberes* que estão em jogo, e que vão permitir o *deslocamento de nossas representações e a superação de si mesmo*.

Esses conteúdos devem ser nomeados e ressaltados com as crianças, para que fique bem claro que não se trata de brincadeira.

Nessa aventura, construíram-se pessoas e saberes. Poderia citar apenas alguns conteúdos. Se eu fizesse uma lista, ela certamente seria restritiva, pois há várias coisas que não se vêem:

1. O que me parecia inicialmente impossível demonstrou ser possível. Isso também pode acontecer em outros momentos.
2. Podemos nos apropriar de todos os tipos de escrita, desde que as trabalhemos.
3. A arte abstrata é portadora de sentido e de mensagem, que devem ser decodificados.
4. Rejeitamos o que não compreendemos. Portanto, o conhecimento é uma arma contra a rejeição.
5. O sentido que damos ao que fazemos nos "dá asas".

PRÁTICAS DE CAMPO

VIAGEM À ESPANHA

PARTIR PARA DESCOBRIR O ESTRANGEIRO... QUE TAMBÉM ESTÁ EM NÓS...

MARIA-ALICE MÉDIONI

NASCIMENTO DO PROJETO: COMO PASSAR DA VONTADE AO PROJETO, DA "BANALIDADE" AO PROJETO SIGNIFICATIVO?

Todos os anos, nos primeiros dias de aula, surge a mesma pergunta: "Vamos fazer uma viagem para a Espanha, professora?" Eu respondo invariavelmente: "Por que não? Se quiserem que organizemos tudo juntos...". Depois disso, há uma discussão, na qual deixo bem claras as minhas exigências: todos viajam, mas eles é que gerenciam o projeto, comigo, naturalmente. Pouco a pouco, elas abandonam essa idéia e passam a se informar sobre outras viagens organizadas no estabelecimento, com a ajuda de agências especializadas nesse tipo de atividades, e das quais apenas alguns alunos de cada classe podem participar. Convencida das vantagens que uma viagem ao exterior pode proporcionar, tanto no âmbito lingüístico como em outros campos, eu me desespero para convencê-los, sem abrir mão das minhas condições.

Quando ditava minhas condições, o projeto se tornava meu. Ao analisar essa situação, descobri que eles preferiam o projeto de outro cuja realização lhes parecesse menos difícil, ou preferiam renunciar a ele. Era preciso aumentar sua vontade para permitir que eles superassem todas as pressões.

AUMENTAR A VONTADE

Começo o trabalho de cada ano estudando a Península Ibérica: que sabem eles dessa geografia cujos nomes decoraram sem saber onde se situavam nem o que representavam? Organizo um ateliê e aposto que eles sabem muito mais do que acham, e que podem dar um aspecto mais concreto a algo que ainda é muito abstrato. Mostro-lhes mapas turísticos e cartões postais, pedindo-lhes que escolham a região da Espanha que preferem e que gostariam de visitar e também peço que expliquem sua escolha mediante argumentos. Todos começam a imaginar o que gostariam de fazer e visitar na região escolhida; o exercício escolar é ultrapassado, deixando lugar para o sonho...

Na partilha, aparecem alguns pontos em comum: a Andaluzia, claro, Madri, Barcelona, sobretudo, e Valencia, escolhida apenas por uma aluna. Surpresa: geralmente há pouco interesse por essa cidade e por essa região, bastante desconhecida.

Todos explicam sua escolha. A menina que escolheu Valencia conta que, nessa cidade, há uma festa popular – festa do fogo e da pólvora – que é realizada em março; a festa dos marceneiros, que queimavam, em homenagem a São José (seu padroeiro), os restos de madeira que ficaram em seus ateliês no final do inverno, deu origem a um evento grandioso, em que cada bairro de Valencia e das cidades da região "planta" uma arquitetura de madeira, papelão e tecido, que sustenta enormes bonecos (os *ninots*), representando cenas satíricas. É a festa da primavera com um ritual carnavalesco, que dura uma semana, junto com outras manifestações. No último dia, 19 de março, toda a decoração é incendiada e a cidade arde, em uma apoteose de fogos de artifício.

Esse relato chama a atenção da classe por seu aspecto intrigante e pouco usual: como é possível queimar o que foi construído durante um ano, para recomeçar tudo outra vez? Pedem-me detalhes. Conto-lhes que, há alguns anos, fui para lá com uma classe da 8ª série. Alguns alunos propõem visitar Valencia, porém outros mantêm sua primeira escolha.

AS PRESSÕES DA REALIDADE

Trago mapas das estradas e observamos as distâncias e os meios de comunicação: não precisa ficar muito perto, mas também não pode ficar longe demais, porque as despesas aumentam muito. Quando começamos a falar de orçamento, conto-lhes que a cidade de Vénissieux, onde está situado o Liceu, é cidade-irmã de Manises, pequena cidade situada a dez quilômetros de Valencia, e que há muitos anos tento fazer um intercâmbio com meus colegas espanhóis, sem resultado até o momento. Discutimos as vantagens do intercâmbio: é melhor para falar a língua, mas não poderemos ir em grupo; por outro lado, um intercâmbio custa menos e poderíamos tentar obter ajuda da cidade de Manises; também podemos tentar envolver a cidade de Vénissieux na questão. Também lhes digo (cada informação que dou permite que eles imaginem um pouco melhor as possibilidades) que a Casa de Cultura da Espanha de Vénissieux, que eles não conhecem, está muito interessada no projeto (foram os artesãos do irmanamento das cidades) e que, certamente, apoiará a iniciativa. Pouco a pouco, essa é a opinião que prevalece, e decidimos começar a nos informar e a fazer contatos.

E QUE ACONTECE COM AS "MINHAS" CONDIÇÕES?

"Vamos todos"

Todo o projeto foi elaborado de forma coletiva; houve um convencimento mútuo e a idéia da viagem começa docemente a se concretizar. Ainda há algumas inquietudes, mas em vez de bloqueá-las, buscamos todos juntos os meios de superar as dificuldades. O maior obstáculo é a guerra do Golfo. Na reunião com os pais, organizada por eles, com um dossiê de apresentação do projeto e cartazes expostos na sala, esse foi o principal tema de discussão. Uma mãe declara que não deixará sua filha viajar nessas condições. Os jovens e os outros pais tentam convencê-la. Em vão... Decidimos não desesperar e dar tempo ao tempo. Mas a questão continua preocupando até algumas semanas antes da partida, quando ficamos sabendo que a guerra terminou e que, por fim, Christelle está autorizada a viajar. Se a guerra não tivesse terminado, o que precisaríamos inventar? Será que ela venceria sua timidez para conversar francamente com os pais?

Fanja está obrigada a usar cadeira de rodas. Decidimos tomar o trem por motivos de economia: teremos de fazer dois transbordos. Um dia, quando o projeto já está bastante avançado, ela pergunta como vai fazer. Estupor e risos na classe: ninguém pensara nunca em abandoná-la na plataforma! No entanto, suas dificuldades são reais e decidimos fazer o possível para que ela seja acolhida por Elise, enquanto todos os outros ficarão com outras famílias... se é que vamos ter a sorte de ser acolhidos por essas famílias.

"Eu acompanho vocês"

O professor não é chamado sempre de "acompanhante" em uma viagem escolar? Seu papel é o de acompanhar a pesquisa e as iniciativas dos jovens, ajudando com suas competências no momento oportuno.

Portanto, acompanhei os alunos à prefeitura de Vénissieux para apresentar o projeto e negociar algum tipo de ajuda com os serviços culturais, escolares e com a Comissão de Cidades-Irmãs. Cada vez ia um grupo diferente, que levava o projeto e a mim como garantia, pois talvez ninguém quisesse negociar diretamente com os jovens.

Na sala de aula, realizávamos ateliês para redigir os diferentes dossiês e a correspondência; dossiês para os pais e os diferentes organismos financiadores, correspondência para obter uma entrevista ou uma subvenção, correspondência para a Espanha: agências de turismo, professores de francês e Prefeitura de Manises... cada vez, a argumentação era diferente, em função do destinatário. Todos os documentos são assinados por todos os autores do projeto (por mim também). Algumas vezes, decide-se que eu tenho de acrescentar uma carta pessoal apoiando o pedido coletivo.

Também convidamos o Sr. Agustín, um dos responsáveis pela Casa de Cultura espanhola de Vénissieux, que nos traz um grande número de informações sobre a história da irmanação entre as cidades, seus esforços para estabelecer contato entre os jovens das duas cidades, as possibilidades oferecidas por Manises... claro que tudo isso em espanhol. Também promete que, em sua próxima viagem, vai apoiar nosso projeto quando encontrar o prefeito espanhol.

Preparamos uma festa para financiar o projeto, pois as subvenções ainda não estão garantidas e correm o risco de ser insuficientes: quinze dias antes da viagem, ainda não sabíamos se seríamos acolhidos por famílias ou se teríamos de pagar o alojamento. Tudo foi preparado pelas equipes de trabalho: reserva de uma sala emprestada gratuitamente pela Prefeitura, cartazes, vendas antecipada de ingressos, confecção de *pizzas*, *quiches*, bolos..., compras suplementares, decoração da sala; o disc-jóquei é o namorado de uma aluna, o aparelho para esquentar as salsichas foi pedido emprestado por outra aluna. Os pais vêm ajudar-nos, o que foi muito apreciado, pois a noite foi muito movimentada e fomos obrigados a encurtá-la. No entanto, a receita foi muito interessante e os jovens descobriram ou vislumbraram uma realidade da qual tinham uma idéia confusa: a da exclusão, a verdadeira.

A maior dificuldade é propor uma determinada situação e depois confiar nela. Embora o resultado tenha superado nossas expectativas, sempre tivemos um pouco de medo que as coisas não chegassem a acontecer. Possivelmente, se cedermos ao pânico, tudo vai por água abaixo.

O intercâmbio

Não é fácil fazer com que essa exigência seja compreendida, o confronto com a realidade é mais contraditório: por um lado, todos admitem que o intercâmbio seria muito mais interessante no âmbito econômico e lingüístico, mas todos receiam o desconhecido (em que casa vão ficar, quando terão de acolher a pessoa da outra cidade em sua casa, é preciso "estar à altura", serão capazes de falar espanhol corretamente ou de se fazer compreender); o hábito do grupo é muito mais tranqüilizador: podemos fazer uma viagem "cultural" e descobrir um país por meio de seus monumentos, todos juntos.

O que realmente pesou foi que, durante muito tempo, não sabíamos como seria o esquema, se entraríamos em contato com o Colegial de Manises ou se os professores aceitariam receber-nos em suas classes. Dessa forma, todas as possibilidades permaneceram abertas e se projetaram nas diferentes situações, tomando-se consciência das vantagens e inconvenientes de cada uma delas.

Outro elemento que me parece determinante é que o empreendimento era bastante audaz, não se enquadrava em uma viagem clássica em que os jovens têm o programa preciso de tudo o que vai acontecer antes da partida. Isso realmente era uma aventura. Todos eram conscientes de que não escolhíamos as coisas mais fáceis porque éramos forçados pela realidade; isso dava mais tempero ao projeto. Um intercâmbio é totalmente diferente de ficar em casa de famílias remuneradas por esse serviço; no primeiro caso, somos obrigados a criar laços com as famílias, que passam necessariamente pelo verbal. Na outra situação, na opinião de alguns jovens, nem sequer temos a obrigação de lhes dirigir a palavra.

AS DESCOBERTAS

O outro, o estrangeiro, o Espanhol

Podemos imaginar com facilidade todas as descobertas que podem ser feitas nesse tipo de situação. O mais interessante, porém, são as perguntas e as tomadas de consciência que essas descobertas despertam em nós. O estupor dos alunos diante da hospitalidade e da generosidade dos anfitriões diz bastante com relação aos comportamentos adquiridos na França. A dificuldade de fazer compreender sua realidade (entre outras, a dos muçulmanos, que não comem carne de porco) permite captar melhor a própria dificuldade para compreender a realidade alheia, o tato que é preciso utilizar com os outros, ou seja, o respeito que não exclui a discussão...

A descoberta de um sistema escolar bastante diferente leva a comparações e obriga a questionar o que se vive. Essas oportunidades não são muito freqüentes na escola.

As diferentes preocupações se explicam por uma vivência, por uma história, por escolhas diferentes: outras oportunidades para fazer novas perguntas.

O outro, tão próximo, porém estranho

Cronologicamente, essa é uma das primeiras descobertas. Ela ocorreu na festa organizada pela classe para financiar o projeto. Como sucede com bastante freqüência, as coisas não deram certo porque grupos de jovens tentaram infiltrar-se e tivemos momentos bastante difíceis: que horror! Nesse momento, os alunos tomaram consciência de uma realidade que conheciam mal ou ignoravam. Eles são os bem-sucedidos, estão no final do ensino fundamental e deixaram as séries iniciais para trás... Os outros são os excluídos da escola e da sociedade. O fracasso escolar os levou direto ao desemprego, à revolta que, diante dos olhos dos privilegiados (apesar das enormes dificuldades de um jovem que cursa as séries finais do ensino fundamental, ele não deixa de ser um privilegiado) se exprime pelo quebra-quebra. Mais uma oportunidade para refletir sobre a escola, a exclusão e o que nos assusta.

O outro, o estrangeiro que está em mim

Às vezes, mudávamos de papel; a outra acompanhante era a orientadora de ensino que fazia parte, além de mim e de outros, do Grupo de Ajuda Mútua, e que não falava quase nada de espanhol, embora algumas semanas antes da viagem tivesse estudado um pouco a língua; no trem, os jovens se revezaram para ajudá-la, responderam às suas perguntas e lhe ensinaram espanhol.

Christine, que tinha passado com dificuldades para a sétima série, pediu que sua anfitriã espanhola lhe preparasse um teste com uma prova de francês; quando voltou, sentia-se mais segura.

Todos descobriram, e este será o objeto de interessantes discussões na sala de aula: como é difícil acolher o outro, como ele atrapalha nossos hábitos e certezas...

Todos pensavam que eram livres, rebeldes, capazes de rejeitar as normas, mas perceberam que se sentiram muito perturbados com alguns comportamentos: a droga ("meu anfitrião não tinha nenhum respeito por mim e pela minha família; ele fumava maconha mesmo quando eu estava presente"), o costume de se tratar de tu[*], a familiaridade ("os alunos espanhóis chamam seus professores pelo nome; quando chamaram nosso professor de espanhol pelo nome, me pareceu uma falta de respeito, fiquei chocado"), a atitude mais desenvolta na escola. Todas essas questões nos incitam a rever ou afirmar nosso próprio comportamento, nos levam a fazer escolhas com total consciência dos motivos dessas escolhas.

---

[*] N. de T. Na França, as pessoas só utilizam o tratamento "tu" quando são familiares ou muito íntimas; usualmente, o pronome de tratamento utilizado pelos franceses é "vous".

A CONSCIENTIZAÇÃO DOS PROCESSOS E DAS AQUISIÇÕES

Quando retornamos à escola, decidimos realizar uma exposição sobre o projeto. Esse fora um compromisso que tínhamos assumido com a Prefeitura de Vénissieux, e deu outro sentido ao trabalho realizado, pois tínhamos de explicá-lo também à população da cidade.

A última lição de casa do ano foi a seguinte:[1] "Qual é sua melhor lembrança do projeto que acabamos de realizar? O que foi que você aprendeu durante esse projeto e vai servir para a vida futura? Explique por quê". Aqui estão algumas das respostas, que revelam o caminho percorrido, embora sempre tenhamos de ser um pouco prudentes (resposta às expectativas, entusiasmo – sabemos que, depois, a vida retoma seu curso e que certamente essas aquisições deverão ser reforçadas em outras oportunidades):

- "Essa experiência me permitiu ver que, diante dos problemas, sempre tenho de permanecer otimista e esperançoso. Participei de um verdadeiro trabalho de grupo e conheci a solidariedade. Se posso dizer que nosso projeto foi um sucesso, isso aconteceu porque a classe superou muitos desafios. O primeiro foi o de ir para a Espanha todos juntos [...]; o segundo, de ficar com uma família. Ir para a Espanha para conhecer o País cuja língua estudamos, e também aprofundar o conhecimento dessa língua".
- "Graças a esse projeto, vimos que éramos capazes de assumir responsabilidades, e pude verificar que estes dois provérbios são verdadeiros: 'A união faz a força' e 'Querer é poder'. Agora, graças a esse trabalho, sei elaborar um projeto. Todos os procedimentos administrativos me deram uma pequena experiência. E se algum dia tiver de fazer esse tipo de gestões, acho que serei capaz".
- "Minha melhor lembrança é que fomos bem-sucedidos na organização do projeto. O trabalho de grupo deu certo. Tinha medo de não poder viajar porque eu achava que, se a professora não nos ajudasse, não poderíamos fazer nada. Mas estava enganado. Nós é que fizemos todo o trabalho. A professora só nos ajudou".
- "Aprendi que é preciso ter a mente aberta com um estrangeiro para poder agradá-lo".
- "Aprendi que todo mundo pode ajudar e participar para concretizar um projeto que é importante para nós. Pela primeira vez, pudemos nos expressar e dizer o que queríamos fazer. Levavam em consideração tudo o que dizíamos e isso foi ótimo, sobretudo nesta escola. Senti-me responsável, e isso me permitiu ver que, com força de vontade e obstinação, sempre conseguimos o que queremos".
- "Durante essa viagem, aprendi muitas coisas, mas a mais importante foi que meu espanhol melhorou muito, muito mais que se tivesse ficado na França. Para meu futuro, isso é muito importante, pois penso trabalhar com turismo. Além disso, adoro o sotaque espanhol (e agora tenho medo de esquecer o espanhol, e por isso às vezes falo sozinho no meu quarto).

– "Quando as pessoas projetam algo que parece muito difícil de realizar, aprendem a fazer o impossível para que ele se concretize. (Isso é o que a senhora nos ensinou, porque nós o vivemos)."

OS ANTECEDENTES

Talvez não tenha sido por acaso que tudo isso aconteceu nessa turma. No ano passado, dois anos antes do reinício das aulas, perguntaram-me se aceitaria, nessa turma de sétima série, uma aluna que se enganou ao escolher a orientação, não sabia nada de espanhol e que desejava estudar uma terceira língua. Pedi-lhe que viesse e declarei, diante do grupo, que estava prestes a aceitá-la, mas que não tinha tempo nem possibilidade de ajudá-la a recuperar o tempo perdido. O trabalho da classe não poderia deter-se para atendê-la. Portanto, era preciso ser honesta com ela: eu não podia fazer isso sozinha e, se todos não se empenhassem, seria inútil que ela perdesse seu tempo.

Várias mãos se ergueram para propor uma hora para trabalhar com ela no CDI, o grupo de ajuda mútua, no qual todos se revezariam para se ocupar dela (também participei), numa espécie de formação acelerada.

Por outro lado, perguntei à "novata" se ela se sentia capaz de assumir um programa tão compacto e o trabalho adicional que isso representaria. Ela respondeu que sim diante de toda a classe.

Em janeiro, depois do primeiro conselho de classe, recebemos outro presente: o mesmo pedido, a mesma situação. Mas agora tudo nos parecia mais fácil: já tínhamos verificado que era possível e, embora a matéria estivesse ainda mais adiantada, estávamos prontos para enfrentar o desafio, eles e eu.

Essa situação inesperada serviu para consolidar o grupo e para criar atitudes solidárias que, certamente, não se desvanecem tão rapidamente quanto imaginamos.

Nota

1. A partir desse momento, todas as citações são traduções, naturalmente.

PRÁTICAS DE CAMPO

PROJETO PESSOAL – PROJETO COLETIVO

YVES BÉAL

"Era uma vez, na América, mas também na África, nas Antilhas e de novo na América... Vou lhes contar a história de um Garoto Rock and Roll...

– Eu sou o Garoto Rock and Roll. Já cresci um bocado, desde aquela época...
– Ei, espere aí, Johnny, não é sua vez de falar...
– Ah, ótimo, senhor professor, eu justamente ia lhe dar a palavra..."

Não corram tanto!

Embora este tenha sido o início da história de Johnny, também foi uma das fases mais adiantadas de um vasto projeto, que mobilizou as 230 crianças do Grupo Escolar nº 9 de St-Quentin-Fallavier (Isère), os professores e os pais.

PROJETO DAS CRIANÇAS OU DOS ADULTOS?

Vamos começar pelo começo...

É bem difícil estabelecer exatamente qual foi o começo, pois a equipe da escola, desde sua criação, tanto no terreno das práticas quanto na vida escolar, sempre esteve em busca de pontos de ruptura...

Julho!

A equipe escolar, em seu seminário anual de verão, analisou o ano que tinha acabado e elaborou perspectivas para o próximo ano...

Ninguém sabia ainda o que mobilizaria nossa energia durante os próximos dois anos: a idéia de fundir em um projeto de "Comédia musical" os diversos avanços da escola e de abordar nessa dinâmica novos âmbitos, a realização de um filme destinado aos pais, a gravação de um disco, a excursão...

Evoco aqui os produtos acabados, que não constituíam um fim em si mesmos, embora soubéssemos que era preciso ressaltar o valor do trabalho das crianças.

Na verdade, convém *evitar a confusão entre projeto e pedagogia do projeto*.

Quando aplicamos uma pedagogia de projeto, temos outro enfoque da aprendizagem baseada na construção dos saberes: o poder de pensar e decidir por si mesmo e a gestão cooperativa, não só dos lugares e das ações cotidianas, mas do sucesso de todos e de cada um.

Mas foi na reunião dos adultos que nasceu a idéia e a vontade de criar uma comédia musical.

Haverá, aí, alguma contradição com a pedagogia de projeto?

Sim, se considerarmos que um verdadeiro projeto precisa do compromisso pessoal de cada protagonista, o que não supõe apenas adesão, mas também concepção, elaboração e decisão.

Há um risco real de chamar um projeto de adultos de projeto da criança, colocando esta última em posição de executante, de marionete, manejada por um professor visível ou invisível.

Não, o primeiro projeto do adulto é que as crianças (cada criança) se apropriem da idéia, invistam nela, lhe dê sentido, forma, conteúdo, a transforme e até a rejeite, permitindo, assim, que elas mesmas produzam as idéias principais.

Para esclarecer um pouco o processo anterior, voltemos ao projeto concreto. Para a equipe da escolha, o projeto "Comédia musical" significava o seguinte:

- continuar o trabalho iniciado há vários anos no âmbito da criação;
- fazer com que uma nova geração de crianças vivesse intensamente a composição de canções (um primeiro disco da escola, "Crocodil a dit..." tinha sido concebido há quatro anos);
- trabalhar em âmbitos até então inexplorados em nossas classes;
- realizar um trabalho permanente de auto-socioavaliação a partir de um determinado âmbito, a música, que na França constitui um terreno privilegiado de exclusão da maioria e de interiorização de incapacidades pessoais para muitos.

Entretanto, nem pensamos em implementar imediatamente nosso projeto, o da equipe de professores, no início das aulas! Não queríamos tirar das crianças esse poder de sonhar, de crescer que, por nos projetar ao futuro, dá origem a outra realidade sobre a qual agimos, transformamos, inventamos e que nos permite existir como pessoas.

Tínhamos de imaginar situações verdadeiras, que dinamizassem as crianças e lhes permitissem elaborar seus próprios projetos, mais ou menos similares à idéia inicial da equipe.

COMO SE INICIA UM PROJETO?

Não direi, aqui, quais foram, nas diversas classes, as situações-isca que despertaram nas crianças o apetite pelo projeto, as situações que as levaram a relacionar as propostas dos outros e as suas. Vou contar apenas o que vivenciei de perto na classe da terceira série do ensino fundamental.

A primeira situação envolvendo o projeto de comédia musical foi comum à escola maternal e ao ensino fundamental, e ocorreu no primeiro dia de aula... Ela se baseava em dois elementos essenciais de uma pedagogia de construção dos saberes a partir de projetos:

– O insólito

Por necessidade técnica, todos os anos se tira tudo das paredes da escola e, no primeiro dia de aula, elas estão totalmente limpas.

Como a inteligência é muito solicitada em uma situação pouco habitual – sobretudo, seu pólo imaginativo –, decidimos pintar as paredes, as portas, os tetos e as janelas, cobrindo, assim, centenas de poemas escritos por centenas de alunos dos anos anteriores, cujas cópias guardamos cuidadosamente.

– O desafio

Após o choque da chegada, realizamos em cada classe um ateliê de escrita em torno do nome de cada aluno (para que cada um deixasse sua marca).

Ateliê de escrita "Nome", contado pelas crianças:

Em primeiro lugar, contaram-nos o que iríamos fazer: textos, poemas que falassem de todos. Disseram-nos que todos conseguiriam, que não podíamos desestimular-nos, embora fosse difícil.

1 – Circular pela escola para ler os poemas grudados às paredes e prestar atenção a grupos de palavras e expressões que fossem do nosso agrado.

2 – Em uma folha, escrever nossos nomes e circular a letra que preferimos.

3 – Fazer uma lista de palavras nas quais a letra nos faz pensar (associação de idéias).

4 – Circular a letra que menos nos agrada e fazer outra lista...

5 – Nas duas listas, escolhemos a palavra que preferimos e a que menos nos agrada.

6 – A partir dessas palavras, temos de elaborar outras, utilizando as letras e as sílabas (misturando-as e acrescentando o menos possível).

7 – A partir de quatro listas de palavras, cada aluno tem de escrever um texto ou um poema (todas as palavras devem constar do texto, mas também podemos acrescentar outras).

8 – Todos juntos, pesquisamos verbos que digam o que podemos fazer com nosso nome, com as letras de nosso nome.

9 – Colamos os primeiros textos e os lemos, depois colamos os grupos de palavras que nos interessam. Eles serão escritos com letras grandes em um mural.

10 – Em voz alta, todos tentam fabricar expressões, utilizando a lista de verbos.

11 – Cada criança escolhe uma palavra que agrada, a escreve em um pedaço de papel e a oferece a alguém. Depois disso, deve-se escrever um novo texto utilizando o primeiro texto, o mural e as novas expressões com os verbos; a palavra "presente" deve fazer parte do título, mas não sozinha.

12 – Os segundos textos são colocados na parede e lidos; embaixo do texto do outro, escrevemos a palavra que consideramos mais importante.

13 – Temos todas as palavras propostas pelos outros; escolhemos, então, aquela que realmente queremos guardar e fabricamos palavras utilizando as letras e as sílabas dessa palavra.

14 – Cada um retoma seu texto e o transforma, inserindo as palavras que foram fabricadas.

15 – Para acabar, escrevemos um poema/cartaz, nosso poema final, que é escrito em torno da palavra que escolhemos...

Durante o ateliê, em um momento especialmente escolhido para evitar a frustração provocada por uma parada da atividade, instalamos um conselho cooperativo em torno de um pedido de participação em uma festa interassociativa de bairro, prevista para quinze dias depois da volta às aulas. As dúvidas quanto à participação logo foram dirimidas, e a questão da forma logo gira em torno das produções do ateliê de escrita.

Quem lançou o desafio? Não me lembro mais, e pouco importa... Foi um rastilho de pólvora na escola: a gigantesca exposição que nos acolheu será substituída por nossos próprios poemas escritos, em boa caligrafia, trabalhados plasticamente... e em menos de duas semanas! Uma verdadeira colméia de crianças, para as quais a ortografia, a conjugação e a gramática passaram a ser "brincadeira de criança".

Desafio vencido!

Vencido também no conselho cooperativo... e analisado como primeiro sucesso do ano.

Foi nesse contexto ou ambiente que a turma da 3ª série do ensino fundamental, alguns dias antes da festa, escutou o *rock* de Chuck Berry "Johnny be good". Não foi apenas a audição de uma música, mas uma exploração organizada de uma canção em língua estrangeira.

Exploração da canção em inglês

– Primeira escuta individual, acompanhada da orientação aberta: "escreva";
– Segunda escuta individual: "escreva";
– Por equipe, fazemos a lista do que foi lembrado, do que foi compreendido ou do que achou que se compreendia;
– As colaborações são escritas em um cartaz, que é colado à parede;
– Nova escuta;
– Por equipe, fazemos uma lista de tudo o que gostaríamos de saber sobre o personagem que intuímos que é o herói da canção, tudo o que gostaríamos de fazer a partir daí...

Um retrato, evidentemente... e acontece então o primeiro ateliê de artes plásticas, na qual todos imaginam seu herói mais ou menos em relação com a música.

A seguir, realizamos uma comparação; descobrimos algumas características comuns e, sobretudo, a necessidade de trabalhar com o retrato em uma oficina de escrita.

E assim por diante...

O leitor tem todo o direito de achar que isso não tem nada a ver com a excursão de comédia musical que realizaremos um ano e meio depois...

No entanto, muitas vezes, por excesso de precipitação, uma idéia formidável que poderia ser apropriada pelas crianças continua sendo apenas letra morta, ou acaba sendo a produção do final do ano, sem vida, com a forma e a execução mecânica de robôs mais ou menos azeitados, mas certamente teleguiados por um professor ou uma professora satisfeito(a) com "seu" projeto.

Às vezes, a escrita é demasiado linear para dar conta da complexidade do que está em jogo em um trabalho por projeto.

Nessa classe da terceira série, repetimos, não se lançou a idéia de uma comédia musical, nem a de um grande projeto comum às 230 crianças da escola; entretanto, a partir desse desafio de escrita do primeiro dia de aula, cerca de dez miniprojetos já surgiram, cresceram, morreram ou deram frutos e estão em curso: fazer o retrato de Johnny, construir sua estátua, escrever as palavras francesas da canção, imaginar sua história, suas aventuras..., que têm a ver com: viajar, mergulhar, ir a um concerto de *rock*, escrever um livro, realizar um filme e muitas outras coisas.

APROPRIAR-SE DE TUDO

O trabalho por projetos não significa explorar um determinado tema, mas talvez se preocupar com sua evolução e com o relacionamento.

Portanto, imaginem o que isso significa...

Imaginem essa turma de terceira série do ensino fundamental, com uma música de *rock* adaptada ao francês, um retrato plástico e literário do herói da canção e algumas idéias para fazer outras coisas...

Imaginem, no outro extremo, uma história de crianças indígenas perdidas ou abandonadas pelos pais que – sabe-se lá por quê – tiveram de se exilar na África para trabalhar... a história imaginada pelos pequeninos da escola maternal.

Imaginem, além disso, uma escola em que as crianças de todas as idades têm o hábito de se encontrar, de conversar, de realizar ateliês abertos, em que classes com uma faixa etária muito diferente trabalham lado a lado.

Imaginem uma escola em que cada turma encontrou uma determinada maneira de fazer, para que todas as crianças possam propor e decidir.

Assim, em novembro, várias classes, praticamente no mesmo momento, pediram que fosse realizado um Grande Conselho com os delegados de todas as turmas; os temas a serem tratados seriam: os projetos de cada classe e um grande projeto para todos. Vemos como vida cooperativa e trabalho por projetos estão ligados. *A vida cooperativa constitui um dos meios essenciais da apropriação do projeto por todos, isto é, por cada um.* O conselho não vai servir apenas para decidir, mas também vai permitir todo o trabalho de organização. E cada criança, quando sente que pode contribuir, vai assumir esta ou aquela responsabilidade.

COMPROMISSO PESSOAL E PROJETO COLETIVO

Lembro-me perfeitamente bem daquele pequeno grupo de sete crianças que decidiram construir a estátua de Johnny *be good*, que foi decisiva para retomar o projeto no momento em que ele começava a se esgotar. Não era possível, ou pelo menos eu não tinha decidido isso, construir a estátua durante o período de aula. Vários meses se passaram antes que ela saísse, do alto de seus dois metros, do ateliê de carpintaria. Vários meses, em que os alunos trabalharam das 5h às 7h ou quartas e sábados. Mas as sete crianças iniciais não deram conta e o grupo aumentou tanto – chegou a contar com 40 voluntários – que foi preciso regulamentar as participações suplementares para garantir um trabalho eficaz e nas condições apropriadas.

Por outro lado, a frustração dos ausentes se transformou no motor do projeto, pois testou e aumentou o compromisso pessoal.

Ao multiplicar as situações desse tipo ou deixando que elas se multipliquem depois que todos assumiram um quinhão de responsabilidade no conselho, parece-me que é possível passar progressivamente do *projeto coletivo ao projeto pessoal*.

O adulto só tem de *permanecer atento para que todas as crianças possam passar por esse processo de envolvimento*.

Como é que cada um pode inserir seu projeto pessoal em um projeto coletivo?

Isso não é nenhuma magia, só é preciso levar em conta todas as idéias, por mais excêntricas que possam parecer à primeira vista. As idéias devem ser levadas em conta pelo conjunto das crianças, e para isso tem de haver um paciente trabalho de escuta. As idéias devem ser levadas em conta pelo adulto, que tem de saber ouvir para além das palavras e passar a limpo – correndo o risco de se enganar. Nesse caso, o erro desempenha o papel de estimular a criança, cuja proposta foi mal interpretada. Os adultos têm de levar em conta as idéias mediante atos, isto é, não apenas por meio da resposta verbal, mas pela criação de situações que favorecerão a tomada de poder real de cada pessoa.

Mas o que acontece quando o projeto não se torna pessoal para uma das crianças? A resposta está na confiança:

- *Confiança em mim mesma*: continuarei a buscar situações favoráveis que talvez permitam esse envolvimento pessoal;
- *Confiança na criança* que também, à sua maneira, tenta fazer com que o projeto avance, talvez mostrando que os desafios não são suficientemente importantes ou não são percebidos. E essa é uma nova pista de trabalho para mim...

Quando se trabalha por projeto, não se tem apenas de agir, decidir e se organizar... Talvez o essencial seja a reflexão. Reflexão sobre o que foi feito, sobre a maneira de fazer, sobre as estratégias utilizadas e sua eficácia. Reflexão sobre o sentido do que está sendo feito, sobre as finalidades e os desafios. Com relação ao projeto... Com relação a si mesmo, com a aprendizagem, com o sucesso, com a gestão do programa... Com relação aos temores da família ou da instituição escolar...

- *Confiança em uma pedagogia* que articula o projeto, a vida cooperativa, a construção de saber, em um processo em que a criança se considere cada vez mais criativa e cada vez mais autora de sua formação;
- *Confiança na complexidade* que, por menos que o educador estimule a criança, será uma chave do não-fatalismo, pois as interações são surpreendentemente complexas e o caminho de cada indivíduo é singular. Mas justamente a complexidade é que oferece a cada um a possibilidade de ser singular, ainda que integrado a um projeto coletivo.

ILUSÃO DO CAMINHO LINEAR

Nesse sentido, recordo uma formidável regressão coletiva e individual de quase toda a classe da terceira série, a mesma que estava tão entusiasmada no início.

Depois desse grande conselho de novembro, em que se decidiu que seria montado um grande espetáculo de toda a escola, "com música, fala e com mais movimento que no ano passado", começaram a ser realizados encontros regulares, em que cada classe tomava suas próprias iniciativas.

Embora em novembro a turma da terceira série tivesse feito sensação com a canção de Johnny *be good*, com o retrato de Johnny, com o início da história que integrava as propostas das crianças da escola maternal e mesmo com a escrita de um texto de uma canção para a classe dos pequenos, dezembro e janeiro não aportaram nada de novo. Em fevereiro, tive de pedir licença por motivos de saúde, em março também – e isso causou muitas dificuldades para a minha substituta que, mesmo assim, tentou inserir-se no projeto. A situação era delicada em abril, quando reassumi o cargo, pois senti que muitas crianças estavam desmobilizadas (exceto as que continuavam trabalhando na construção da estátua).

Mas a regressão também faz parte de uma gestão de projeto, e é preciso tirar partido dela! E, no encontro do final do mês, os alunos da terceira série, em grupos de três, quatro ou cinco, apresentaram os esboços de seis novas canções...

Nesse momento, o projeto coletivo se tornou pessoal para muitos, pois cada um reconstruíra o sentido de sua participação que, reconhecida pelo conjunto da escola, confirmava cada um em sua criação própria, útil e até mesmo indispensável.

Parece-me importante destacar a relação entre regressão coletiva e envolvimento pessoal. Essa regressão, freqüente nos projetos, pode constituir um ponto de apoio fundamental, não só para realçar a dinâmica do projeto coletivo, mas também para obter o envolvimento pessoal tão desejado. Todos atingem um determinado estado mental e estabelecem que:

- o projeto existe;
- o projeto ainda não existe, ele está sendo esboçado;
- o desafio, percebido de forma confusa, gera mal-estar;
- o mal-estar é reforçado pelo fato de ter havido um compromisso público e porque todos consideram que não serão fiéis ao compromisso assumido...

LANÇAR DESAFIOS

Esse momento é propício para criar uma situação que permite que todos tomem consciência de sua responsabilidade, de sua "indispensabilidade".

Quando se tem a sensação de não criar nada há meses, de não aportar nada e, pior do que isso, que as outras classes "roubam" nossas idéias, nosso projeto... quando se está prestes a renunciar a tudo, também se está pronto para superar um novo desafio... um desafio que aniquile total e brutalmente a imagem degradada que as crianças têm de si mesmas e desse projeto que é seu, sem ainda o ser verdadeiramente, um desafio em que eles se mostrem mais capazes do que podem imaginar...

Como o primeiro espetáculo oficialmente programado está marcado para dentro de menos de dois meses, como ele será representado oficialmente por ocasião da filmagem de "De l' estrade à la scène", dentro de um mês e meio, restam-nos apenas três semanas para criar um evento e mais três para lhe dar forma!

Após uma análise crítica da situação, durante uma reunião com as crianças, na qual também se discutiu o que aconteceu com a professora substituta e atrasou o projeto, lancei o desafio: um ateliê de escrita para inventar rapidamente seis textos de canções e equipes formadas por três, quatro ou cinco crianças para criar os textos; cada equipe teria de conquistar seu lugar na comédia musical por meio da invenção de uma nova canção.

Era quase um tudo ou nada, uma loucura: ou a equipe consegue e participa do espetáculo, ou não consegue e abandona o projeto por completo. Uma "antiloucura": minha total convicção de que todos vão conseguir.

E eles topam! Apesar do tipo de contrato! E trabalham durante a aula, durante o recreio, depois das 17 horas, às quartas, aos sábados... E a classe passou do "todos criadores" para o "cada um criador", pois o desafio era tão grande que agora ninguém ousava esconder-se por trás do grupo.

Dessa vez, os grupos são muito restritos e há urgência demais para que alguém deixe de participar. Na verdade, esse foi um momento fundamental; sem essas seis canções, a peça teria existido, mas talvez o disco não tivesse sido gravado. E será que teríamos ousado fazer a excursão? Teríamos ousado criar esse evento pedagógico e social, essa ruptura nos procedimentos educativos correntes? Será que esse contrato-desafio só foi superado porque foi lançado em um momento de desequilíbrio, de dúvida, de agressividade e de ruptura? Certamente, podemos afirmar que as crianças não teriam assumido com tanto entusiasmo o projeto, pensando nos espetáculos e nas apresentações perante as classes da região de Auxerre, sem essa fase de regressão, que foi aproveitada para criar o projeto pessoal de cada um. *A posteriori* – e talvez isso seja válido para todo projeto –, o recuo deu origem a um envolvimento muito maior de todos.

Portanto, não devemos temer esses momentos de regressão; embora não devamos chegar ao extremo de provocá-los, não os devemos evitar, porque, às vezes, eles servem de apoio. E, embora essa situação-desafio tenha funcionado, há muitas que não dão certo (talvez nesse caso também fosse necessário repensar a complexidade do trabalho por projeto, refletir em suas finalidades, objetivos, valores, desafios, determinações...).

O PRODUTO (NÃO) ESTÁ ACABADO

Houve três apresentações do espetáculo em junho. O filme foi realizado. Embora tenha sido, acima de tudo, uma realização de adultos (de educadores com formação em vídeo), em nome de adultos (a equipe da escola negociou o argumento), destinado para adultos (os pais, aos quais desejávamos mostrar o desafio de um trabalho por projeto), esse filme representou, para as crianças, uma oportunidade de tomar consciência da importância – para as aprendizagens e para elas mesmas – de nosso trabalho por projeto.

Também recebemos a proposta de gravar um disco com nossa comédia musical. Isso supõe que o projeto vai continuar em setembro...

Mas voltemos a julho: discussão animada no seminário anual da equipe da escola. Tudo acertado com o disco. Mas quando alguns propõem a idéia de uma excursão, há muita resistência... A equipe se divide, o projeto assusta...

Por fim, setembro!

Primeiro Conselho do novo ano: Karima propõe: "Meu projeto é que toda a escola viaje ao mesmo tempo, porque assim, pelo menos uma vez, vou poder ficar junto com minhas irmãzinhas!".

A excursão foi aprovada.

O OLHAR DOS OUTROS

No entanto, para que um projeto como esse exista, as crianças têm de tomar consciência do que já realizaram e do que ainda não foi feito.

E o trabalho de conscientização vai passar pela imprensa...

O jornal *Le Progrès des Enfants* solicitou uma página dupla, totalmente escrita pelos alunos, na qual eles deviam apresentar e descrever seu projeto: o que já ocorrera, o que ainda podia acontecer...

Com a euforia da publicação, realizamos uma oficina de escrita, na qual as crianças escreveram a todos os jornais e rádios da região.

Portanto, foram entrevistadas por dezenas de jornalistas, do jornal municipal ao *Dauphine Libéré*, passando pela *Radio Jacasse, Radio France Isère, France Inter, France Info, Radio Triage, Radio Pluriel, TSF,* etc. Cada vez um grupo diferente de crianças responde...

Essa é uma conscientização efetiva, realizada em uma situação na qual não é mais possível recuar, da qual não há escapatória, em que a necessidade provoca a conceituação.

A vida cooperativa oferece todos os dias oportunidades de conscientização: sempre que se assume alguma responsabilidade, sempre que se supera ou não alguma dificuldade, em todos os acontecimentos que provocam algum tipo de mudança.

TOMAR CONSCIÊNCIA DOS DESAFIOS

As situações de pesquisa e de construção de saber são *lugares de conscientização* daquilo que está em jogo no projeto:

- *o projeto como detonador das necessidades de aprender*: já mencionei o retrato, o artigo na imprensa, a carta do jornal, a criação da canção, a escrita poética; deveria ter falado do orçamento, da gramática da redação, da geografia, do condicional ou da concordância do particípio passado...

– *ou as gestões de construção de saber como embriões de novas pistas para o projeto*: o problema suscitado pela busca de subvenções, os ateliês de escrita que não dão a idéia de inventar situações para que elas sejam vividas por outras crianças durante a excursão, as redes de alimentos que incitam as crianças a explorar os lugares onde somos acolhidos: terrenos de aventura em todos os sentidos do termo...
– *o projeto como detonador de novos projetos*, que aprofundem ainda mais um certo domínio, que permitam um controle mais completo; quando soubemos que a excursão seria realizada, as crianças propuseram que nosso projeto fosse apresentado a outras crianças e a adultos...

Por isso, nos perguntamos como podemos falar do assunto... Isto é, como contar a invenção da canção a pessoas que nunca lidaram com isso, como relatar o projeto a crianças que, talvez, não tenham nenhuma experiência no âmbito dos projetos...

Começa, assim, um extraordinário período de conceituação, de conscientização: as crianças, como sabem que terão de intervir em grupos autônomos formados por três pessoas – sem adulto –, imaginam ateliês para que seus anfitriões se apropriem ativamente do projeto; são criados ateliês sobre a descoberta dos processos do projeto, a escrita de canções, a invenção de melodias.

Por exemplo: para compreender a invenção dos textos, pode haver uma melhor situação que a vivência de um ateliê de escrita? Realiza-se, então, um novo ateliê, que é descascar – para que serve cada orientação? – e inventamos outros ateliês, orientações de reescrita.

De repente, produzimos – projeto no projeto – uma coleção de poemas e de ateliês: "As palavras são feitas para viajar".

E, depois, acontece aquilo que ninguém ousaria imaginar: toda a escola maternal e de ensino fundamental – 230 crianças – *on the road*...

E por fim, para encerrar provisoriamente essa aventura, vamos dar a palavra ao jornal municipal:

"Garoto *rock'n roll*"

Um extraordinário projeto musical e pedagógico do Grupo Escolar n. 9 e de seus 230 alunos de três a 12 anos, que certamente todos acompanharam por meio da imprensa escrita e radiofônica: uma comédia musical totalmente escrita, composta e representada pelos alunos da escola.

Um projeto musical original

Além de interpretarem as 16 canções do espetáculo, as crianças também as compuseram. *Rock*, bossa nova, *reggae*, *funk*, balada, samba... numerosos horizontes musicais, frutos de uma íntima colaboração com músicos regionais amadores e profissionais, que fizeram os arranjos.

Uma excursão

Em junho, toda a escola partiu para uma excursão no departamento de Yonne e apresentou 10 vezes seu espetáculo. Ainda não puderam atender a pedidos provenientes da Bretanha, de Vosges e do Languedoc...

Os espetáculos são pagos, as crianças representam diante de públicos não-complacentes; isso é mais difícil que uma representação durante a festa da escola, mas o trabalho é levado a sério, reconhecido e valorizado. Para as crianças, serve de trampolim para crescer.

Acima de tudo, um projeto pedagógico

Que permitiu que fossem trabalhados numerosos domínios escolares (leitura-escrita, gramática, ortografia, música, desenho, geografia, matemática...) com crianças motivadas que compreendem melhor a utilidade de aprender.

Para as crianças, esse projeto constitui uma verdadeira estratégia de desvio, que visa a lutar contra o fracasso escolar por meio da abertura da escola à vida e da confiança dos alunos em suas imensas capacidades.

"Garoto rock'n roll" também é...

Um CD ou uma fita cassete que permitem que todos descubramos, da rua ao palco, a extraordinária viagem de um garoto *rock'n roll*: uma história e 16 canções que fazem pequenos e grandes sonhar, cantar, dançar, em casa, na escola ou no parque.

Cópias podem ser solicitadas ao Grupo Escolar n. 9 – Quartier des Moines – 38070 – Saint-Quentin-Fallavier.

14
PRÁTICAS COOPERATIVAS E CIDADANIA

"A autogestão é algo que não vem de cima"
Trechos de um texto de Henri Bassis[1]

Uma aquisição comum aos diversos movimentos de Educação Nova é a classe cooperativa, cuja característica é que um certo número de poderes, usualmente exercidos pelo adulto, que é o professor, passam a ser exercidos pelas crianças.

Também vemos que os preâmbulos filosóficos, nos professores ou nos pais, serão o motor de adesão ou de rejeição, vão impedir a observação ou a experimentação objetivas e, quando constituídos por expectativas negativas, vão tornar-se a causa real dos fracassos ocorridos (suscitados). São os mesmos preâmbulos que existem nos saberes, quando queremos evitar sua transmissão magistral: as crianças são capazes de avançar sem a intervenção invasora do adulto? Será que, realmente, elas podem descobrir? Inventar? Criar e construir? E se isso fosse possível, a partir de que idade? A partir de que aprendizagem, instalada por mim, evidentemente? E os professores que são (ou acham que são) anti-racistas, reapresentam às crianças os argumentos desprezíveis que os colonialistas criaram para evitar a emancipação dos povos que ainda são escravos.

Temos de confessá-lo: muitos dos professores que se dizem partidários da Educação Nova ainda não extirparam de suas próprias entranhas essa substância monárquica, o núcleo dessa arrogância que lhes parece insuportável nos mortais comuns, mas que neles, de forma insidiosa, assumiu o aspecto humanista e sorridente do déspota esclarecido que "outorga" generosamente algumas liberdades controladas. Liberdades e um sistema legal que impedem seus excessos. Em suma, a carta de Luis XVIII e não a Constituição que um povo elabora em meio aos conflitos e tumultos, experimentando os plenos poderes que outorgou a si mesmo ao fazer sua Revolução, a dos Estados Unidos, a dos Insurgentes ou a da França de 89 e 93.

Em outros termos, a autenticidade da classe cooperativa é medida menos pelo exercício das leis que a regem, que pela maneira como ela fez surgir essas leis, que lhes pareceram necessárias para resolver uma nova situação, na qual o exercício das leis antigas demonstrou ser ineficaz e inadequado. Isso tudo em um processo nunca terminado, no qual amadurece a relatividade provisória das soluções sucessivas imaginadas para substituir as regras de vida anteriores, já ultrapassadas. Aqueles que conhecem o GFEN e têm o hábito de nos ler, sabem que a chave que origina (ou que está começando a originar) a classe cooperativa, ou seja, a classe que se envolve em um processo de construção (de destruição-reconstrução permanente) de sua institucionalização cooperativa, essa chave é a mesma que está presente no domínio dos saberes, e que inicia a vivência de um procedimento que se insere em uma problemática deliberada de auto-socioconstrução.

Em suma, no caso de toda aprendizagem e dos saberes de autogestão, o problema é o mesmo: conceber uma situação inicial que seja pertinente quanto à emergência do problema a ser proposto, suficientemente rica em suas potencialidades de ação e reflexão, para que possam surgir os autoquestionamentos que darão uma nova orientação à ação e um novo olhar à reflexão, que permitirão (e, de alguma maneira, obrigarão) a invenção de novos conceitos e, portanto, de comportamentos originais. Em resumo, uma prática que deve muito a Fernand Oury, transformada em procedimento de socioconstrução pela própria classe, em virtude de seu processo de institucionalização cooperativa.

Um procedimento do qual o professor faz parte: alguns delírios míticos ignoram totalmente a prática real das milhares de classes cooperativas há dezenas de anos. A mesma prática existente na auto-socioconstrução dos saberes. Isto é, não mais a presença-palavra daquele que sabe e, ao mesmo tempo, falseia a natureza do saber, fazendo acreditar na existência em série de deuses oniscientes e de um Saber situado em alguma parte do mundo das idéias platônicas. Mas outra pessoa, o professor que se tornou interpelador, provocador, lente de aumento do grupo, aquele que domina muito bem apenas um saber, o saber que consiste em fazer com que as crianças construam incessantemente saberes imprevistos, imaginando condutas de ação que lhes dêem poderes reais.

Nota

1. Ex-presidente do GFEN. Trechos extraídos de GFEN Île de France, *Interpel'Action – La classe coopérative, um outil de lutte contre l'échec*, p. 6.

PRÁTICAS DE CAMPO

"VAMOS ESTUDAR AOS SÁBADOS!"

"SE NÃO NOS ENSINAM ISSO, SE A ESCOLA NÃO O PERMITE, ENTÃO VOU DIZER: BASTA!"

YVES BÉAL

"Quando eu for grande, quero ser feliz,
saber desenhar um pouco,
saber utilizar uma furadeira,
saber acender um fogo,
talvez tocar violoncelo,
ter uma bela escrita,
para escrever palavras rebeldes
que derrubem todos os muros!

*Se a escola não permitir isso
Eu digo: "Basta!"
Explique-me, papai,
Quando é que vamos aonde?"*

Renaud[1]

Sim, filhinha, você tem razão! Muitas vezes, a escola é prisão, disciplina, com matérias indigestas... e isso não serve para crescer, para ser feliz, para ter uma boa profissão ou mesmo para encontrar um marido...

Mas, se você quiser, levo você a uma escola, o GS9[2] em Saint-Quentin-Fallavier, em Isère. Os professores dessa escola já pensaram em tudo isso. Eles acham que "a finalidade da escola é que a criança se aproprie do processo educativo como um meio de construir e de controlar seu futuro social e profissional e de construir sua personalidade..."[3]

Talvez seja possível saber por que freqüentamos essa escola!

ENTRANDO PELAS PORTAS DA ESCOLA

Quando entramos pelas portas da escola, aos sábados pela manhã, nos deparamos com uma organização um pouco particular: estão sendo realizados os ateliês-projeto do sábado ou, mais exatamente, "a gestão dos projetos-escola".

Por isso, um grande número de pais – que não estão na escola apenas na qualidade de pais, mas como trabalhadores, portadores de experiências e de competências profissionais, culturais, sociais –, todos os alunos da escola, os professores, os funcionários de uma empresa local, voluntários de associações... participam todos juntos, da concepção à realização, de projetos socialmente úteis para a escola e para o bairro:

- Uma oficina de carpintaria permite fabricar o "grande jogo" que colocaremos no pátio (duração do projeto: três anos). Uma oficina de cozinha prepara cerca de 50 pratos que serão vendidos aos moradores do bairro. Uma equipe realiza o jornal (solicita artigos às classes, reportagens, pesquisas... datilografa, corrige, faz o boneco, se ocupa da impressão...). Outra, prepara a emissão de rádio que irá ao ar às 11 horas.
- A oficina de costura cria e confecciona as roupas para a comédia musical ou as almofadas para a Biblioteca Centro Comunitário...
- Grupos trabalham nas hortas que os moradores colocaram à sua disposição; logo, teremos rabanetes e cenouras... A equipe que se ocupa dos animais do viveiro (galinhas, pombas, coelhos, codornas, porquinhos da Índia...) vai oferecer alguns ovos na saída da escola.
- Como todos os sábados, a BCD está aberta para o bairro; alguns ex-alunos vêm trabalhar. Os alunos do Comitê de Gestão atualizam os fichários, verificam o estado dos livros, redigem cartazes e comunicações radiais para apresentar as novidades, imaginam as perguntas do próximo concurso de leitura para o jornal, recebem os adultos que vêm retirar romances da biblioteca...
- A oficina de murais já fez um levantamento dos lugares da escola e do bairro onde será possível instalar criações plásticas, a oficina mecânica parece muito ocupada na construção do carro, uma "caixa de sabão" que o grupo gostaria muito que participasse de uma corrida de verdade...

Essas diversas oficinas-projeto autofinanciadas – vinculadas umas às outras e ao projeto da escola – permitem que crianças e adultos interajam em plano de igualdade:

- a serviço da coletividade, todos aportam suas competências, seu tempo, seu entusiasmo e, por vezes, seu receio diante do tamanho da tarefa a ser realizada, mas confiando sempre no outro...
- todos também construirão saberes que reinvestirão em sua vida pessoal (por exemplo, vários pais que participaram da construção do "grande jogo", vão construir mezaninos em suas casas...).

A gestão desses projetos passa por momentos de regulação, em que se analisa o que está acontecendo em cada grupo, em que se verificam as orientações e decisões que devem ser tomadas... e que também servem para criar novos desafios, sempre que for necessário.

As reuniões regulares entre os adultos que participam dessas oficinas suscitam reflexões, aprofundamento e uma co-formação sobre a concepção da aprendizagem subentendida por essa prática, por seus postulados e desafios...

Os conselhos cooperativos de cada classe, e o Grande Conselho das crianças, no nível da escola, favorecem uma coerência entre as oficinas-projeto entre si e, sobretudo, com as aprendizagens cotidianas. Por meio do confronto e da comparação entre os processos de trabalho nas diversas oficinas, nas seqüências de aprendizagem em todos os dias da semana, nas gestões de pesquisa, nas empresas visitadas e/ou parceiras, as crianças estabelecem vínculos entre esses momentos de produção real, os projetos mais "escolares" e as aprendizagens "disciplinares"... Por meio dessa vivência, *as crianças são convidadas a interrogar, a formular, a construir o "por que se aprende?", o "como se aprende?" e o "para que fazer?"...*

Os principais objetivos do projeto educativo da escola são os seguintes:

• *A luta contra o fracasso escolar, mediante a consideração e o reconhecimento da relação social com o saber.*

Essas oficinas-projeto, por intermédio de uma intervenção concreta e reconhecida sobre o ambiente de vida e por meio de seus efeitos visíveis, acentuam a base social das aprendizagens; constituem um pólo importante de uma pedagogia na qual as crianças podem dar sentido àquilo que fazem na escola e às aprendizagens das quais são atores e autores. Assim, elas tomam consciência da utilidade e da eficácia dos saberes: os saberes construídos por meio da ação reflexiva e conceituada permitem a abertura para uma transformação tangível da realidade.

Quando as crianças percebem a finalidade de seus atos, isto é, quando estão presentes desde o momento da concepção à realização, adquirem uma maturidade e uma responsabilidade de cidadãos, ao mesmo tempo em que investem muito mais em seu trabalho escolar.

Nesse permanente vaivém pensamento/ação/formulação, elas adquirem os códigos lingüísticos necessários para a construção dos conceitos.

• *A consideração e a valorização das competências de cada um, tanto das crianças quanto dos adultos.*

• *O reconhecimento real do trabalho como valor humano.*

Os pais vêm à escola como trabalhadores. Esperamos que suas competências, finalmente reconhecidas a partir dessa necessidade de uma produção real, possam lhes restituir a dignidade que muitas vezes eles mesmos se negam e que transmitam aos seus filhos um novo desejo de crescer e de se projetar no mundo adulto, ao mesmo tempo sentindo orgulho dos pais, muitos deles estando desempregados há bastante tempo.

• *A ruptura com os hábitos de consumo.*

O fato de construir, por meio do próprio trabalho, um produto socialmente útil, aumenta a consciência do valor material e humano do trabalho e, conseqüentemente, o respeito pelo trabalho alheio. Um dos desafios é a transformação das mentalidades; passa-se de um indivíduo ao qual tudo se deve a um indivíduo disponível para os outros, e que trabalha com eles para melhorar o contexto da vida comum (bairro, escola...).

• *Novas relações entre adultos e crianças*, baseadas na cooperação, na paridade, na riqueza da heterogeneidade e não no predomínio de uns sobre os outros...

• *A compreensão de certos mecanismos econômicos e sociais*, que não são estudados de fora, mas vivenciados em um projeto verdadeiro e que está de acordo com as dimensões da criança, pois se trata de seu espaço cotidiano. Dessa forma, o espírito crítico é exercido no contexto de uma cidadania efetiva e ativa.

O vínculo com todos os objetivos de aprendizagem.
Em primeiro lugar, a leitura e a escrita. Isso foi o que esteve na origem do projeto BCD impulsionado pelas crianças do Comitê de Gestão. Em cada oficina-projeto, ainda que a realização final seja importante, ela não deve superar a aprendizagem. Portanto, o trabalho em torno dos processos será primordial. Há tempo para aprender, levando-se em conta o real e sua dimensão temporal. Trabalha-se em uma tensão permanente entre a gestão das aprendizagens e a necessidade da produção, sendo uma o motor da outra. A regra fundamental imposta a cada adulto é que, de forma alguma, ele faça algo no lugar da criança.

Nesse tipo de funcionamento, a leitura e a escrita têm uma importância particular: ler, escrever, para se comunicar, porque nem todo o mundo faz o mesmo... Ler, escrever, para (se) informar e poder escolher... Ler, escrever, para explicar, para que cada um encontre respostas para as perguntas que se faz... Ler, escrever, para realizar, fabricar, acompanhar uma notícia, um modo de uso... Ler, escrever, para argumentar, defender um ponto de vista, uma orientação, tomar uma decisão em sua oficina, na sala de aula e, sobretudo, no nível da estrutura escolar (Grande Conselho de Crianças, Cooperativo, Conselho da Escola... e, para além dela, parceiros sociais, financeiros, Prefeitura, etc.). Ler, escrever, para imaginar, sonhar, colocar o preto no branco nas hipóteses aparentemente mais estapafúrdias, que podem acelerar o projeto de forma incrível (como a carta ao ministro, escrita por três alunos da 3ª série e que levou a um estágio proposto diretamente pela inspeção acadêmica, reunindo alunos, professores e pais).

Além desse aspecto de domínio da língua, *prestamos muita atenção ao trabalho de análise reflexiva*, no qual incluímos a relação entre vários projetos e a relação entre os saberes construídos em projetos de produção real, e os construídos ou a ser construídos em ações mais simbólicas, nos procedimentos de pesquisa. Esse trabalho de análise, de saber sobre o saber, de metacognição, permite a necessária descontextualização para que haja reinvestimento.

UM ESPAÇO PARA OS PAIS

"Participamos desse projeto como trabalhadores", disse um pai. "Assim, nossos filhos nos percebem em nossa dimensão social. Eles nos vêem pensar e reagir diante de um problema concreto, e isso permite que eles elaborem uma imagem mais positiva nossa e do mundo do trabalho. *Talvez eles sintam menos apreensão quando se imaginam adultos e tenham de se projetar no futuro.* O que fazem na escola assume sentido, eles vêem para que serve.

Também é interessante porque aprendemos a deixar as crianças trabalharem sozinhas, sem assumir o papel de fiscais, ou seja, não fazemos com elas o que não suportamos em nossas próprias vidas.

O que está em jogo nessa forma de trabalho é uma concepção diferente da relação com o outro, com a formação e com a educação. Estou aprendendo muito nos aspectos técnicos, também na leitura e na escrita e, sobretudo, sobre minha forma de ser... Esse envolvimento com o projeto tem me levado a conversar de forma diferente com meu filho, sobre a escola, sobre eu e ele, sobre o trabalho e sobre a vida..."

ENCONTRAR O SENTIDO DA ESCOLA

"Nas oficinas dos sábados, *nós trabalhamos mesmo!*", nos confia, entusiasmado, um aluno do ensino fundamental, que participa delas há anos. "Temos de refletir sobre tudo, inventar, elaborar hipóteses, criticar quando as coisas não estão dando certo, pensar no dinheiro...

Trabalhamos para melhorar e dar vida ao bairro... e para sermos bem-sucedidos em nossos projetos, temos de fazer as coisas juntos, temos de nos escutar, trocar e aprender.

Gosto muito de vir para a escola, embora seja difícil, às vezes. Fazemos muitas coisas úteis. Sentimo-nos grandes e importantes. Na escola, aprendo muitas coisas e compreendo..."

Isso dá a impressão de que a criança sabe aonde vai...

É PRECISO LEVAR EM CONTA O SER HUMANO EM SUA GLOBALIDADE

O que está em jogo nessa prática, é a construção do ser humano em sua globalidade, em uma complexidade, por meio da idéia de uma continuidade entre o mundo do trabalho e o da formação.

Todos estão de acordo que o sucesso das crianças depende de todos. A hipótese desenvolvida na experiência relatada anteriormente[4] pode parecer audaciosa, pois considera que a escola também pode e deve ser um *espaço de produção*, pois ela é parte integrante do processo de aprendizagem. E todos os adultos deveriam poder contar com um crédito de "tempo educativo" integrado ao seu período de trabalho, para intervir na escola a partir de suas competências...

Nesse caso, a escola é concebida como um *centro de partilha, de troca e de enriquecimentos dos saberes*. Ela se transforma no espaço em que todo morador, adulto ou criança, pode compartilhar suas competências e sua experiência, recebendo em troca:

– uma formação pedagógica que restitua o valor da tarefa educativa;
– uma formação técnica adequada aos aportes de cada um, realizada por meio das empresas com as quais se tem parceria;
– uma formação em outros tipos de relações humanas...

A escola constitui o núcleo vivo de cada bairro, e não contribui apenas com a construção dos saberes, mas também com a restauração da dignidade de todos.

"*Não me sinto mais autorizado*, confirma R. Bunales (responsável pelo setor de formação do GFEN), *por uma posição hierárquica, institucional ou privilegiada, pela minha idade ou pela lei, a pensar, falar e decidir em nome do outro, a fim de que ele possa me enriquecer com suas imensas capacidades singulares... Que formidável terreno de reflexão, de pesquisa, de experimentação de novas relações humanas para o educador que, como o poeta, tenta decodificar o futuro... e vencer a exclusão."*[5]

Notas

1. Extraída da canção "C'est quand qu'on va où?", disco de Renaud, *A la belle de Mai*, 1984.

2. GS9: Grupo Escolar n. 9, quartier des Moines, Saint-Quentin-Fallavier.

3. Extraído de *L' école demain* – GFEN, citado acima do projeto escolar.

4. Essa forma de trabalho, iniciada em 1983, continuou até 1993. Atualmente, ela mantém o mesmo espírito, com outras modalidades.

5. Extraído de "*Égalité – Hiérarchie, le temps des choix*", Roger Bunales, dezembro de 1994, inédito.

PRÁTICAS DE CAMPO

A FORMAÇÃO DE DELEGADOS-ALUNOS

MARIA-ALICE MÉDIONI

Fui encarregada, junto com outros colegas, de formar delegados-alunos no Lycée Jacques Brel. Essa função, tradicional e obrigatória (não se pode conceber uma classe sem delegado), apresenta diversas dificuldades, e os alunos a evitam, receando eventuais riscos,[1] ou se precipitam, quando desejam exercer um poder que nunca poderiam obter de outra maneira.

Essa função institucionalizada tem o objetivo de *desenvolver a responsabilidade e a cidadania, bem como facilitar o exercício do direito dos alunos.*[2] Na realidade, os alunos percebem muito pouco a importância dos poderes que podem exercer sobre sua vida escolar, até mesmo pelo conselho dos delegados, instituído em 1990.[3] Sua participação continua muito ligada ao Conselho de classe, no qual lhes parece que seu futuro está em jogo.

Poderíamos questionar os motivos dessa decisão da Instituição de associar os alunos à vida dos estabelecimentos. Sobre esse ponto, os textos são explícitos: "A experiência mostra que, cada vez que os delegados dos alunos tomaram consciência de suas responsabilidades e do papel que podem desempenhar, houve uma transformação positiva no clima e na natureza das relações no seio da comunidade escolar".[4] Seria muito interessante se, nos estabelecimentos, não se estabelecessem tantos limites ao exercício desses direitos, reconhecidos pela Instituição, para evitar que eles se transformem em uma nova forma de "pacificar" os estabelecimentos.

Essa difícil função é um marco importante na *construção da cidadania*, pois envolve tanto aquele que a exerce quanto os que lhe confiaram essa responsabilidade (os adultos da comunidade educativa e os colegas da classe elegem os delegados). Comprometi-me com essa ação porque ela pode ser uma oportunidade interessante para refletir conjuntamente sobre as noções de engajamento, de responsabilidade e também de trabalho com os saberes e de ação sobre o ambiente e o mundo. Por isso, pareceu-me necessário propor animações, ferramentas do GFEN, tanto sobre a eleição dos delegados quanto sobre sua formação.

A eleição dos delegados

Este é o dispositivo que proponho aos meus alunos e colegas:

> **Eleição dos delegados**
>
> **1 – Primeira sessão:**
>
> 1.1 – Todos vocês têm alguma experiência de delegação, por terem sido delegados ou por terem sido representados por um delegado.
>
> **Orientação:** O que pensam do papel de delegado? (Interesses, deveres, direitos, problemas)
>
> | Trabalho | – individual | 5 minutos |
> |---|---|---|
> | | – pequenos grupos | 10 minutos |
> | | – partilha | 10 minutos |
>
> 1.2 – Em sua opinião, qual seria a definição de um "bom" delegado? Cada grupo completa a frase:
>
> **Um "bom" delegado é (ou deveria ser)...**
> Uma proposta por grupo   15 minutos
> Partilha   5 minutos
>
> 1.3 – Depois dessa partilha, queremos saber quem é candidato, com base no que foi definido nas etapas 1 e 2.
> O nome dos candidatos é escrito na lousa, e perguntamos ao grupo o nome dos colegas que correspondem ao perfil definido e que poderiam ser bons delegados. Os nomes suplementares são escritos (quem não quiser ser candidato, pode recusar).
>
> 1.4 – Para a próxima semana, cada candidato deve produzir **propaganda eleitoral** sobre si mesmo.
>
> **2 – Segunda sessão:**
>
> 2.1 – Cada candidato apresenta seu cartaz de propaganda.
> Perguntas do grupo. Debate.
>
> 2.2 – Eleição
> Vota-se em dois nomes de candidatos da lista.
> Escrutínio.
>
> 2.3 – Depois da proclamação dos resultados, os eleitos assinam o documento que define o papel de delegado.

Considerações

Com relação à etapa:

1.1 – É importante recordar que *ninguém é isento de todo saber*, de toda experiência e que, portanto, todos já possuem uma vivência, uma opinião, satisfações e decepções, rancores, etc. Esse é o momento ideal para:
– fazer com que todas essas sensações apareçam;
– iniciar o debate;
– apresentar a sugestão de que a palavra compromete a pessoa.

1.2 – *Esse trabalho é difícil*, pois as representações tendem a prevalecer. O debate em grupos pequenos permite a discussão e a recordação do que foi dito anteriormente. A necessidade de uma só proposta por grupo obriga a fazer escolhas, a sintetizar e a debater ainda mais: é preciso chegar a um acordo. Existe o risco de perder uma "boa" idéia, mas, na verdade, pode-se perceber que, com a partilha, o quadro fica gradualmente completo. Finalmente, podemos perguntar se todas as boas idéias foram expressas pela turma, para não causar a impressão de que alguém não foi levado em conta como indivíduo.

1.3 – Parece-me muito importante *recorrer à classe para designar os candidatos* que não teriam se apresentado espontaneamente, embora isso possa parecer arriscado (designação pública). Pelos motivos anteriormente mencionados, em geral há poucos candidatos declarados: medo da responsabilidade, do compromisso, dos riscos, etc. Por outro lado, os que se oferecem como candidatos geralmente são os "bons" alunos ou os que têm lábia e já exerceram essa função em anos anteriores. Não se trata de eliminar candidaturas, mas de permitir que os mais tímidos e menos "hábeis" sejam lançados pelos colegas. É claro que podem recusar. Mas, com freqüência, vemos alunos que morrem de vontade de se apresentarem como candidatos, porém nunca o fariam sozinhos. Nos sindicatos, nas associações e nos partidos políticos, é uma prática concreta pedir que certas pessoas assumam uma determinada responsabilidade por certo tempo, devido a suas competências e compromisso. Esse reconhecimento das capacidades dos indivíduos não deve ser descartado. Se a pessoa não se considerar capaz de assumir a função proposta, tem o direito de recusar.

1.4 – *O prazo* (uma semana, se possível) e a obrigação de preparar propaganda eleitoral permite que cada candidato reflita e tome sua decisão sem precipitação... ou renuncie. A redação do cartaz de propaganda é uma forma de compromisso: leva-se em conta o que foi dito na classe e declara que isso será cumprido.

Pode-se propor uma variante para os que receiam "perder" muito tempo, dedicando duas sessões a essa eleição. Nesse caso, o trabalho é feito em apenas uma sessão, sem propaganda. Eu prefiro a primeira fórmula: o desafio é importante e justifica a perda de tempo. Por outro lado, sempre é possível dedicar uma hora fora do horário escolar para essa eleição. Em alguns estabelecimentos, existe uma hora de "vida da classe", que pode ser utilizada para isso. Nos outros, esta pode ser uma reivindicação, pois sempre falta tempo para realizar corretamente nossa tarefa de professor.

2.1 – *A apresentação do candidato*: essa etapa é similar à vida política real: debates, reuniões, etc. Na discussão, o candidato se envolve um pouco mais, e os colegas podem checar se seus temores e esperanças estão sendo levados em conta.

2.3 – Último compromisso: *a assinatura do documento que define o papel de delegado*, elaborado pela classe. Esse documento pode servir de referencial durante o ano inteiro, em caso de necessidade.

A formação dos delegados

Os alunos não estão suficientemente "armados" para a tarefa a ser realizada só pelo fato de terem sido eleitos. A tarefa é múltipla: servir de intermediário entre os professores e seus colegas, garantir mediações, ser porta-voz, tomar a palavra durante o conselho de classe, etc. Tudo isso exige competências das quais nem mesmo alguns adultos se sentem capazes. Isso explica o porquê de uma formação baseada em necessidades reais, expressadas pelos próprios interessados.[5]

Construção da grade de formação

Toda formação deve *corresponder a uma expectativa* e a uma necessidade. Não se trata de responder a perguntas que já foram feitas ou ainda não foram formuladas por outros. Esse trabalho de amadurecimento do questionamento, de formulação precisa das necessidades, é uma passagem indispensável e incontornável, que vai criar o verdadeiro desafio da formação.

Portanto, deve-se propor uma situação suficientemente complexa, envolvente e rica. É preciso partir dos temores e esperanças dos jovens para fazer surgir preocupações essenciais e permitir que eles construam a consciência de suas necessidades mais urgentes, o que desemboca, obrigatoriamente, na noção de escolha.

Não é possível colocar tudo isso em uma grade de formação de apenas um dia.[6] Portanto, para não criar frustrações, é preciso *determinar as prioridades*, que darão origem a um novo questionamento, a novas necessidades e a novos desafios.

Elaboração de um mural

Instalar um grande mural de papel, oferecer folhas brancas e numerosas canetas coloridas.

Orientação 1:
Escrevam em uma folha, com letra grande e legível, de forma individual, um receio e uma esperança com relação à sua situação de delegados.   5 minutos
Colem as folhas sobre o grande mural.

Orientação 2:
Leitura silenciosa e intervenções no mural:
– completar
– interpelar   15 minutos

Orientação 3:
Individual
Que formação considera necessária para responder às questões que aparecem no mural?   10 minutos

Orientação 4:
Em grupos pequenos, tentem criar uma grade* de prioridades com relação às prioridades de formação que desejam receber.   30 minutos
(* explicitação da noção de grade)

Orientação 5:
Partilha
Elaboração de uma grade comum   45 minutos

O primeiro dia de formação

Com a elaboração da grade, as preocupações essenciais dos alunos se tornam evidentes: tomada da palavra durante o Conselho de classe e o papel de auxiliar ou de intermediário que o delegado tem de exercer. Por isso, o primeiro dia de formação, realizado em novembro, é parcialmente dedicado a esses dois pontos.

A palavra durante o conselho de classe

Na construção da grade, os alunos manifestaram o desejo de trabalhar com a tomada de palavra durante o Conselho de classe: *quando e como tomar a palavra?*

Proponho uma situação que permite construir o desafio da tomada de palavra. Para saber quando e como se deve tomar a palavra, é preciso saber, primeiro, o que se discute em um conselho de classe e o que é determinante na tomada final de decisão.

Trabalho com uma situação simulada, em que os jovens se envolvem de forma suficiente para construir uma visão clara dos desafios: o jogo de papel, baseado nos princípios de Augusto Boal, é a técnica mais indicada nesse caso.

"Se, na ação real, agirmos em um contexto fictício, não teremos a própria ação, mas uma repetição dela; também é uma ação, mas ela não nos dá a sensação de ter terminado a ação real. Ela estimula nossa vontade de realizá-la, nos faz sentir vontade. Todos os que usaram essa técnica adoraram; ela prova que é possível utilizá-la e também sentir vontade de ver seus prolongamentos.

Interessam-me todas as formas de teatro que libertem o espectador. Que os tornam protagonistas da ação dramática e, como tal, permitem que ensaiem soluções que permitam libertar-se.

O teatro nunca substituirá a ação real. Porém pode ajudar a torná-la mais eficaz".[7]

Jogo de papel

1 – Apresentação do trabalho

Seis jogos de 2 minutos
Material: 1 boletim da 2ª série do ensino fundamental, igual para todos os grupos; os jovens, porém, não devem saber disso, para não provocar curtos-circuitos na pesquisa.

Seis grupos – seis papéis diferentes
Cada grupo está constituído por sete personagens diferentes:
- o diretor;
- o professor principal, que é o professor de geografia e história da turma;
- o professor de matemática;
- a orientadora;
- um pai delegado;
- os dois delegados da classe.

2 – Distribuição dos papéis em cada grupo:

Orientação: Para desempenhar seu papel, tem de levar em conta as informações que possui sobre o personagem que vai representar. Tem 20 minutos para preparar o Conselho de classe do terceiro trimestre, que será realizado juntamente dentro de 20 minutos.

Você vai discutir o caso de um aluno da classe, cujo boletim está em suas mãos.

Este é o perfil do seu personagem (todos recebem uma folha de papel com as informações necessárias):
- **O diretor**: preocupado com a imagem de seu estabelecimento. Deseja que as coisas aconteçam da melhor maneira possível. Não é muito rígido, mas também não é permissivo.
- **O professor principal**: boa reputação. Sério. Deseja valorizar os méritos dos alunos. Ele também é o professor de geografia e história da turma; segue à risca os métodos de trabalho e compreende as dificuldades dos alunos.
- **O professor de matemática**: muito preocupado com a importância de sua disciplina e com a necessidade de que os alunos obtenham bons resultados.
- **O pai de aluno**: preocupa-lhe o cumprimento do programa.
- **Delegado 1**: aluno bem-sucedido.
- **Delegado 2**: aluno em dificuldade.
- O boletim que receberam pertence a (cada grupo recebe uma folha de papel com as informações referentes a um certo tipo de aluno):
- **Sylvie**: filha de funcionário público. Mãe dona-de-casa. Bom ouvido musical. Atenta, mas tímida. Não participa da classe.
- **Sonia**: filha de professores. Comunicativa e alegre. Curiosa. Participa muito em classe, às vezes, em todos os sentidos.
- **Ali**: pai operário, mãe dona-de-casa. Trabalha com assiduidade. Participa de projetos fora da escola.
- **Lucien**: mãe enfermeira, pai falecido. Aluno extremamente agitado. Comportamento mal aceito pelos professores. Trabalha no mercado aos sábados.
- **Li**: pais funcionários. Participa ativamente da classe. Respeita muito as orientações dos trabalhos e os professores.
- **Carmen**: filha de funcionários. Chegou à França aos sete anos de idade. Trabalha muito, por vezes sem grandes resultados.

Cada grupo deve representar diante dos outros.

Orientação do jogo

Vocês vão representar, diante de seus colegas, o Conselho de classe, como vocês o imaginam, mas não vão dizer as notas do aluno cujo caso estão examinando. Voltaremos mais tarde a essa questão.
Os outros têm uma leitura ativa do que está acontecendo, graças às orientações de observação.

Orientações de observação

1 – Em sua opinião, o que foi determinante na tomada de decisão?
2 – Qual lhe parece que foi o papel dos delegados na tomada de decisão?
3 – **Preparação**: 20 minutos
4 – **Jogo de papel**
   Dois minutos para cada grupo, isto é, cerca de 15 minutos
5 – **Partilha**: 20 minutos
   O que aconteceu? Compartilhe suas observações.
   Damos, então, a informação de que todos os grupos dispunham do mesmo boletim.
6 – **Discussão**: 30 minutos
   Qual é a sua conclusão?
   Que pode ser determinante em um Conselho de classe? Os resultados do aluno, a atitude dos participantes do Conselho...?
   Como você pode intervir?
   Lista das possibilidades.
   E a argumentação?

Considerações

Com relação à etapa:

1 – Optei por propor um boletim da 2ª série aqui, porque os delegados desse nível eram mais numerosos.
2 – O conselho do 3º trimestre sempre tem um caráter mais dramático, pois nele se decide a orientação do aluno, sobretudo na 2ª série. Os alunos delegados são mais solicitados no momento em que se trata de debater sobre a passagem para a classe superior, sobre a reorientação em LP* ou para outros cursos.
O boletim trimestral comunicado a cada grupo é um boletim de um aluno real, porém não constam seus nomes nem algumas informações muito pessoais, para que ele não possa ser identificado. Os casos propostos são inspirados na realidade sociológica de nosso estabelecimento.
A orientação de observação é muito importante, pois tenta-se desenvolver uma escuta ativa durante os jogos; além disso, é um material muito útil para a discussão posterior.
4 – Durante os jogos de papel, constata-se um forte desejo de "defender" os colegas e de fazer com que eles sejam aprovados. Esse elemento deve ser retomado na discussão para que os alunos reflitam sobre o que pode ser uma intervenção eficaz.
5 – As anotações feitas durante essa discussão, assim como as observações sobre as fichas de observação são materiais de reflexão sobre os quais os alunos poderão refletir e reutilizar durante o verdadeiro conselho de classe.

Ficha de observação

	O que foi determinante na tomada de decisão	O papel dos delegados na tomada da decisão
Grupo 1		
Grupo 2		
Grupo 3		
Grupo 4		
Grupo 5		
Grupo 6		

O papel de assistente e de intermediário do delegado

Quando elaboraram a grade de formação, os jovens quiseram refletir sobre a forma como poderiam ajudar a classe e seus colegas, bem como sobre o papel de intermediário. Optei por fazê-los refletir sobre situações bastante concretas, comple-

---

* N. de R. Liceus profissionais.

xas, difíceis, por vezes delicadas, como elas se apresentam na realidade. Os seguintes exemplos são fatos reais, com os quais me deparei durante minha prática no Lycée, com pequenas modificações; naturalmente, os nomes foram mudados.

O objetivo é refletir sobre a estratégia necessária em cada caso e, sobretudo, construir sua capacidade de intervenção, pensando no que está autorizado a dizer, a fazer, em nome de quem e quais são seus limites, o que não pode fazer e por quê.

Como podemos ajudar?

Sete grupos de trabalho sobre sete situações diferentes

1 – Apresentação do trabalho
Cada grupo vai trabalhar com uma situação diferente:

Grupo 1: Conselho do terceiro trimestre. Final do segundo trimestre. O professor principal da classe sai do Conselho e comenta os resultados com um grupo de alunos.
Quando ele fala da repetência de Catherine, a delegada Radia não consegue manter a calma: ela sabe que Catherine vai levar uma surra quando chegar hoje em casa...

Grupo 2: Durante o Conselho de classe do primeiro trimestre, os delegados percebem que um professor modificou as notas de três alunos da classe no boletim...

Grupo 3: Nathalie falta muito...

Grupo 4: No final do primeiro trimestre, os delegados constatam que aumentaram as dificuldades entre um grupo de dez alunos, que foram completamente "abandonados"...

Grupo 5: François é o alvo das zombarias da classe...

Grupo 6: Há um grupo de alunos que perturbam a classe: eles se agitam, se divertem de forma "infantil" e se negam a trabalhar...

Grupo 7: O Conselho de classe será realizado dentro de quinze dias. Os delegados convocam a classe para uma reunião para preparar o Conselho...

2 – Trabalho de grupo:

Orientação

Analisem a situação proposta. O que vocês decidem fazer e por quê?
Argumentem suas decisões.
Dentro de 30 minutos, vocês devem apresentar o resultado de suas reflexões sob a forma de cartaz: decisões, justificativa das decisões e problemas ou perguntas em suspenso (preparar cartazes com três colunas, que correspondam aos três pontos que vão aparecer).

3 – Redação dos cartazes

4 – Colagem dos cartazes e comentário
Cada grupo comenta seu cartaz, apresentando a situação com a qual trabalhou: cinco minutos por cartaz.
O moderador anota os problemas e as perguntas.

5 – Discussão:
Que intervenções?
De que forma?
Que problemas isso provoca?
Mesma animação-quadro.

Considerações

Com relação à fase:

3 – Para a redação dos cartazes, propõe-se um quadro vazio para facilitar a leitura e o comentário:

Cartazes: ajuda-intermediário

Decisões	Justificativa das decisões	Problemas/perguntas em suspenso

4 – Quando os cartazes são comentados, é preciso estimular o questionamento e sua explicitação, apresentando todos os problemas que não foram resolvidos e que deverão ser retomados. O animador dispõe do mesmo cartaz que os grupos para fazer a síntese depois da partilha.

5 – Quando essa atividade pode ser precedida da apresentada anteriormente (a tomada de palavra durante o Conselho de classe), percebemos que há um aprofundamento da noção de ajuda, que difere de uma primeira concepção, na qual o delegado deve intervir obrigatoriamente, em defesa dos colegas, sejam quais forem as circunstâncias ou os argumentos invocados. Isso obriga a uma reflexão e a tomadas de decisão mais pertinentes.

Depois dessa atividade, propõe-se uma nova reunião após os conselhos de classe do primeiro trimestre.

Segundo dia de formação

É preciso responder ao desejo manifestado pelos alunos, em novembro, de estudar atentamente o papel de delegado, especialmente durante os conselhos de classe. Por isso, parece importante partir de sua experiência do primeiro trimestre.

O Conselho de classe

1 – Fase prévia de "reatualização"

Orientação: Como você vivenciou os conselhos do primeiro trimestre, como delegado?
5 minutos
Relate suas impressões e lembranças.

Medição
– da vivência
– das representações
– das contradições
– dos exageros...

Partilha, anotada na lousa pelo animador. 5 minutos

2– Preparação do primeiro jogo de papéis
Em grupos: delegados de duas classes.

Orientação: Escolha um momento importante de um Conselho de classe (positivo ou negativo). Analise-o junto com a classe. Dentro de 15 minutos, você o representará sob a forma de jogo de papel.

Presença dos animadores nos grupos. Missão: explicitar e precisar ao máximo o que aconteceu.

3 – Primeiros jogos de papéis
Jogos de 2 minutos (isto é, 15 minutos no total)

Orientação de observação: Prestem atenção ao papel do delegado.

4 – Partilha 15 minutos
O papel do delegado. Análise crítica do que foi observado.

5 – Preparação do segundo jogo de papéis
Com os mesmos grupos: delegados das 2 classes.
Retoma-se o primeiro jogo de papel, modificado por tudo o que foi dito.

Orientação: Será representada a mesma situação, à luz de tudo o que acabou de ser dito.
Objetivo: ser eficaz. 15 minutos

6 – Segundos jogos de papéis 15 minutos
Orientação de observação: o que mudou?

7 – Análise dos jogos
Quais foram as modificações?
De que forma elas tornaram o processo mais eficaz e satisfatório?
Animação na lousa 10 minutos

8 – Análise da oficina
O que essa oficina nos permitiu fazer?
Reflexão individual e partilha 10 minutos

Considerações

A técnica do jogo de papel e sua retomada, depois de uma discussão e da análise das dificuldades e contradições, inspira-se no trabalho de Augusto Boal. Trata-se de verificar o que fomos ou não capazes de fazer e de refletir no que poderia ser modificado. Podemos utilizar os diferentes jogos de papel, e quando os outros lêem a ação que acabou de ser representada, podem se enriquecer com seus ensinamentos, desde que se faça uma leitura positiva, aberta para novas possibilidades.

BALANÇO

Esse segundo dia de formação já representa uma espécie de balanço. Mas é preciso realizar mais uma ou duas reuniões durante o ano, para debater os problemas encontrados e encontrar, conjuntamente, novas soluções.

Uma sessão de avaliação final, no final do ano, permite fazer um balanço geral para propor a realização do mesmo trabalho no ano seguinte. Infelizmente, esse trabalho exige muito tempo, e temos algumas dificuldades para poder realizá-lo. Muitas vezes, é impossível reunir todos os delegados no final do ano (recusa dos colegas que não acabaram o programa e não querem ceder horas de curso).

A formação dos delegados não pode ser realizada sem que todos os parceiros da comunidade educativa levem em conta os desafios que ela representa. Sem isso, todos os discursos presentes nos regulamentos internos e nos projetos de estabelecimento, sobre a responsabilidade e os direitos e deveres dos alunos, não passam de letra morta.

Notas

1. Muitas vezes, os alunos temem transformar-se no alvo preferencial de seus colegas e dos professores, e receiam não poder tomar a palavra no Conselho de classe sem atrair a ira dos adultos.

2. "O exercício dos direitos e obrigações dos alunos é inseparável da finalidade educativa dos estabelecimentos escolares e só assume sentido em função dela. Seu objetivo é o de preparar os alunos para sua responsabilidade de cidadão. [...] Os alunos dispõem de direitos individuais e coletivos. As condições de exercício desses direitos se baseiam nos direitos fundamentais da pessoa humana [...] Os delegados dos alunos desempenham um papel essencial na aplicação desses direitos. Portanto, sua formação é de grande importância". BO n. 11 – 14 de março de 1991.

3. "[...] Os alunos do Lycée (ensino médio) são maiores ou estão prestes a ter acesso à cidadania. Devem associar-se à vida de seu estabelecimento com competências particulares, para realmente aprender a ser responsáveis. [...] Essa emergência de novas formas de participação justifica a criação de uma nova instituição no seio do estabelecimento escolar: o conselho dos delegados dos alunos." BO n. 42, novembro de 1990.

4. BO n. 42, novembro de 1990.

5. Não vou falar, aqui, das formações, muito úteis, garantidas por outros membros da equipe: conhecimento do estabelecimento e das diferentes funções dos atores educativos, iniciação à comunicação, etc.

6. É preciso negociar com o estabelecimento para obter um pouco de tempo para esse tipo de trabalho: uma das formas poderia ser liberar das aulas cerca de quarenta alunos (dois delegados por classe). É preciso reiterar a necessidade de construir cidadania na escola, mas quando chega a hora de agir reaparecem os velhos temores: falta de tempo para os cursos, que às vezes esconde um desinteresse e mesmo um certo receio sobre o conteúdo da formação. Os delegados suplentes, que foram eleitos como seus colegas, também devem participar da formação para garantir o desempenho das mesmas funções.

7. Augusto Boal, *Théâtre de l'opprimé*, Éditions La Découverte, Paris, 1985, p. 186.

PRÁTICAS DE CAMPO

O CONSELHO DE ALUNOS

FRANÇOISE MITTERRAND

PARA EVITAR O FRACASSO

Estamos nas 4.000 moradias populares de La Courneuve, na periferia de Paris. No dia 10 de setembro, dez dias depois da volta às aulas, cheguei a uma escola de ensino fundamental, meu primeiro emprego, onde me esperava um grupo de "marginalizados" da escola, que já têm de 13 a 14 anos. Um desses lugares para onde são enviados os professores iniciantes, sem formação. Um grupo me espera embaixo da escada. Muitas vozes falando ao mesmo tempo:

"Você que é a nova professora? Você já é a quarta! Três já se mandaram, em dez dias! Você não vai agüentar mais de três dias. Somos todos loucos! Tem gente aqui que não sabe ler nem escrever!"

Quinze anos depois, ainda estou aqui.

E eles não sabem que, à sua maneira, continuam acompanhando todas as escolhas pedagógicas que tenho feito desde então. Com eles, confrontada imediatamente com a rejeição da falta de sentido da atividade escolar (por si mesma) e com a violência de sua reivindicação de dignidade, descobri aquilo que, em minha opinião, é fundamental para essa aventura pedagógica: *a prática do "Conselho de alunos".*

Efetivamente, três dias depois da minha chegada, tudo tinha demonstrado ser ineficaz.

Tumulto. Insultos. Eu, na minha. Então, que fazer? Ir embora? Ou introduzir uma ruptura, um choque, uma mudança de hábitos que levasse a uma mudança de atitude, mediante uma comunicação autêntica, deixando de lado uma linguagem falsa?

A CRIAÇÃO DE UMA RELAÇÃO AUTÊNTICA

No quarto dia, pela manhã, antes que eles chegassem, transformei o espaço. Acabei com as fileiras. Empilhei as mesas dos alunos. Esvaziei os armários. A sala ficou vazia, exceto pelas cadeiras, colocadas em círculo, que esperavam. Rostos estupefatos. Desconfiados. Hilários. Inquietos. Novo, mas confuso.

Que estão aprontando? Meu coração dispara, pois a preparação do espaço, embora seja simbólica, não é suficiente para operar as mudanças de fundo.

"Bem, que tal a gente conversar agora? O que vocês estão fazendo aqui? Por que vocês acham que chegaram a essa situação? O que não suportam da escola?"

Debate animado. Palavras sinceras. Desabafo e resistência ao mesmo tempo. Mas só conseguiremos acabar com a desconfiança se deixarmos de lado as palavras e passarmos aos atos.

"Bem, o que vocês propõem?"

Pois o Conselho é o lugar, o espaço em que se discute e se reinventa de forma coletiva a organização do tempo e a gestão do programa e dos métodos. É o lugar da regulação e da resolução dos conflitos.

É lá que os poderes são nomeados e compartilhados. Onde se conjugam saberes, poderes e imaginação. Onde todos experimentam seu lugar singular, sua capacidade de proposta e de decisão, em um grupo no qual nascerão e serão construídos cotidianamente muitos projetos comuns.

O CONSELHO É UM LUGAR INSTITUCIONALIZADO

- Desde o início do ano, pelo professor, que propõe esse espaço de palavra no qual tudo pode ser discutido;
- Ou pelos alunos, se o professor decidir esperar ou provocar uma situação-problema que precise desse lugar de intercâmbio.

Regular

Uma hora por semana, em dia e horário estipulados de antemão.

No ginásio ou no colegial: dez minutos por curso ou uma hora por mês, por exemplo.

Na sala, há uma folha em branco colada à parede, na qual todos podem, a qualquer momento, escrever o que têm vontade de discutir. Se o problema é resolvido antes do Conselho, é anulado na folha. Do contrário, só será discutido durante o Conselho (o que permite um distanciamento com relação à vivência imediata).

De partilha dos poderes

Os alunos se encarregam da organização da classe. Cada um deles tem uma "função", avaliada regularmente, na qual se revezam todos os trimestres. Há um revezamento de responsabilidades.

O professor aceita ser questionado, assim como os alunos.

De tomada de palavra

O Conselho é moderado:
- no início, pelo professor, que gradualmente é substituído pelos alunos. É dirigido por um moderador, cujo objetivo é o de garantir o funcionamento adequado do Conselho, o respeito pela agenda proposta, o tempo dedicado a cada tema, o controle do debate e o encerramento das discussões por meio de tomadas de decisão;
- por uma pessoa que dá a palavra aos outros, que garante a expressão de todos e que limita a invasão dos eventuais líderes;
- por dois secretários, que serão a memória do grupo.

Todos os alunos desempenham um ou vários papéis durante o ano.

De resolução de conflitos

Os conflitos são expressados e discutidos de forma coletiva. Os alunos não devem ser nomeados em momento algum. Isso leva gradualmente a nomear os problemas, o que é muito mais difícil e leva à conceituação e ao distanciamento.

De decisão

As decisões são votadas. O professor só tem direito a um voto, assim como os alunos (desde que se respeite o contrato do programa).

Às vezes, é difícil passar da decisão à aplicação. Nesse caso, as leis são transcritas nos murais. Só passam a figurar em um lugar mais definitivo quando são concretizadas por meio de atos. Em caso contrário, são rediscutidas após três conselhos.

De solidariedade

Aqui também são colocadas as questões da aprendizagem.

Que se aprendeu essa semana? Quem precisa de ajuda? De que forma? Se surgiram dificuldades, de que maneira podemos resolvê-las (proposta de novas situações inventadas pelos alunos, nas quais eles se sentem motivados e comprometidos, por terem sido os inventores... que substituem a ajuda mútua de diversas formas).

De transformação do real

Mediante o nascimento de projetos, propostos pelo professor e pelos alunos.

Por meio das reações que esse novo funcionamento origina na classe, que passa a questionar uma "coerência" global instituída sem a participação dos alunos, e leva a necessárias trocas com os outros parceiros.

PRÁTICAS DE CAMPO

O GRUPO DE AJUDA MÚTUA

APRENDER JUNTOS: PASSAR DO "CADA UM POR SI" À SOLIDARIEDADE

MARIA-ALICE MÉDIONI

O grupo de ajuda mútua nasceu da idéia de um trabalho de projeto e da necessidade de tomar poder sobre a aprendizagem. Houve numerosas dificuldades no início, que ainda continuam existindo. Comecei com um grupo de alunos e, pouco a pouco, fizemos "alianças", e ele resistiu bem a várias armadilhas e pressões. O grupo de ajuda mútua é uma estrutura muito importante no projeto de estabelecimento do Lycée Jacques Brel, em Vénissieux, em Minguettes.

A HISTÓRIA

A idéia do grupo de ajuda mútua nasceu de uma dupla experiência: meu envolvimento com o GFEN e com o Lieu A(p)prendre.

No GFEN, aprendi a importância do *"suporte, não como ajuda protetora dada aos "fracos", mas como uma assistência permanente, porque sabemos que eles são capazes..."* [1] *e* também aprendi que *"aprender-se é ensinar aos outros."* [2] O Lieu A(p)prendre é uma estrutura de ajuda criada em 1984 no Collège Paul Éluard de Vénissieux, com a qual me envolvi desde o início e na qual pude colocar em prática e começar a verificar (fora da sala de aula) essa dupla aposta.

Em 1987, fui nomeada para o Lycée Jacques Brel e constatei que os alunos do 1º ano do ensino médio passavam por dificuldades, não só por terem chegado ao ensino médio, mas ao longo de todo o ano. A taxa de fracasso era muito elevada. Portanto, era preciso *aprimorar os métodos de aprendizagem e o "como se aprende", bem como o "por que se aprende"*. As estruturas tradicionais de suporte não eram eficazes, e os alunos não aderiam a essa ação porque ela vinha de fora. Surgiu, então, a idéia de criar um grupo de ajuda mútua, *no qual as pessoas que participam voluntariamente, são as mesmas que lhe dão vida e que extraem um benefício dele* (pessoas-recurso e solicitantes, que se transformam em pessoas-recurso).

Em 1988, foi criado um grupo de ajuda mútua que previa a intervenção de alunos e de pessoas-recurso. Essa estrutura tinha sido apresentada no Projeto de Inovação do Lycée e tinha o seguinte objetivo: *"Para fazer algum trabalho, os alunos vêm buscar e dar ao mesmo tempo. Cada um deles pode ser interpelado. Há uma relação de ajuda mútua na presença de pessoas-recurso que possuem o distanciamento necessário para que essa ajuda mútua seja eficaz (e não se reduza apenas aos "bons" alunos que ajudam os "maus"). Essa partilha das dificuldades a ser enfrentadas deve acabar com a interiorização do fracasso"*.

No princípio, a eficácia do grupo de ajuda mútua era bastante limitada: seu horário, às sextas-feiras, das 16 às 17 horas, era pouco estimulante. Mas, felizmente, o projeto evoluiu, com algumas dificuldades; criou-se um *espaço de liberdade* no meio da jornada, (às quintas-feiras, das 13 às 15 horas), em que todos os alunos e todos os professores eram liberados dos cursos para utilizar a estrutura oferecida e um *lugar*, o CDI (Centro de Documentação e Informação), que era o local mais indicado para fazer pesquisas, para aprender. A eficácia do grupo de ajuda mútua aumentou consideravelmente, ainda que o projeto não contasse com o apoio de todos os professores. Em 89-90, a estrutura funcionou de forma permanente com um professor (de espanhol) e três alunos-recurso (seus próprios alunos) no CDI, no qual as ferramentas de trabalho estavam disponíveis. Na medida do possível, a encarregada do centro foi associada à ação, pois ela tinha de continuar realizando seu trabalho.

Houve uma grande virada em 90-91, com a formação de uma equipe: alunos do Lycée, dois professores, a CPE (Conselheira Principal de Educação), os assistentes, a encarregada do Centro de Documentação. Modalidades práticas e meios:

- *um horário estabelecido* (quintas-feiras das 13 às 15 hs), em que todos os alunos e professores são liberados dos cursos (são mantidas apenas as aulas de latim, grego e música; essas disciplinas possuem poucos efetivos, dispersos em várias seções e por isso é difícil agrupá-los);
- *O CDI*, no qual as ferramentas de trabalho se encontram disponíveis;
- *Reuniões de regulação do projeto*;
- *Uma avaliação* (utilização de questionários, realização de pesquisas e entrevistas).

O FUNCIONAMENTO

Nesse momento, o funcionamento do grupo de ajuda estava muito ligado à sua implantação no CDI e a seu desenvolvimento durante o horário em que não havia aula. Além de ser um lugar privilegiado para o trabalho de pesquisa, o CDI também é um lugar agradável (carpete, luminosidade, ambiente...) que os alunos freqüentam de bom grado. Não é uma sala de aula, suas dimensões permitem o trabalho em grupo, a constituição de pequenas ilhas de trabalho e a pesquisa. Durante o horário de ajuda mútua, transforma-se em uma espécie de colméia, cujo ambiente é favorável ao trabalho e ao questionamento. Essa dimensão grupal nos parece fundamental; é uma dimensão de pertencimento, de cumplicidade, de paridade, com todas as possibilidades de partilha entre as pessoas dedicadas à mesma tarefa: aprender, aprender melhor.

Seu objetivo é o de criar outro tipo de relação com o saber e outros comportamentos diante da aprendizagem. Também apostamos que *não existe fatalidade no fracasso* e, portanto, sempre obteremos bons resultados se nos dedicarmos a isso. Queremos que *os jovens reflitam sobre a forma como aprendem e também sobre o fato de que se aprende melhor em grupo que sozinho*.

Nesse período, os jovens vêm sozinhos ou em grupo para trabalhar determinado tema com as pessoas-recurso. No início, a demanda era muito diferente, pois todos vinham em busca de uma resposta urgente. Isso originava muita frustração, porque a resposta geralmente consistia de diversas perguntas. É difícil lançar a idéia de que é preciso trabalhar para encontrar conjuntamente o caminho da solução. Leva bastante tempo para as pessoas compreenderem isso.

Também queremos que compreendam que *ajudando os outros nos ajudamos melhor*, isto é, um jovem que é solicitado deve fazer um esforço considerável para tentar compreender a demanda e para tentar levantar as questões pertinentes que farão com que o outro avance, um esforço considerável para não responder diretamente à pergunta, não dar a resposta. Lembro-me de que alguém me disse: "Quando o ajudo em matemática, entendo melhor minha álgebra". *Quem ajuda avança tanto quanto quem é ajudado*. Outra aposta: não é preciso ser um "bom" aluno para ajudar; podemos ter certas competências em um âmbito e dificuldades em outro. Isso permite revalorizar algumas capacidades e mudar consideravelmente a imagem do fracasso.

O MODO DE INTERVENÇÃO

Todas as pessoas que participam do grupo de ajuda mútua são voluntárias. Ninguém tem nenhuma obrigação. Elas intervêm quando solicitadas, mas podem incitar os jovens a trabalhar com elas.

Sua participação tem mais a ver com o questionamento que com respostas. Não se trata de um trabalho evidente para quem quer que seja, professor, jovem ou adulto. Significa que todos devem pesquisar e desmistificar o saber. Isso exige disponibilidade, escuta, curiosidade e tempo. Nosso objetivo é o de provocar reflexão e o resultado não é imediato.

No tocante ao modo de intervenção, predominam duas idéias: não se deve dar respostas e é preciso incitar os jovens a participar do grupo de ajuda mútua, sem que se sintam obrigados. Por exemplo, depois de um Conselho de classe, é bom lhes dizer o seguinte: "*Na verdade, eu é que estou passando por algumas dificuldades: não compreendo o que está errado com você e por que você está tendo maus resultados. Será que poderíamos discutir isso juntos?*". Inverter a pergunta, não discutir apenas seu problema, mas também o nosso. Marcar uma entrevista, à qual ele poderá ou não comparecer. Se ele vier, discutiremos minha preocupação, que já se tornou sua. Isso muda a imagem que eles têm de suas dificuldades. Portanto, pretendemos *mudar a relação com o saber e a forma como cada um se observa*. Após fazer um certo trabalho com um jovem, também podemos convidá-lo a voltar dentro de quinze dias ou três semanas, afirmando que esse encontro costuma ser muito apreciado pelos alunos que se sentem respaldados, que podem tentar uma experiência e uma mudança em sua forma de fazer, e depois podem rediscutir e talvez reajustar as coisas. Eles se sentem felizes ao dar conta de seus avanços, do aumento de sua confiança e também de suas dificuldades, que conseguem analisar melhor. Seu comportamento em face da aprendizagem muda sensivelmente.

Mas, ao mesmo tempo em que os convidamos a vir, *temos de evitar uma certa dependência*; em determinado momento, podemos dizer a um jovem: "Bem, me parece que você está melhorando, e acho que você poderia retornar como pessoa-recurso para ajudar alguém e continuar aprendendo...". Não se trata de estabelecer determinados papéis: *podemos e devemos ser ajudados e ajudantes.*

Com relação ao saber, percebemos que *nem sempre intervimos como especialistas em uma disciplina*. Às vezes, nossa ajuda é solicitada em domínios em que não somos especialistas e isso provoca enormes dificuldades no estabelecimento. Portanto, temos de compreender que *a ajuda aportada consiste em fazer o outro buscar e em buscar com ele.*

PROBLEMAS E PERGUNTAS

A freqüência

Constatamos que a grande maioria dos usuários é formada por alunos dos professores-recurso, colegas dos alunos-recurso ou jovens que estabeleceram relações privilegiadas com algum dos adultos presentes no grupo de ajuda mútua. Isso nos leva a pensar que eles vêm porque estabeleceram uma *relação de confiança* ou *aderiram a uma certa concepção do trabalho* realizado na turma ou no grupo de ajuda.

O objetivo inicial era o de fazer com que os alunos do primeiro ano freqüentassem esse lugar, que os ajudaria a se adaptar ao ensino médio e às suas exigências. Nas avaliações quantitativas, porém, pudemos ver que eles não representam a maioria dos usuários e, por outro lado, verificamos que eles demoram um pouco para aproveitar a oportunidade. Levantamos duas hipóteses a respeito:

1. Os alunos do primeiro ano demoram muito para encontrar sua forma de trabalhar e para utilizar o grupo de ajuda mútua porque demoram a se conscientizar sobre o que não está dando certo, ou sobre onde está a dificuldade. O Conselho de classe revela essa realidade, da qual ainda não eram totalmente conscientes. Isso nos leva a um questionamento da maior importância: que indicadores os jovens podem encontrar na escola quanto à pertinência de seu trabalho, às expectativas e exigências dos professores, do programa e do nível? Aí aparece todo o problema da avaliação e do sentido das aprendizagens...
2. Outra hipótese de um aluno do segundo ano que não freqüentava o grupo de ajuda mútua no primeiro ano, apesar das dificuldades: "É difícil começar a freqüentar o grupo, pois isso significa confessar que passamos por dificuldades. 'Ajuda mútua' é uma bela expressão, mas no colégio estamos muito habituados à palavra 'suporte', e isso serve apenas para os 'maus' alunos. Portanto, precisamos de tempo para nos convencer de que é útil para nós". É preciso pensar nessa reflexão!

Ao longo dos anos, pudemos observar os seguintes fatos: a familiaridade com o grupo de ajuda mútua demora um pouco. Os alunos do primeiro ano, com dificuldade, demoram a vir, a informação chega menos rapidamente a eles, e consideram que sua necessidade é menos premente... Começam a vir no segundo e até mesmo no terceiro trimestre. Quando chegam ao terceiro ano, já se habituaram e confiam na estrutura, conhecem bem sua existência e apelam a ela em caso de necessidade; em outros casos, constituem pequenos grupos de ajuda mútua que funcionam regularmente. Isso acontece especialmente durante a preparação para os exames: pequenos grupos de alunos revêem os diversos autores do programa por meio de citações: cada um deles lança uma frase ou uma teoria ao grupo, que deve situá-la com relação a um autor ou a uma corrente de pensamento.

Além disso, constatamos que, quanto mais se está familiarizado com o grupo de ajuda mútua, mais se apela às pessoas-recurso, e mais se prefere "vir com um grupo" para *trabalhar juntos*. A assistência ao grupo de ajuda mútua permite o desenvolvimento de comportamentos cooperativos e autônomos no trabalho. O pedido de ajuda às pessoas-recurso é muito mais pontual no terceiro ano, e se resume a uma revisão do trabalho.

A informação

A informação é transmitida por diversos canais: professores (se forem favoráveis ao projeto), assistentes, Conselho de classe, reuniões de pais... Divulgamos regularmente questionários que nos permitem ter um retorno dos alunos e informar. Também utilizamos um cartaz confeccionado por um grupo de jovens. Esta é sua reprodução:

LE GROUPE ENTRAIDE
(VOIR PLANNING AFFICHÉ)

TU VIENS QUAND TU VEUX, QUAND TU EN AS BESOIN, ET TU RESTES LE TEMPS QU'IL TE FAUT

COMMENT ÇA SE PASSE ?

TU VIENS AVEC DES QUESTIONS : LES PROFS OU LES ELEVES T'AIDENT ET TU PEUX AIDER LES AUTRES
IL Y AURA TOUJOURS QUELQU'UN POUR T'AIDER EN TOUTES MATIERES, TU NE SERAS JAMAIS SEUL

LE GROUPE ENTRAIDE TE PERMET DE SURMONTER TES FAIBLESSES, DE COMMUNIQUER AVEC AUTRUI : C'EST UNE AUTRE FAÇON D'APPRENDRE, SOLIDAIRE

ATTENTION .CE N'EST PAS UNE AUTRE HEURE DE COURS NI DE SOUTIEN. CELA CONCERNE TOUS LES NIVEAUX.

A BIENTÔT AU C.D.I

GRUPO DE AJUDA MÚTUA
Ver planejamento ao lado

Você vem quando quer, quando precisa, e fica o tempo que for necessário. O que acontece?

Você vem com perguntas: os professores ou os alunos o ajudam e você pode ajudar os outros. sempre haverá alguém para ajudá-lo de todas as maneiras possíveis, você nunca ficará sozinho.

O grupo de ajuda mútua permite que você supere suas dificuldades e se comunique com os outros. É uma forma diferente de aprender, solidária.

ATENÇÃO: não se trata de mais uma hora de curso, nem de suporte. Tem a ver com todos os níveis.

Nos vemos no CDI.

O melhor canal, porém, é o direto, o clima de confiança que surge entre os diversos parceiros.

Entretanto, nos questionários-balanço, alguns jovens ainda respondem que não conhecem o funcionamento do grupo de ajuda mútua. Alguns receberam informação que lhes transmitimos, isso foi verificado. Mas isso nos leva a concluir que não leram os cartazes colados nas paredes do Lycée, ou que a informação não foi recebida em um momento em que poderia fazer sentido para eles? Outros conhecem a existência do grupo de ajuda mútua, porém não o freqüentam, apesar de passarem por sérias dificuldades: talvez seja preciso chegar a um ponto muito próximo do fracasso para ter coragem de apelar a alguém...? É preciso conseguir tempo e criar a oportunidade de entrar em contato com eles, para que eventualmente venham... Mas, para isso, deve haver um clima favorável no estabelecimento.

A adesão dos professores

Está longe de ser unânime! *A crítica mais virulenta refere-se à intervenção que ultrapassa o "domínio de competência" e ao* status *dos participantes* (alunos, assistentes, CPE...). De acordo com alguns, só os professores estão habilitados no domínio do saber.

Embora não seja possível nem desejável que todos os professores façam parte do projeto, seria preciso que eles fossem proibidos de denegrir o projeto em nome de uma suposta liberdade pedagógica ou por considerações sobre o uso do tempo que ocultam suas verdadeiras razões (concepção do saber, da aprendizagem, valores...).

Devemos concluir que o grupo de ajuda mútua "incomoda" porque apresenta, de forma evidente, as questões da aprendizagem e da relação com o saber que não são abordadas na escola?

A diversificação das pessoas-recurso

Essa dimensão nos parece muito importante. *A variedade dos participantes, dos enfoques, dos* status, *dos olhares* nos parece muito interessante para os jovens. Realizar uma tarefa, com diversos parceiros, permite questionar e diversificar a própria forma de apreender um problema ou uma questão. As interações são de natureza diferente e muito mais ricas do que as que podem ocorrer em um funcionamento mais tradicional.

Por outro lado, o fato de trabalhar com jovens adultos e universitários (os assistentes e uma ex-aluna do Lycée) também permite que os jovens os questionem quanto ao caminho que percorreram quando eram alunos, suas dificuldades e estratégias, projetando-se de forma positiva para o futuro. Essa "parceria" nos parece muito importante e consideramos que deve ser desenvolvida.

A avaliação

A que aporta o grupo de ajuda mútua? O que modificou no estabelecimento? Aumenta as possibilidades de sucesso?

É muito difícil responder a essas perguntas... O que pudemos constatar é que *o grupo de ajuda mútua modifica os comportamentos com relação à aprendizagem e ao saber e permite que os alunos aprendam a confiar novamente em si mesmos e em suas capacidades*. A participação no grupo de ajuda mútua induz *outro estado de espírito* (não só entre os jovens, mas também nos adultos), outra relação com o saber que repercute no resto da atividade escolar e na utilização do CDI. Alguns jovens que vêm regularmente, pouco a pouco se tornam mais autônomos com relação às pessoas-recurso, sua solicitação evolui: passam de uma solicitação muito pontual, urgente, relativa a um trabalho muito preciso (a lição de casa) para algo mais reflexivo e mais bem construído. Quando vêm fazer perguntas, já exploraram bem o trabalho e chegam com propostas. Portanto, parece que *alguns hábitos e comportamentos são construídos de forma muito positiva*. Isso é evidente nas matérias lineares. No âmbito da matemática, parece que o trabalho regular é menos freqüente. A matemática continua sendo um desafio muito importante, que ainda provoca muita angústia.

Atualmente, não podemos avançar mais em nossas constatações, com exceção de nossos próprios alunos. As condições em que os jovens vêm (sem pressão, sem obrigação, de forma anônima ou com base em um contrato...), condições que mantemos porque nos parecem indispensáveis para o funcionamento do grupo de ajuda mútua, não nos permitem avaliá-los, só podemos fazer um balanço: o que encontram no grupo, como o utilizam, seu grau de satisfação, as modificações a aportar ao projeto... Negamo-nos a desempenhar o papel de juiz e de parte interessada ao mesmo tempo, porque correríamos o risco de falsear a "filosofia" do grupo de ajuda mútua e de trair a confiança de muitos.

Necessariamente, esse é um trabalho de longo prazo: visa a transformar os comportamentos, as imagens, as representações do saber, de si mesmo, dos outros, do fracasso. Seu objetivo é o de mudar o olhar de todos os atores do ato educativo (por isso, é preciso diversificar os participantes). Visa a reverter a fatalidade do fracasso, a facilitar a tomada de poder sobre a aprendizagem e a desenvolver a responsabilidade e a autonomia. A longo prazo, com a construção desses comportamentos, o grupo de ajuda mútua deve desaparecer em prol de uma ajuda mútua natural, admitida por todos.

Com certeza, teria de haver uma avaliação externa, realizada por especialistas. Trabalhos realizados por estudantes universitários (segundo ano de Psicologia e licenciatura em Ciências da Educação) sobre nosso projeto representam elementos de reflexão muito importantes para nós.[3]

Esses poucos dados nos permitem apostar na fórmula, apesar dos obstáculos deliberadamente colocados em nosso caminho.

É natural que essa aposta não seja unânime, pois está baseada em princípios pedagógicos (desenvolvimento das capacidades de todos, acompanhamento da aprendizagem, voluntariado, ausência de pressões, contrato, autonomia...) e em valores (cooperação, solidariedade, ajuda mútua, paridade...) que, atualmente, estão longe de ser compartilhados.

O GRUPO DE AJUDA MÚTUA NA ATUALIDADE

A equipe tem-se ampliado incessantemente desde o início do projeto, porém as condições de funcionamento também têm evoluído, devido às dificuldades encontradas.

A primeira dessas dificuldades consistiu na supressão do horário livre, após uma petição apresentada por um grande número de colegas ao diretor do Lycée: sua existência perturbava o uso do tempo e as classes só recomeçavam às 15 horas e se prolongavam até às 17 ou 18 horas. Essa perturbação foi apresentada como antipedagógica e se propôs que se deixasse um horário livre no final da jornada, das 16 às 17 horas. No fim das contas, se os alunos estavam realmente motivados, viriam tanto às 16 quanto às 13 horas. Havia apenas um inconveniente: as aulas não terminavam às 16 horas, e a maioria dos alunos e das pessoas-recurso não podia ter acesso ao grupo de ajuda mútua. Decidimos contornar o obstáculo permanecendo das 12 às 14 horas, embora soubéssemos que, em nosso estabelecimento, há apenas uma hora de pausa para o almoço, o que não facilitava as coisas...

Ante nossa ofensiva e nosso entusiasmo, foi-nos proibido que utilizássemos o CDI, com o pretexto de que se trata de um lugar utilizado por todos e que não deveria ser monopolizado pelo grupo de ajuda mútua. Fomos convidados a utilizar as salas de aula vizinhas e podíamos dispor de carrinhos para transportar as obras de que necessitaríamos para o trabalho. Um grande número de pessoas da equipe obedeceu a essas exigências. Nós nos negamos a obedecer e continuamos trabalhando no CDI. Alguns abandonaram o barco... A situação se tornava insustentável.

Nesse momento, recebemos uma subvenção da Reitoria. Decidimos escrever uma carta ao Reitor:

> **Senhor Reitor,**
>
> Acabamos de saber, com prazer e amargura, que o senhor ofereceu recursos substanciosos ao Projeto Grupo de Ajuda Mútua do Lycée Jacques Brel.
>
> Com prazer, porque comprovamos, assim, que o senhor renova sua confiança em nosso trabalho e na reflexão que realizamos há quatro anos.
>
> Amargura, porque, desde o início deste ano de 93, nossa ação vem sendo asfixiada por diversos fatores que desejamos levar ao seu conhecimento:
> (exposição dos fatos anteriormente descritos)
>
> Sentimo-nos desolados diante de tão evidente desperdício:
> – desperdício de energia e de boa vontade, que somos impedidos de exercer;
> – desperdício das possibilidades oferecidas a nossos jovens, que, às vezes, vivem em um contexto de grande dificuldade;
> – desperdício de idéias e de novidades, que se pretende substituir por ações mais "clássicas" (suporte, ajuda disciplinar...). Não nos parece honesto utilizar essa subvenção em uma ação que não teria muito a ver com a intenção com que foi concedida.
>
> Portanto, estamos em uma situação paradoxal: ao mesmo tempo que lhe agradecemos vivamente pelos recursos a nós encaminhados, somos obrigados a lhe dizer que não temos possibilidade de exercer nossas funções e, assim, de utilizar esses recursos.
>
> Gostaríamos que acreditasse, senhor Reitor, em nossa convicção e no sentido que damos à nossa profissão.

O resultado não demorou: uma carta do Reitor, convidando as duas partes (o administrador e a equipe) a se reunirem e a chegar a um acordo. O grupo de ajuda mútua pode continuar seu trabalho, tal como foi definido, no CDI, mas, devido à criação dos módulos, não é possível manter o horário inicial. Ficou muito mais difícil definir o uso do tempo, e a única solução seria, por exemplo, colocar em paralelo todos os módulos e o grupo de ajuda mútua, ou deixar toda uma tarde livre. Mas isso provocaria importantes modificações com relação às solicitações pessoais de uso do tempo e nem sempre o interesse dos alunos é o mesmo dos professores!

Desde então, estamos funcionando de uma maneira muito menos confortável: no início do ano, foi realizado um planejamento levando em conta as horas livres das pessoas-recurso e das turmas. Baseamo-nos no uso do tempo do início do ano e o reajustamos em caso de necessidade. Evidentemente, a freqüência se modificou bastante, os pedidos se tornaram mais "especializados", em função da pessoa-recurso presente no momento, e todos se sentem muito tentados a adotar gradualmente uma ação mais clássica de suporte. Outros realizam uma ação mais "generalista" e se preocupam em suscitar a ajuda mútua entre os alunos presentes no CDI durante sua intervenção. Portanto, continuamos nosso trabalho com dificuldade, sem poder, infelizmente, fazer uma avaliação quantitativa, devido à multiplicidade das permanências e à dispersão dos alunos. Podemos apenas ter um retorno parcial dos alunos junto aos quais intervimos.

Muitos dirão que não vale a pena manter o projeto nessas condições, mas... alguém conhece um projeto que funciona sozinho durante anos? Sem dúvida, lidamos com enormes dificuldades e tentamos enfrentar as pressões existentes. Todos os anos, encontramos alguns novos colegas (professores ou assistentes) que se unem a nós. A nossa é praticamente a única equipe que funciona no Lycée, que se reúne regularmente e que reflete sobre a aprendizagem.

Recentemente decidimos, diante das dificuldades de nossos alunos no âmbito da expressão escrita e dos resultados catastróficos de todas as classes na prova antecipada de francês no segundo ano, criar oficinas de escrita *"regulares, das quais os alunos serão convidados a participar. Pensamos que atividades de produção de escrita variadas, sob a forma de oficinas, não obrigatoriamente ligadas a exercícios de tipo escolar, são capazes de despertar o interesse dos alunos e de iniciar um movimento de transformação das relações desses alunos com o escrito"*.[4] Além disso, *"desejamos ampliar as possibilidades do projeto, para abri-lo e diversificá-lo, aprofundando a reflexão sobre nossa prática. Pensamos em retomar os contatos feitos no ano passado com a Universidade, em busca de uma parceria, esperando que eles sejam bem-sucedidos este ano"*.[5]

Graças à subvenção que recebemos, pudemos comprar novas obras/ferramentas para trabalhar no CDI, cobrindo algumas evidentes carências (dicionários, gramáticas, anais, etc.), sobretudo para os jovens que não podem adquirir todo o material necessário para seus estudos, por motivos financeiros evidentes, o que acontece com uma grande parte da população do Lycée.

Também instalamos no CDI dois computadores Macintosh, que permitem que os alunos trabalhem com tratamento de textos, sem necessidade de formação. Esses são os dois únicos aparelhos com livre acesso para todos os alunos e não são reservados para uma disciplina particular. Já constatamos que são utilizados para trabalhar erros e para realizar dossiês. Os alunos chegam em grupo, se iniciam mutuamente nessa nova técnica, ditam textos uns aos outros e intervêm nos elementos que, nessa situação, lhes parecem mais evidentes.

A partida não está ganha. O projeto ainda não é o que queremos. Temos de enfrentar constantemente as críticas e os obstáculos colocados em nosso caminho. No entanto, continuamos.

Notas

1. Isabelle Lamorthe, "Quand les exclus réussissent", in *Dialogue* n. 43, janeiro-fevereiro de 1983.

2. Michel Huber, *Dialogue* n. 52, dezembro de 1984.

3. Dominique Desmaris e Marc Verdiel, *Éléments de réflexion sur une pratique d'entraide*, Mémoire de Licence de Sciences de l'Éducation (sld de M. Saffange), Université Lumière, Lyon II, 1992.

   Lydia Talhi, L´enfant et l´adolescent face à l´échec scolaire, Mémoire de 2e année de Psychologie (sld de Denis Bellano), Institut de Psychologie, Université Louis Lumière, Lyon II, 1993.

4. Balanço do Grupo de Ajuda Mútua 94-95. Perspectivas para 95-96.

5. Idem.

PRÁTICAS DE CAMPO

QUANDO OS ADULTOS DE UM BAIRRO SE COMPROMETEM A FAZER COM QUE AS CRIANÇAS SE TORNEM ATORES DE SEU SUCESSO

CLAIRE FAUVET
GÉRARD MÉDIONI

O projeto Entraide pour la réussite *(Ajuda mútua para o sucesso) nasceu em um encontro entre os professores e os assistentes sociais do bairro. O Centro Social, que possuía os recursos materiais e pessoais para montar o projeto, rapidamente aderiu à ação. Tratava-se de criar uma estrutura de reflexão e ação, envolvendo jovens universitários do bairro, provenientes das mesmas famílias que a maioria de nossos alunos. Esses jovens, que estavam sendo bem-sucedidos em sua carreira escolar, podem ajudar a lutar contra o importante fracasso escolar segregador que, no bairro, é sofrido por um grande número de crianças provenientes das camadas populares; esse fracasso está aumentando, apesar da energia e da competência dos educadores.*

Os iniciadores do projeto não pretendiam que ele fosse realizado por um pequeno grupo de "profissionais esclarecidos"; portanto, a partir de alguns objetivos gerais, reuniram parceiros capazes de se envolver e de explorar com eles o caminho que estava sendo aberto.

> Quando propus esse projeto, deixei-me guiar por uma idéia simples: fazer com que o problema do fracasso escolar, do acesso aos saberes e à cultura deixasse de depender apenas da escola para passar a ser um problema dos moradores do bairro, das pessoas que trabalham e residem nele. Pretendia desenvolver no bairro fortes vínculos sociais e solidariedade, para que **os excluídos do saber pudessem forjar armas para acabar com uma lógica fatalista**. De acordo com esta, quando alguém provém das camadas populares, da imigração, quando se mora em Minguettes, "naturalmente" se está fadado ao fracasso.
>
> Essa idéia baseou-se nas conclusões de um estudo realizado em Gennevilliers por Alain Leger e Maryse Tripier,[1] que mostrou que a colocação em rede das potencialidades dos atores sociais, o desenvolvimento da ajuda mútua, desempenhava um papel essencial no luta contra o fracasso escolar.

Foi constituído um grupo-piloto, formado por educadores e assistentes sociais que buscavam *novos meios de favorecer o sucesso das crianças* e de fortalecer os vínculos sociais, a vida do bairro; o grupo também era constituído por jovens que desejavam investir seu trabalho no bairro e ajudar as crianças pequenas, e por pais que se preocupavam com o sucesso de seus filhos.

> Os iniciadores do projeto, entre os quais eu não figurava, realizaram uma opção corajosa, decidindo associar pais e filhos desde o início. Sua iniciação demorou mais que o previsto e nem sempre foi fácil administrar os debates entre pessoas tão diferentes. O grupo-piloto, que se desgastou com o tempo, bem como os pais, deixaram de estar representados em todas as reuniões. A ajuda mútua para o sucesso tendia, portanto, a adotar mais o ponto de vista dos "iniciadores", porém o trabalho em parceria permitiu que todos evoluíssem na mesma direção.

Durante vários meses, o grupo-piloto reuniu-se regularmente para elaborar os objetivos e estabelecer as condições materiais do projeto.

Como a finalidade do projeto era favorecer o sucesso das crianças das duas escolas de ensino fundamental desse bairro de Minguettes, propôs-se o seguinte:

- uma evolução das representações escolares de pais e alunos para desmistificar a escola;
- permitir que os jovens do bairro se tornassem úteis, envolvendo-se em uma ação que favorecesse o sucesso das crianças menores, e obtendo também um emprego que satisfizesse suas necessidades econômicas, educativas, sociais e éticas;
- desenvolver as relações e a ajuda mútua no seio da família e entre as famílias do bairro;
- fazer com que as crianças se tornassem atores de sua aprendizagem, mediante ajuda metodológica e ajudando-as a tomar consciência de suas estratégias de sucesso.

AS SESSÕES DE AJUDA MÚTUA

A primeira sessão de ajuda mútua com as crianças foi realizada no dia 23 de março de 1995.

As sessões baseiam-se nos seguintes princípios:

- diálogo (leva-se em conta a criança como pessoa);
- jogo (respeito às regras, compreensão das ordens, prazer de vencer...);
- trabalho escolar (ajuda metodológica, explicação de pontos mal compreendidos);
- análise, feita pelas crianças, de seu comportamento, motivação e sua relação com a aprendizagem e os saberes.

As crianças, em grupos de quatro, se reúnem uma vez por semana para uma sessão de uma hora.

• Trabalho em grupo

É preciso reunir pelo menos quatro crianças para que haja troca e ajuda mútua; existe uma dinâmica de grupo, mesmo quando uma das crianças falta. O trabalho em grupo apela às competências de cada um e favorece a tomada de iniciativas.

Não deve haver mais de quatro crianças para que cada uma possa ter – se assim o desejar – relações individuais com o moderador, e para que este possa levar em consideração cada criança.

• No Centro Social:
Os membros do grupo-piloto propuseram que as sessões fossem realizadas nas casas dos alunos, no seio da família, para reforçar o envolvimento dos pais (ou dos irmãos e irmãs mais velhos) na escolaridade dos filhos, e para habituar a criança a trabalhar em seu ambiente.

Mas, na verdade, os moderadores não se sentiam cômodos ao trabalhar nas casas das famílias. E, para alguns pais, era importante que a relação ocorresse fora de casa, fora da escola e com alguém que não fizesse parte da família. Além disso, as sessões realizadas com as famílias poderiam ser interpretadas de forma diferente, conforme as pessoas. Para algumas, isso poderia significar que a causa do fracasso escolar é a família. No entanto, essa possibilidade não foi abandonada de forma definitiva.

OS MODERADORES

Sua primeira tarefa foi a de explicitar as condições que lhes permitiram ser bem-sucedidos. Ao moderar os grupos de crianças, transformaram-se em referenciais positivos para algumas delas, por serem portadores de perspectivas de futuro e de esperança. Ao trabalhar com elas sobre sua relação com os saberes, por meio de situações pedagógicas variadas, puderam participar da transformação das relações sociais do bairro. Passaram a servir de exemplo, como se fossem irmãos mais velhos, porque passaram pelas mesmas situações, na família, na escola e na sociedade. Conhecem a vida do bairro e o fato de pertencerem a ele favorece os encontros informais com os pais, os irmãos mais velhos e as próprias crianças. Podem criar uma dinâmica para que novos motivos para aprender sejam elaborados no bairro, e investir suas energias nas atividades escolares, participando assim da transformação de suas condições de vida e estudos.

Os moderadores foram recrutados com base em sua motivação e em sua participação ativa e voluntária, quase militante, no grupo-piloto de 94-95, garantindo, assim, um bom conhecimento do projeto e de sua filosofia. Por outro lado, todos eles são universitários e trabalham ou já trabalharam com crianças, em escolas ou centros de lazer. Antes de se envolverem nesse projeto, vários deles tinham participado do Grupo de Ajuda Mútua do Lycée Jacques Brel[2] e dos Ateliers du Soir[3] da Escola Louis Pergaud.

> Os moderadores não conseguem desempenhar todos os papéis que gostaríamos que tivessem. Para eles, é difícil levar à prática alguns objetivos e idéias fundamentais que eles, às vezes, consideram apenas "palavras", sem dúvida devido a um trabalho conjunto insuficiente para refletir e debater. No entanto, sua forma de trabalhar com as crianças é um dos elementos fundamentais para que a Ajuda Mútua não se transforme na "escola depois da escola".

OS PAIS

Um primeiro encontro, por ocasião da inscrição, permite lhes apresentar o projeto em seu conjunto e seus procedimentos. Ao longo do ano, organizam-se reuniões para que eles possam participar ativamente da escolaridade dos filhos, pois esse envolvimento é um ato que favorece o sucesso. Alguns deles participaram dos trabalhos do grupo-piloto.

OS PROFESSORES

Os professores que participam do grupo-piloto o fazem como militância, sem representarem a Instituição (apesar de obterem um pequeno estímulo financeiro nos primeiros meses). Sua participação é indispensável porque, por meio de seus questionamentos e pontos de vista específicos, baseados em sua experiência, aportam aos moderadores preciosos elementos de informação, permitindo que eles possam trabalhar mais facilmente com as crianças.

Os outros professores da escola mantêm apenas contatos escritos com o grupo-piloto. Dessa forma, evita-se criar confusão e se diferencia bem a função de ajuda mútua para o sucesso da função da escola, tanto entre moderadores e professores, quanto entre pais e alunos, para que essa atividade não seja considerada substituta da escola.

> Uma das fontes de riqueza, mas também de dificuldades, foi a colaboração, no grupo-piloto, entre professores e jovens, sem que estes últimos reproduzissem as práticas dos professores, mesmo que elas fossem de boa qualidade e inovadoras. Os jovens tinham de tomar consciência de que seu modo de intervenção era igual ao modo dos professores. Ainda que não aportassem as mesmas competências pedagógicas que os professores, podiam desempenhar o papel de irmãos mais velhos e de referencial. Por terem vivido (e alguns ainda vivem) a mesma realidade, de relações conflituosas com a escola, podem ajudar a analisar os motivos das dificuldades das crianças, sua recusa a aprender e a decodificar o sistema escolar, fazendo-as refletir e avaliar a relação com o saber. Para eles, é mais fácil fazer com que as crianças se transformem, lendo de forma positiva sua resistência à aprendizagem e envolvendo as famílias em uma luta contra a exclusão.

OS ASSISTENTES SOCIAIS

A diretora do Centro Social, há dois anos encarregada da gestão do programa, desempenha um papel essencial, pois permite a realização das reuniões do grupo-piloto e das atividades das crianças.

> Depois de uma fase inicial de amadurecimento, a chegada de Claire como moderadora, no momento do lançamento concreto do projeto, permitiu a concretização de nossos objetivos. Ela compreendeu rapidamente a filosofia do projeto e aportou sua disponibilidade, sua competência e seu dinamismo criativo a serviço da experiência.

BALANÇO

> Para mim, moderar o grupo de ajuda mútua significou a superação de um desafio: o de desenvolver uma ação em parceria, reunindo pessoas muito diferentes, levando os pais, que, geralmente, não se envolvem, a participar. Por isso, temos de continuar a ler para descobrir outras experiências para trocar com os pais, os moderadores e os professores, para obter uma ação sempre mais eficaz.

Ainda nos deparamos com algumas dificuldades para trabalhar com um número importante de crianças e jovens e para chegar a uma compreensão mais profunda do projeto, que varia conforme as pessoas, sejam elas moderadores, alunos ou pais. Mas a realização de reuniões regulares do grupo-piloto permite evitar várias divergências no âmbito dos princípios e das práticas.

Ainda há muito a fazer para permitir a instauração de uma verdadeira dinâmica no bairro, que faça do acesso aos saberes, à criação, à cultura, uma preocupação de todos, permitindo que os moradores assumam as rédeas de seu destino.

> Atualmente, pensamos que a escolha dos moderadores entre jovens em situação de sucesso escolar, que talvez tenha sido algo necessário ao princípio, quando era preciso convencer os parceiros, é muito limitativa. Esses jovens, por terem sido bons alunos, freqüentemente dóceis e mesmo agradecidos à instituição que permitiu que chegassem onde estão, têm muitas dificuldades para compreender as motivações das crianças em situação de fracasso. Tendem a reproduzir os modos de intervenção dos professores que conheceram durante sua escolaridade. É preciso ampliar esse grupo com a participação de jovens que sofreram com a escola, que a negaram, para que eles possam enxergar sua própria situação com maior clareza e para desenvolver essa vigorosa batalha contra a exclusão, em prol da dignidade.

Notas

1. Alain Leger, Maryse Tripier, *Fuir ou construire l'école populaire?*, Librairie des Méridiens Klincksieck et Cia, Paris, 1986.

2. Cf. capítulo "O Grupo de Ajuda Mútua".

3. Há vários anos, depois do horário escolar, a escola Louis Pergaud organiza oficinas, dirigidas por professores voluntários e por jovens universitários, em geral ex-alunos do liceu situado em Minguettes, que participaram das atividades do Grupo de Ajuda Mútua.

À GUISA DE CONCLUSÃO

YVES BÉAL

Saber e Cidadania, um desafio que ultrapassa os limites das periferias e o campo da escola.

Como lugar natural de formação, essa escola poderia ser o cerne da construção de uma nova cidadania, desde que se deixe de lado a crença de que é possível aprender coisas sem utilizar um projeto. *O empreendimento é a condição* sine qua non *da aprendizagem; e aprender é tomar consciência do que se faz, do que se empreende.*

Existem práticas que despertam a inteligência, criando uma coerência entre a construção dos saberes e as pessoas; nesta obra, os leitores encontrarão diversos testemunhos disso.

Uma das suas principais funções é permitir que se debata, que se questione o sentido de nossos atos, que haja uma conscientização sobre a importância de nossos "gestos" cotidianos, uma leitura positiva do que germina em cada lugar de intervenção, não para nos satisfazer, mas para contarmos com algum suporte e para encarar com seriedade o caminho que ainda deve ser percorrido.

Por outro lado, a lucidez também é uma arma do otimismo. Sabemos que é possível fornecer, pelo saber, meios para contornar o que parece incontornável; isso, sem dúvida, passa por uma formação concreta na auto-socioconstrução dos saberes e na gestão de projeto como uma das vias para permitir que sejam superadas as contradições entre o indivíduo, a instituição, a cidade..., entre a escola e a sociedade.

A cidadania se constrói e conquista menos no fato de saber do que nos processos analisados de construção dos saberes.

Portanto, a escola está no centro de uma nova cidadania. É um novo papel, desde que ela não se limite a trabalhar exclusivamente com as crianças. Mesmo renovada, a aprendizagem corre o risco de ser insuficiente. É essencial criar uma dinâmica de bairro para que o sucesso de todos se torne a preocupação de cada morador.

Criar redes, projetos comuns, parcerias sem exclusividade, trocar, debater: agir onde quer que estejamos.

Agir onde quer que estejamos não significa mudar tudo logo, mas agir de acordo com a dimensão do mundo.

O GRUPO FRANCÊS DE EDUCAÇÃO NOVA

UM MOVIMENTO EM MOVIMENTO...

GÉRARD PHILIPPE

O GFEN, BREVE HISTÓRICO

1921: Fundação da seção francesa da Liga Internacional da Educação Nova, denominado GFEN, que "prepara futuros cidadãos e seres humanos conscientes de sua dignidade humana".

1922: Essa seção francesa se transforma no Grupo Francês de Educação Nova, partidário de:
- uma escola e uma educação a serviço da Paz;
- transformar a Educação graças aos consideráveis progressos da psicologia infantil.

1936: São apresentadas propostas concretas ao governo da Frente Popular, que levam à reforma Jean Zay do certificado de ensino fundamental e das classes de orientação.

1936-45: Paul Langevin, Presidente da associação, declara que o ensino das ciências não é eficaz fora da epistemologia das ciências: "muitas vezes, o ensino leva a aprender, porém não a compreender".

1945: O Plano Langevin-Wallon, amadurecido na Resistência, elaborado com base nas propostas do GFEN, democratiza a educação na época da Libertação. Será a base do trabalho de nossa associação e de todo o movimento progressista, durante muitos anos.

1945-62: Henri Wallon assume a presidência do GFEN. É professor na Sorbonne e titular da cátedra de Psicologia e de Educação Infantil no Collège de France. Em 1944, funda, com Claude François Unger, a "Maison du Renouveau", que acolhe crianças órfãs de judeus e de membros da Resistência, desaparecidos nos campos de concentração de Hitler.

1962: 34 classes experimentais, sob a direção de Robert Gloton, IDEN, no XX distrito de Paris, criam uma brecha na aceitação fatalista do fracasso escolar.

1969: Robert Gloton assume a presidência do GFEN. Aporta ao movimento a integração dos trabalhos de Aurélien Fabre e sua experiência como pedagogo "prático".

1974: Publicação da obra "Doué – Non doué", pelas Éditions Sociales, da qual foram vendidos 80.000 exemplares.

1975: A partir da experiência (elaborada por Henri e Odette Bassis) de formação-transformação à escala de um país (o Chade, de 1971 a 1975), invenção do procedimento de auto-socioconstrução dos saberes para a formação das crianças e dos professores, em prol da desalienação das pessoas em geral.

1982: "Todos capazes", essa é a aposta dos militantes do GFEN.

1984: Curso de verão na Universidade de Marselha com o tema: "Pesquiso, portanto aprendo": participação de 600 pessoas.

1993: No *Monde Diplomatique* do mês de abril, publicação do *Manifesto*: "A Educação Nova como emancipação mental a conquistar: uma urgência de civilização!"

"Seu caráter ético é que a faz extrapolar o campo da escola para passar àquele infinitamente mais vasto da Sociedade. É uma preciosa contribuição a todos os que querem dar origem a uma Humanidade mais madura: nas antípodas da selva ou da caserna, do elitismo ou da tropa, do lucro máximo e da docilidade".

O GFEN, UMA PROPOSTA ABERTA

O GFEN se destina a todas as pessoas que não aceitam o fracasso e a exclusão escolar, ou o sucesso de uma elite, e que desejam a formação de seres humanos inventivos, livres, iguais e fraternos. Com relação aos professores, o GFEN intervém, a partir dos Planos Acadêmicos de Formação ou IUFM, em todas as disciplinas ou transversalidades (práticas de aprendizagem, avaliação, projeto, etc.) e, no âmbito nacional, organiza universidades de verão. No nível local ou regional, noites ou fins de semana de trabalho, estágios e colóquios acolhem um variado público em torno de temas específicos.

Colabora com:

- prefeituras, na elaboração de políticas de luta contra o fracasso, de formação e de animações;
- outras associações ou sindicatos, para a formação de formadores e o estudo de todas as situações capazes de fazer com que as pessoas reflitam, decidam e valorizem os potenciais de transformação.

O GFEN, UMA REVISTA, PRODUÇÕES

O GFEN também é uma revista, *Dialogue*, publicada quatro vezes por ano. É uma revista de pesquisa, de troca e de comparação entre as práticas transformadoras no âmbito da educação, uma revista que dá vida a idéias. Oferece procedimentos pedagógicos e reflexão teórica, com um olhar positivo que transforma os sucessos em verdadeiros poderes de ação. É uma revista na qual se expressam professores, educadores, pais, assistentes sociais, militantes associativos..., todos eles pesquisadores em Educação.

O GFEN também é responsável por várias dezenas de publicações (livros, cadernos...) em circulação em todo o País, e pelo livro que está em suas mãos.

O GFEN, SUAS PREMISSAS

Há dezenas de anos, o GFEN luta, sem renegar seus ideais fundadores, contra o fracasso escolar discriminatório. Nessa luta, inventa e aplica as práticas da Educação Nova. Não existe um "método GFEN" propriamente dito, mas um certo número de premissas:

- olhar de forma positiva para crianças e adultos;
- romper com as práticas e as concepções do saber que o apresentam sob a forma de produtos acabados ou separados de seu processo de elaboração;
- criar uma situação de pesquisa que leve à construção dos saberes, de forma conjunta, com os outros: esse é o procedimento de auto-socioconstrução dos saberes;
- aprender a resolver conflitos de forma não-violenta, a elaborar decisões coletivas;
- elaborar projetos coletivos, socializados, transformadores do meio, aplicados de forma coletiva pelos aprendizes.

Saber é pesquisar, é criar. Nossas práticas de formação centram-se na atividade de pesquisa e de criação, em uma perspectiva pedagógica e humanista ao mesmo tempo: a criação favorece a construção da emancipação mental, formando indivíduos criativos e críticos.

Apostamos que os seres humanos têm milhares de possibilidades que desconhecem. *Todos são capazes*, esse é o desafio que lançamos diante de tantas segregações e exclusões.

Somos favoráveis a tudo que possa levar à erradicação do fracasso! A tudo o que nos permita apreender a realidade em sua complexidade!

REFERÊNCIAS BIBLIOGRÁFICAS

BACHELARD G., La formation de l'esprit scientifique, Vrin, 1938.
BAERISWYL E., VELLAS E., "Le métier de l' élève dans les pédagogies actives", Journal de l'enseignement primaire, n 48, 1994.
BASSIS H., Des maîtres pour une autre école : former ou transformer?, Casterman, E3, 1978.
BASSIS H., Je cherche donc apprends, Messidor Editions Sociales, Paris, 1984.
BASSIS O., Mathématique:... quand les enfants prennent pouvoir, GFEN, Paris, 1991.
BAUDELOT C. e ESTABLET R., Le niveau monte, Seuil, 1990.
BERNICOT J., Les actes de langage chez l'enfant, PUF, 1992.
BOAL A., Théâtre de l'opprimé, Editions La Découverte, Paris, 1985.
BOURDIEU P. et alii, La misere du monde, Seuil, Paris, 1993.
BOURDIEU P., La distinction, Minuit, Paris, 1979.
BOURDIEU P., PASSERON J.-CI., La reproduction, Minuit, Paris, 1970.
BOUTINET J.-P., Anthropologie du projet, PUF, 1993. (Em português: *Antropologia do projeto*. Porto Alegre: Artmed, 2002.)
BRUNER J ., Comment les enfants apprennent à parler, Retz, Paris, 1987.
CHARLOT B., BAUTIER E. e ROCHEX J.-Y., Ecole et savoir dans les banlieues...et ailleurs, A. Colin, Paris 1992.
CHARLOT B., L'école aux enchères, Payot, 1979.
CHARLOT B., La mystification pédagogique, Paris, Payot, 1970.
CIFALI M., Le lien éducatif: contre-jour psychanalytique, PUF, Paris, 1994.
CLOT Y., Le symptôme scolaire, SEPIRM, Paris, 1988.
CRESAS, On n'apprend pas tout seul! Interactions sociales et constructions des connaissances, Paris, ESF, 1987.
FOUCAMBERT J., L'école de Jules Ferry, Retz, 1986.
FOUCAMBERT J., L'enfant, le maître et la lecture, Nathan, Paris, 1994.
FREIRE P., Pédagogie des opprimés, Maspero, 1982.
GFEN Normandie et Secteur Sciences et techno de Rhône-Alpes, Spécial Technique(s) – Enseignement, culture, 1996.
GFEN Rhône-Alpes, La démarche de projet : une pédagogie de l'émancipation?, juillet 1993.
GFEN, Agir ensemble à l'école, Casterman, 1982.
GFEN, Ça conte, Editions Cahiers de poèmes.
GFEN, Dialogue, Collège, savoir, vie coopérative, n. 52, déc. 1984.
GFEN, Dialogue, Ecrire!, n. 64, juin 1988.
GFEN, Dialogue, Le français, ça s'apprend, n. 50, juin 1984.
GFEN, Dialogue, Projet?, n. 74, nov. déc. 1991
GFEN, Dialogue, Remédiation: Aider?, n. 69, mars 1990.
GFEN, Dialogue, Sciences, oser rompre avec le confonnisme mental, n. 70, juin 1990.
GFEN, Dialogue, Savoir et citoyenneté en banlieue. Actes des rencontres d' Aubervilliers, n. 83-84, printemps 1996
GFEN, HUBER M., L'histoire, indiscipline nouvelle, Syros, Paris, 1984.
GFEN, L' atelier d'écriture, Editions Cahiers de poèmes.
GFEN, L' échec scolaire, Editions sociales, Paris, 1974.
GFEN, Quelles pratiques pour une autre école?, Casterman, 1982.
GIORDAN A. e de VECCHI G., Les origines du savoir: des conceptions des élèves aux concepts scientifiques, Delachaux et Niestlé, Neuchâtel et Paris, 1987. (Em português: *As origens do saber*. Porto Alegre: Artmed, 1996.)

GRAIN Le, Le défi pédagogique, Les éditions ouvrières, Bruxelles, 1985.
HUTMACHER W., L'école a besoin d'échec, in Fragnière et Compagnon A., Echec scolaire et illettrisme, Cahier EESP, Lausanne, 1992, n. 14.
HUTMACHER W., Lutte contre l'échec scolaire. Analyse du redoublement dans l'enseignement primaire genevois, Service de la Recherche Sociologique, Genève, cahier n. 36, 1993.
HUTMACHER W., Quand la réalité résiste à la lutte contre l'échec scolaire. Cahiers du Service de la Recherche Sociologique, Genève, 1993, n. 36.
JACQUARD A., Inventer l'Homme, Ed. Complexes, Bruxelles, 1984.
JACQUARD A., Moi et les autres, Paris, Seuil, 1983.
JOULE R.-V, Petit traité de manipulation à l'égard des honnêtes gens, PUF, 1987.
KORCSZAK J., Comment aimer un enfant?, Robert Laffont, Paris, 1978.
LA BOÉTIE E. de, Discours de la servitude volontaire, Flammarion, 1983.
LAHIRE B., Culture écrite et inégalités scolaire, Presses universitaires de Lyon, Lyon, 1993.
LEGER A., TRIPIER M., Fuir ou construire l'école populaire? Librairie des Méridiens Klincksieck et Cie, Paris, 1986.
MAKARENKO A. S., Le poème pédagogique, in (Euvres choisies, Editions du Progrès, 1970.
MEIRIEU Ph., Apprendre... oui, mais comment, ESF, Paris, 1994. (Em português: *Aprender... Sim, mas como?* Porto Alegre: Artmed, 1998.)
MEIRIEU Ph., Itinéraire des pédagogies de groupe – Apprendre en groupe? 1., Chronique sociale, Lyon, 1987.
MEIRIEU Ph., L'envers du tableau, ESF, Paris, 1993.
MEIRIEU Ph., La pédagogie, entre le dire et le faire, ESF, Paris, 1995. (Em português: *A pedagogia entre o dizer e o fazer.* Porto Alegre: Artmed, 2002.)
MEIRIEU Ph., Outils pour apprendre en groupe – Apprendre en groupe? 2., Chronique sociale, Lyon, 1987.
MILGRAM S., Soumission à l'autorité, Calmann-Lévy, Paris, 1974.
MORIN E., Terre-Patrie, Seuil, Paris, 1993.
OURY F. e VASQUEZ A., De la classe coopérative à la pédagogie institutionnelle, Maspéro, Paris, 1991.
OURY F. e VASQUEZ A., Vers une pédagogie institutionnelle, Maspéro, Paris, 1974.
PERRENOUD Ph., La formation des enseignants entre théorie et pratique, L'Harmattan, Paris, 1994.
PERRENOUD Ph., Métier d'élève et sens du travail scolaire, ESF, Paris, 1994.
PERRENOUD Ph., "Sens du travail et travail du sens à l'école", Cahiers pédagogiques, 1993, n. 314-315.
PESTALOZZI J.-H., La lettre de Stans, Centre de documentation et de recherche Pestalozzi, Yverdon-les-Bains, 1985.
PIAGET J., Ou va l'éducation?, Denoël-Gonthier, 1972.
PIAGET J., Psychologie et pédagogie, Denoël-Gonthier, 1969.
PIAGET J., Psychologie et épistémologie. Pour une théorie de la connaissance, Bibliothèque Denoël, 1980.
PLEYNEL E., L'Etat et l'école en France, Payot, 1984.
RANCIERE J., Le maître ignorant, Fayard, 1987.
ROCHEX J.-Y., Iriterrogations sur le "projet": la question du sens, Migrants-Formation, n. 89, juin 1992, repris dans ADAPT-SNES, "Projets d'avenir et adolescence. Les enjeux personnels et sociaux", 1993.
ROCHEX, J.-Y., Le sens de l'expérience scolaire, PUF, Paris, 1995.
ROSENTHAL R.-A. e JACOBSON L., Pygmalon à l'école, Casterman, Paris, 1973.
ROUSSEAU J.-J., Du contrat social, Garnier-Flammarion, Paris, 1966.
ROUSSEAU J.-J., L'Emile ou de l'éducation, Garnier-Flammarion, 1966.
SCHWARTZ B., Moderniser sans exclure, La découverte, 1995.
VELLAS E., "La rénovation exige l'adieu aux notes", Journal de l'enseignement, Genève, 1994.
VELLAS, E. (1993). "La formation du citoyen se cache, à l'école, au creur de la construction des savoirs", Educateur, Genève, n. 8.
VYGOTSKI L.S., Pensée et langage, Editions Sociales, Paris, 1985.
WALLON H., De l'acte à la pensée, Flammarion, Paris, 1970.
WALLON H., La vie mentale, Editions Sociales, Paris, 1982.

edelbra

Impressão e acabamento:
E-mail: edelbra@edelbra.com.br
Fone/Fax: (54) 321-1744

Filmes fornecidos pelo Editor.